EDIÇÕES BESTBOLSO

O livreiro de Cabul

Åsne Seierstad nasceu na Noruega em 1970. Jornalista licenciada em filologia russa e espanhola e em história da filosofia pela Universidade de Oslo, e correspondente de guerra desde 1994, a autora realizou diversas reportagens sobre confrontos internacionais para meios de comunicação escandinavos, holandeses e alemães. Åsne conquistou prestigiosos prêmios, entre os quais o Free Speech Award, em 2002, e o Grande Prêmio Norueguês de Jornalismo, em 2003. Também é autora de *101 dias em Bagdá*, *De costas para o mundo* e *Crianças de Grozni*.

Åsne Seierstad

O Livreiro de Cabul

Tradução de
GRETE SKEVIK

12ª edição

EDIÇÕES
BestBolso
RIO DE JANEIRO – 2021

Cip-Brasil. Catalogação na fonte
Sindicato Nacional dos Editores de Livros, RJ

Seierstad, Åsne, 1970-
S46L O livreiro de Cabul / Åsne Seierstad; tradução de Grete
12ª ed. Skevik. – 12ª edição – Rio de Janeiro: BestBolso, 2021.

Tradução de: Bokhandleren I Kabul
ISBN 978-85-7799-108-2

1. Khan (Família). 2. Seierstad, Åsne, 1970- – Viagem – Cabul (Afeganistão). 3. Livreiros e livrarias – Cabul (Afeganistão). 4. Cabul (Afeganistão) – Usos e costumes. I. Título.

CDD: 958.1
09-873 CDU: 94(581)

O livreiro de Cabul, de autoria de Åsne Seierstad.
Título número 107 das Edições BestBolso.
Texto revisado conforme o Acordo Ortográfico da Língua Portuguesa.

Título original norueguês:
BOKHANDLEREN I KABUL

www.edicoesbestbolso.com.br

Design de capa: Leonardo Iaccarino sobre foto de Kate Brooks/Polaris.
Adaptação da capa publicada pela Editora Record em 2006.

Impresso no Brasil

ISBN 978-85-7799-108-2

Para os meus pais

Prefácio

Sultan Khan foi uma das primeiras pessoas que conheci ao chegar a Cabul em novembro de 2001. Eu havia passado seis semanas com os comandantes da Aliança do Norte no deserto perto da divisa com o Tadjiquistão, nas montanhas de Hindu Kush, no vale do Panshir e nas estepes ao norte de Cabul. Acompanhei suas ofensivas contra o Talibã, dormi em chão de pedra, em cabanas de barro, na linha de frente. Viajei na boleia de caminhões, em veículos militares, a cavalo e a pé.

Quando o Talibã caiu, fui com a Aliança do Norte para Cabul. Em uma livraria de lá conheci um homem elegante e grisalho. Após semanas entre pólvora e cascalho, ouvindo conversas sobre táticas de guerra e ofensivas militares, foi revigorante folhear livros e conversar sobre literatura e história. Sultan Khan tinha prateleiras abarrotadas de obras literárias em muitos idiomas. Havia coletâneas de poesia, livros sobre lendas afegãs, livros de história e romances. Era um bom vendedor. Na minha primeira visita, saí da livraria carregando sete livros. Sempre dava uma passadinha quando sobrava tempo, para folhear livros e conversar mais com o interessante livreiro, um patriota afegão, muitas vezes decepcionado com o seu país.

– Primeiro os comunistas queimaram meus livros – ele contou –, depois os livros foram saqueados pelos mujahedin, e em seguida queimados de novo pelos talibãs.

Um dia, ele me convidou para jantar em sua casa. Encontrei a família toda sentada em volta de uma farta refeição servida no chão: uma de suas mulheres, os filhos, as irmãs, o irmão, a mãe e alguns primos.

Sultan contava histórias, os filhos riam e contavam piadas. O clima era descontraído, ao contrário das refeições simples com os comandantes nas montanhas. Mas percebi logo que as mulheres pouco falavam. A bela esposa adolescente de Sultan ficava sentada quieta perto da porta com seu bebê sem dizer uma palavra. Sua outra esposa não estava presente nesta noite. As outras mulheres respondiam as perguntas, recebiam elogios pela comida, mas não tomavam a palavra para iniciar uma conversa.

Ao ir embora, disse a mim mesma: isto é o Afeganistão. Seria interessante escrever um livro sobre esta família.

No dia seguinte, voltei à livraria de Sultan e contei-lhe sobre a minha ideia.

– Muito obrigado. – Foi só o que disse.

– Mas isto significa que eu teria que morar com vocês.

– Seja bem-vinda.

– Tenho que acompanhar vocês, viver como vocês. Junto com você, suas esposas, irmãs e filhos.

– Seja bem-vinda – ele repetiu.

MUDEI-ME PARA A CASA deles num dia enevoado de fevereiro, levando apenas meu computador, blocos de anotações, canetas, um celular e a roupa do corpo. O restante sumira na viagem, em algum lugar no Uzbequistão. Fui recebida de braços abertos e logo passei a gostar de usar os vestidos afegãos que elas me emprestavam.

Deram-me um tapete no chão ao lado de Leila, a quem foi dada a tarefa de cuidar do meu bem-estar.

– Você é meu bebê. Vou cuidar de você – assegurou-me a adolescente de 19 anos na primeira noite, erguendo-se num pulo toda vez que eu me levantava.

Tudo o que eu pedia tinha que ser atendido, era a ordem de Sultan à família. Quem não a respeitasse seria castigado, o que só fiquei sabendo mais tarde.

O dia todo me serviam comida e chá. Aos poucos fui conhecendo a vida da família. Contavam-me as coisas quando tinham vontade, não quando eu perguntava. Não era necessariamente quando eu estava com o bloco de anotações a postos que eles estavam a fim de falar; podia ser durante uma ida ao bazar, num ônibus, ou talvez tarde da noite, deitados no tapete. A maioria das respostas vinha espontaneamente, respostas a perguntas que eu nem teria tido a imaginação de fazer.

ESCREVI ESTE LIVRO com base em histórias reais das quais participei ou que me foram contadas pelas pessoas que as viveram. Quando escrevo o que as pessoas pensam ou sentem, baseio-me no que me contaram ou no que pensavam ou sentiam na situação relatada.

Eu não dominava o dari, dialeto persa falado pela família Khan, porém, vários membros da família sabiam falar inglês. Parece incomum? Sim, de fato é, mas a minha história de Cabul é a história de uma família afegã singular. A família de um livreiro é incomum em um país onde três quartos da população não sabem ler nem escrever.

Sultan falava um inglês culto que aprendera ao ensinar dari a um diplomata. Sua irmã mais nova, Leila, dominava perfeitamente o inglês, pois estudara em escolas paquistanesas quando era refugiada. O filho mais velho, Mansur, também falava um inglês perfeito, pois estudou por vários anos em escolas no Paquistão. Ele me falava de seus medos, de suas paixões e de suas conversas com Deus.

Participei da maioria das histórias relatadas neste livro, como as viagens a Peshawar e a Lahore, a peregrinação, as compras no bazar, os casamentos e seus preparativos, o *hammam*, as visitas à escola, ao Ministério da Educação, à delegacia de polícia e à prisão, e a caçada à al-Qaeda.

Não participei de outras, como a tragédia de Jamila e as escapadas de Rahimullah, ou quando Mansur encontrava suas amigas na livraria. São histórias que me foram relatadas, como a do pedido de casamento de Sultan a Sonya.

A família inteira estava de acordo que eu morasse com eles para escrever um livro. Se houvesse algo que eles não quisessem que eu escrevesse, eles me avisariam. Mesmo assim, optei por manter a família Khan e as outras pessoas que mencionei anônimas. Ninguém me pediu, mas senti que seria mais correto.

Os meus dias eram iguais aos da família, eu acordava ao amanhecer com os gritos das crianças e as ordens dos homens. Aí ficava na fila para o banheiro, ou entrava furtivamente depois de a última pessoa ter saído. Com sorte, ainda encontrava água quente, mas logo aprendi que um copo de água fria no rosto é muito refrescante. O resto do dia, passava em casa com as mulheres, visitava parentes e ia ao bazar, ou acompanhava Sultan e seus filhos à livraria, à cidade ou em viagens. À noite, jantava com a família, bebendo chá verde até a hora de ir para a cama.

Eu era hóspede, mas não demorei a sentir-me em casa. Cuidaram de mim de maneira excepcional, a família era generosa e receptiva. Passamos muitos momentos divertidos juntos, mas poucas vezes na vida fiquei com tanta raiva como fiquei da família Khan, poucas vezes briguei tanto ou tive tanta vontade de bater em alguém.

O que me revoltava era sempre a mesma coisa: a maneira como os homens tratavam as mulheres. A crença na superioridade masculina era tão impregnada que raramente era questionada. Em discussões, ficava claro que, para a maioria deles, as mulheres *são* de fato mais burras que os homens, que o cérebro delas *é* menor e que não *podem* pensar de maneira tão clara quanto os homens.

Eu era vista como uma espécie de criatura bissexuada. Como mulher ocidental eu podia me misturar tanto com as mulheres quanto com os homens. Se eu fosse homem, nunca poderia ter morado com a família da mesma maneira, tão próxima às mulheres de Sultan, sem que as pessoas começassem a fofocar. Mas ser mulher, ou bissexuada, no mundo dos homens nunca foi um obstáculo para mim. Quando havia festas com homens de um lado e mulheres de outro, eu era a única que podia circular livremente entre as salas.

Eu não era obrigada a seguir os severos códigos de vestimenta das mulheres afegãs e podia ir aonde quisesse. Mesmo assim, quase sempre vestia a burca, simplesmente para ser deixada em paz. Nas ruas de Cabul, uma mulher ocidental chama muita atenção indesejada. Sob a burca eu estava livre para olhar à vontade sem que ninguém me olhasse. Eu podia observar as outras pessoas da família fora de casa sem atrair a atenção para mim. O anonimato tornou-se uma libertação, era o único lugar onde podia me refugiar, porque em Cabul praticamente não há um lugar tranquilo para se estar sozinho.

Também vestia a burca para saber como é ser uma mulher afegã. Como é espremer-se num dos três bancos traseiros de um ônibus quando há muitos bancos livres na frente. Como é dobrar-se no porta-malas de um táxi porque há um homem no banco de trás. Como é ser olhada como uma burca alta e atraente e, ao passar pela rua, receber o primeiro elogio "burca" de um homem.

Com o tempo comecei a odiá-la. A burca aperta e dá dor de cabeça, enxerga-se mal através da rede bordada. É abafada, entra pouco ar, e logo faz suar. É preciso tomar cuidado o tempo todo onde pisar, porque não podemos ver nossos pés, e, como a bainha acumula um monte de lixo, fica suja e atrapalha a caminhada. Era um alívio tirá-la ao chegar em casa.

Também vestia a burca por segurança, ao viajar com Sultan pela estrada insegura que levava a Jalalabad, quando tivemos que pernoitar num posto sujo da fronteira, ou quando ficávamos fora até tarde da noite. Em geral, as mulheres afegãs não viajam carregando dólares e computadores, e assim quem veste a burca é deixada em paz pelos ladrões de estrada.

É preciso frisar que este é o relato de *uma* família afegã. Há milhões de outras. A minha família nem sequer é típica. Ela vem de uma espécie de classe média, se é que o termo pode ser aplicado no Afeganistão. Algumas pessoas da família tinham formação, várias sabiam ler e escrever. Elas dispunham de dinheiro suficiente e não passavam fome.

Se eu fosse morar com uma típica família afegã, seria uma família do interior, uma família numerosa, onde ninguém saberia ler e escrever e todo dia seria uma luta para sobreviver. Não escolhi a minha família por ser representativa de todas as outras, mas porque ela me inspirava.

FIQUEI EM CABUL durante a primavera, logo após a queda do Talibã. Havia uma tênue esperança no ar. As pessoas estavam felizes por se verem livres do Talibã, não precisavam mais ter medo de serem importunadas na rua pela polícia religiosa; as mulheres podiam novamente andar sozinhas na cidade e estudar, e as meninas podiam voltar à escola. Mas a primavera também trazia as marcas dos desapontamentos dos últimos dez anos. Por que ficaria melhor agora?

Ao longo da primavera, enquanto o país vivia momentos de relativa paz, notava-se um crescente otimismo. As pessoas faziam planos, cada vez mais mulheres deixavam a burca de lado, algumas começavam a trabalhar, os refugiados voltavam para casa.

O regime vacilava – como antes, entre o tradicional e o moderno, entre líderes guerrilheiros e chefes de tribos locais. No meio do caos, o líder Hamid Karzai tentou se equilibrar – e traçar um curso político. Ele era popular, mas não tinha exército nem partido – num país cheio de armas e divisões combatentes.

A situação em Cabul estava razoavelmente pacífica, apesar do assassinato de dois ministros, da tentativa de matar um outro e da contínua violação dos direitos do povo. Muitos confiavam nos soldados estrangeiros que patrulhavam as ruas. "Sem eles, teremos outra guerra civil", diziam.

Eu anotava o que via e ouvia e tentei reunir as minhas impressões neste relato sobre uma primavera em Cabul, sobre pessoas tentando se livrar do inverno para brotar e crescer – e sobre outras que se sentem condenadas a "comer poeira", como Leila diria.

Åsne Seierstad
Oslo, 1º de agosto de 2002

Migozarad!
(Vai passar)

Pichação numa casa de chá em Cabul

1
O pedido de casamento

Quando Sultan Khan achou que estava na hora de procurar outra esposa, ninguém queria ajudá-lo. Ele então foi falar com sua mãe.

– Basta a que você já tem – disse ela.

Depois ele foi até sua irmã mais velha.

– Gosto demais da sua primeira esposa – ouviu-a dizer.

A mesma resposta ouviu das outras irmãs.

– É uma vergonha para Sharifa – disse a tia dele.

Sultan precisava de ajuda, pois um pretendente não pode ele mesmo pedir a mão de uma moça. Pela tradição afegã, o pedido de casamento tem que ser feito por uma das mulheres da família. Assim ela pode olhar a moça de perto, para ver se é esforçada e bem-educada, apta a se tornar uma boa esposa. Mas nenhuma das mulheres em torno de Sultan queria ter algo a ver com seu pedido de casamento.

Sultan tinha escolhido três moças que poderiam servir de esposa para ele. Todas eram saudáveis e bonitas, e de seu próprio clã. Na família de Sultan, os casamentos fora do clã são exceções. É considerado mais sábio e seguro casar-se com parentes, de preferência com primos ou primas.

Primeiro Sultan tentou Sonya, de 16 anos. Tinha olhos escuros amendoados e cabelos pretos que brilhavam. Seu corpo era bonito e exuberante, e diziam que trabalhava bem. Vinha de uma família pobre e tinha o parentesco apropriado. A avó de sua mãe e a avó de Sultan eram irmãs.

Enquanto Sultan arquitetava como pedir a mão da escolhida sem o apoio das mulheres da família, a primeira esposa vivia feliz ignorando que uma menina, nascida no mesmo ano em que ela e Sultan se casaram, ocupava os pensamentos do marido. Sharifa estava ficando velha, como Sultan, cinquenta e poucos anos. Ela dera a ele três filhos e uma filha. Estava na hora de um homem da posição de Sultan procurar uma nova esposa.

– Peça você mesmo – disse por fim seu irmão.

Sultan considerou a ideia e achou que seria mesmo a única solução, e uma manhã foi à casa da jovem de 16 anos. Os pais dela receberam Sultan de braços abertos. Sultan era considerado um homem generoso, e sua visita era sempre bem-vinda. A mãe de Sonya ferveu água e serviu chá. Sentaram-se em almofadas baixas encostadas nas paredes da casinha de barro, trocaram frases de cortesia e cumprimentos, até que Sultan achou que estava na hora de esclarecer o motivo da visita.

– Tenho um amigo que gostaria de se casar com Sonya – ele disse aos pais da jovem.

Não era a primeira vez que alguém pedia a mão de Sonya. Ela era bonita e diligente, mas os pais ainda a achavam jovem demais. O pai de Sonya não podia mais trabalhar; havia ficado paraplégico depois de uma briga com facas na qual teve vários nervos lesionados na coluna. A bela filha podia trazer um dote considerável e os pais ainda aguardavam uma oferta maior do que as que já haviam recebido.

– Ele é rico – Sultan começou. – Está no mesmo ramo de negócios que eu, tem boa formação e três filhos homens.

 Mas a esposa dele está ficando velha.

Como são os dentes dele? – os pais logo perguntaram, aludindo à idade do amigo de Sultan.

– Praticamente como os meus – respondeu Sultan. Julguem pelos meus.

Velho, pensaram os pais. O que não necessariamente era uma desvantagem. Quanto mais velho fosse o homem, mais pagaria pela filha. O preço de uma noiva é determinado por idade, beleza e qualidades, e pela posição da família.

Depois de Sultan Khan ter transmitido sua mensagem, os pais disseram o que era esperado:

– Ela é jovem demais.

Dizer outra coisa seria vendê-la barato ao pretendente rico e desconhecido de quem Sultan falava tão bem. Não deviam se mostrar ansiosos demais. Mas sabiam que Sultan voltaria, porque Sonya era jovem e bonita.

Ele voltou no dia seguinte para repetir o pedido de casamento. A mesma conversa, a mesma resposta. Mas desta vez encontrou Sonya, a quem não via desde criança.

Ela beijou sua mão, em respeito ao parente mais velho, e ele abençoou-a com um beijo no alto da testa. Sonya percebeu a tensão no ar e retraiu-se sob o olhar penetrante do tio Sultan.

– Encontrei um marido rico para você, o que acha?

Sonya baixou os olhos. Responder seria uma transgressão de todas as regras. Uma moça não deve achar nada a respeito de um pretendente.

Sultan voltou no terceiro dia, desta vez apresentando a oferta do pretendente. Um anel, um colar, brincos e um bracelete – tudo em ouro vermelho. Quanta roupa quisesse, 300 quilos de arroz, 150 quilos de óleo de cozinha, uma vaca, alguns carneiros e 15 milhões de afeganis, aproximadamente 300 libras.

O pai de Sonya ficou mais do que satisfeito com a oferta e pediu para conhecer o homem misterioso que a estava fazendo. Sultan tinha ate assegurado quc o homem era do mesmo clã, mas não conseguiram adivinhar quem seria ou lembrar de tê-lo conhecido.

– Amanhã vou mostrar-lhes uma foto dele – disse por fim Sultan.

No dia seguinte, a tia de Sultan aceitou, por um pequeno suborno, revelar o verdadeiro pretendente para os pais de Sonya. Ela levou a foto – uma foto de Sultan Khan, o próprio – e deixou logo claro que Sultan só lhes concedia uma hora para decidir. Se a resposta fosse positiva, ele ficaria muito agradecido; se fosse negativa, não guardaria rancores. A única coisa que não queria eram intermináveis negociações com "talvez sim", "talvez não".

Os pais consentiram antes de o prazo expirar. Gostavam tanto de Sultan quanto do seu dinheiro e posição. Sonya ficou no sótão, chorando. Quando o mistério do pretendente foi esclarecido e os pais decidiram aceitar a oferta, o irmão do pai subiu para falar com ela.

– É tio Sultan o pretendente – ele disse. – Você aceita?

Nenhum som atravessou os lábios de Sonya, que continuou sentada, cabisbaixa e com lágrimas nos olhos, escondida atrás do xale comprido.

– Seus pais já o aceitaram – disse o tio. – Esta é a única chance de dizer o que você quer.

Ela estava petrificada, assustada e paralisada. Sabia que não queria aquele homem, mas sabia também que era obrigada a aceitar o desejo dos pais. Como esposa de Sultan, ela subiria vários degraus na sociedade afegã. O dote valioso solucionaria muitos problemas de sua família. O dinheiro que os pais receberiam ajudaria os irmãos a comprar boas esposas.

Sonya continuou calada. Assim seu destino se selava: quem cala, consente. O acordo foi concluído e o dia do casamento, marcado.

Sultan voltou para casa para contar à família a grande novidade. Encontrou sua mulher Sharifa, a mãe e as irmãs no chão em volta de uma travessa com arroz e espinafre. Sharifa pensou que ele estivesse brincando. Deu risadas e brincou com ele. A mãe também riu da brincadeira de Sultan. Era inimaginável que ele tivesse pedido alguém em casamento sem o consentimento delas. Suas irmãs ficaram atônitas.

Ninguém queria acreditar nele. Não até ele mostrar o lenço e os doces que o pretendente ganha dos pais da noiva como prova do noivado.

Sharifa chorou durante vinte dias.

– O que fiz de errado? Que vergonha! Por que não está satisfeito comigo?

Sultan pediu que ela se controlasse. Ninguém da família apoiou Sultan, nem mesmo os próprios filhos. Ainda assim, ninguém tinha coragem de dizer nada. A vontade de Sultan era sempre soberana.

Sharifa ficou inconsolável. Sua maior mágoa era saber que o marido tinha escolhido uma analfabeta, que nem havia concluído o primeiro ano. Ela mesma tinha formação de professora de persa.

– O que ela tem que eu não tenho? – soluçava.

Sultan não ligou para as lágrimas da mulher.

Ninguém queria ir à festa de noivado, mas Sharifa foi obrigada a engolir a vergonha e se arrumar para o evento.

– Quero que todos vejam que você está de acordo e me apoia. No futuro vamos todos morar juntos, e você precisa mostrar que Sonya é bem-vinda – ele ordenou. Sharifa sempre fazia as vontades do marido, e agora não podia ser diferente, nem mesmo naquilo que, para ela, era o pior de tudo: dá-lo a outra mulher. Ele até exigiu que fosse Sharifa quem colocasse os anéis nos dedos de Sultan e Sonya.

Vinte dias após o pedido de casamento, a cerimônia solene de noivado foi realizada. Sharifa se recompôs e manteve as aparências. Suas parentas faziam de tudo para que ela se descontrolasse. "Que horrível para você", diziam. "Que crueldade. Você deve estar sofrendo muito."

O casamento aconteceu dois meses após o noivado, na véspera do ano-novo muçulmano. Mas desta vez Sharifa recusou-se a ir. "Não iria aguentar", ela disse ao marido.

E teve o apoio das mulheres da família. Ninguém comprou vestidos novos ou se maquiou, como seria normal para um casamento. Os penteados eram simples e os sorrisos frios – em respeito à rejeitada, que não mais dividiria a cama com Sultan Khan. Já estava reservada à jovem noiva apavorada. Mas todos iriam dividir o mesmo teto, até que a morte os separasse.

2
Fogueira de livros

Numa gélida tarde de novembro de 1999, a rotunda de Charhai-e-Sadarat em Cabul ficou iluminada durante horas por uma fogueira. As crianças apinhavam-se em volta das chamas que tremeluziam sobre os rostos sujos e lúdicos. Os meninos de rua apostavam quem ousaria chegar mais perto das chamas. Os adultos lançavam olhares furtivos à fogueira, afastando-se depressa. Era mais seguro assim. Todo mundo podia ver que aquela fogueira não fora feita pelos guardas na rua para aquecer suas mãos, era uma fogueira a serviço de Deus.

O vestido sem mangas da rainha Soraya encrespou-se antes de virar cinzas. O mesmo fim esperavam seus belos braços brancos e seu rosto sereno. Com ela queimou seu marido, o rei Amanullah, e todas as suas medalhas. Toda a linhagem real crepitou na fogueira, acompanhada de moças em trajes típicos, soldados mujahedin a cavalo e alguns camponeses num mercado de Kandahar.

A polícia religiosa foi escrupulosa ao cumprir sua missão na livraria de Sultan Khan naquele dia de novembro. Todos os livros com ilustrações de seres vivos, pessoas ou animais foram varridos das prateleiras e jogados na fogueira. Páginas amareladas, cartões-postais inofensivos e grandes enciclopédias foram refém das chamas.

Ao lado das crianças em volta da fogueira estava a polícia religiosa com chicotes, cassetetes e kalashnikovs. Eles consideravam todos os que cultuavam fotos, livros, escultura, música, dança, filmes e livres-pensadores como inimigos do povo.

Naquele dia estavam apenas se preocupando com imagens. Ignoravam os textos heréticos nas prateleiras bem diante de seus olhos. Os soldados não sabiam ler, e não sabiam distinguir entre a doutrina talibã e a herética. Mas sabiam diferenciar imagens de letras, e seres vivos de mortos.

No fim, restaram apenas cinzas, levadas pelo vento para se misturar à sujeira e à poeira das ruas e esgotos de Cabul. Dois soldados talibãs jogaram Sultan, destituído de seus livros mais queridos, no carro. Fecharam e lacraram a livraria e o levaram preso por atividades anti-islâmicas.

Felizmente, os imbecis armados não haviam olhado atrás das prateleiras, Sultan pensou no caminho para a prisão. Precavido, havia colocado os livros mais proibidos lá. Só os tirava se alguém pedisse e se ele tivesse certeza de que podia confiar na pessoa.

Sultan sabia que isso ia acontecer. Fazia anos que ele vendia livros, fotos e textos ilegais. Os soldados frequentemente vinham ameaçá-lo, levavam alguns livros e iam embora. Ele tinha recebido ameaças do escalão mais alto do Talibã, além de ter sido intimado a comparecer perante o ministro da Cultura, na tentativa das autoridades de levar o ousado livreiro para servir ao Talibã.

Sultan Khan não se importava em vender as sombrias publicações do Talibã. Era um livre-pensador e achava que todas as vozes deviam ser ouvidas. Mas também queria vender livros de história, publicações científicas, obras ideológicas sobre o Islã – para não mencionar romances e poesia. O Talibã considerava os debates uma heresia, e a dúvida um pecado. Tudo, exceto decorar o Alcorão, era desnecessário, até perigoso. Quando o Talibã chegou ao poder em Cabul, no outono de 1996, os profissionais de todos os ministérios foram afastados e os mulás assumiram, governando tudo, do banco central às universidades. O seu objetivo era recriar a sociedade em que vivia o profeta Maomé na Península Árabe do século VI. Mesmo quando o Talibã negociava com companhias de petróleo estrangeiras, mulás sem nenhuma especialização técnica sentavam à mesa de negociações.

Sultan sentiu que o país sob o regime talibã estava ficando cada vez mais sombrio, pobre e fechado. As autoridades resistiam a qualquer modernização, não tinham nenhuma vontade de entender ou receber ideias sobre progresso ou desenvolvimento econômico. Eximiram-se de qualquer debate científico, seja no mundo ocidental ou no muçulmano. Seu manifesto não passava de algumas regras básicas sobre como o povo devia se vestir ou se cobrir, como os homens deviam respeitar os horários das orações, e como as mulheres deviam ser segregadas do resto da sociedade. Pouco sabiam da história do Islã ou dos afegãos. Tampouco estavam interessados.

Sultan Khan estava sentado no carro, espremido entre talibãs analfabetos, amaldiçoando seu país por ser governado por soldados ou mulás. Ele mesmo era um muçulmano fiel, porém moderado. Fazia as orações todas as manhãs, mas geralmente ignorava as quatro chamadas seguintes, a menos que fosse arrastado à mesquita mais próxima pela polícia religiosa junto a outros homens recolhidos nas ruas. Ele respeitava relutante a Quaresma durante o Ramadã, e não comia entre o nascer e o pôr-do-sol, pelo menos quando podia ser visto. Era fiel às suas esposas, educara seus filhos com mão firme, ensinando-os a serem muçulmanos bons e devotos. Sentia desprezo pelos talibãs, que para ele não passavam de sacerdotes camponeses ignorantes. De fato, os líderes talibãs vinham das áreas mais pobres e conservadoras do país, onde o analfabetismo era maior.

Era o Ministério da Promoção da Virtude e Prevenção do Vício, mais conhecido como Ministério da Moralidade, que estava por trás da detenção. Durante os interrogatórios na prisão, Sultan Khan cofiava a barba, do comprimento correto de um punho, conforme a exigência talibã. Endireitava seu *shalwar kameez* – túnica abaixo dos joelhos, calças largas abaixo dos tornozelos –, também este conforme o padrão talibã e respondia com altivez: "Podem queimar meus livros, arruinar a minha vida, podem até me matar, mas nunca poderão destruir a história do Afeganistão."

Os livros eram a vida de Sultan. Desde que recebeu seu primeiro livro na escola, ficou fascinado por livros e histórias. Nasceu numa família pobre e cresceu nos anos 1950 no vilarejo de Deh Khudaidad, na periferia de Cabul. Nem a mãe nem o pai sabiam ler, mas conseguiram juntar dinheiro suficiente para mandá-lo à escola. Todo o dinheiro poupado era para ele, o primogênito. A irmã que nasceu imediatamente antes dele nunca pôs os pés na escola e nunca aprendeu a ler ou escrever. Hoje, mal sabe ver as horas no relógio. Ela seria de qualquer maneira oferecida em casamento.

Mas Sultan seria um homem importante. O primeiro obstáculo foi o caminho para a escola, que o pequeno Sultan recusava-se a frequentar porque não tinha sapatos. A mãe o colocou porta afora.

"Vai sim, como não?", ela disse, dando-lhe um tabefe na cabeça. Não demorou para ele mesmo ganhar dinheiro para comprar seus sapatos, trabalhando durante todos os anos em que estudava. Antes das aulas e todas as tardes, até escurecer, queimava tijolos para ganhar dinheiro para a família. Depois trabalhou numa loja. Contou aos pais que o salário era apenas a metade do que de fato era. O resto guardava para comprar livros.

Começou a vender livros ainda adolescente. Tinha acabado de entrar para a escola de engenharia, mas estava difícil encontrar os livros de que precisava. Numa viagem com o tio a Teerã, encontrou por acaso todos os títulos que estava procurando num dos ricos mercados de livros da cidade. Comprou vários exemplares que depois vendeu a seus colegas em Cabul pelo dobro do preço. E assim nasceu o livreiro, e uma nova vida para ele.

Como engenheiro, Sultan só participou da construção de dois prédios em Cabul, antes que sua mania por livros o arrancasse do mundo das construções. Novamente, foram os mercados de livros em Teerã que o seduziram. O menino do campo andava na metrópole persa atrás de livros velhos e novos, livros raros e modernos, e encontrou obras que nunca sonhara que existissem. Comprou caixas e mais caixas de poesia persa, de livros de arte, de história e, para vender, livros didáticos para engenheiros.

Abriu a sua primeira livraria em Cabul, entre lojas de temperos e *kebabs*, no centro da cidade. Eram os anos 1970, e a sociedade oscilava entre o moderno e o tradicional. O regente liberal – e um tanto preguiçoso – Zahir Shah estava no governo, e sua tentativa tíbia de modernizar o país provocou severas críticas dos religiosos. Após o protesto de vários mulás contra as mulheres da família real, que se mostravam em público sem véu, estas foram colocadas na prisão.

As universidades e escolas do país cresceram em considerável número, e com elas começaram as manifestações estudantis. Foram duramente combatidas pelas autoridades, e muitos estudantes foram mortos. Mesmo não havendo eleições livres, inúmeros partidos políticos surgiram nesta época, da extrema esquerda aos fundamentalistas religiosos. Os grupos lutaram entre si e o sentimento de insegurança se espalhou pelo país. A economia estagnou após três anos sem chuvas, e, durante uma catastrófica época de fome em 1973, enquanto Zahir Shah consultava médicos na Itália, seu primo Daoud tomou o poder e aboliu a monarquia.

O regime do presidente Daoud foi ainda mais repressor do que o de seu primo. Mas a livraria de Sultan floresceu. Ele vendia livros e publicações editados por vários grupos políticos, de marxistas a fundamentalistas. Morava no vilarejo com seus pais e ia de bicicleta para sua banca de livros em Cabul todas as manhãs, só voltando à noite. Seu único problema era a insistência da mãe para que se casasse. Ela vinha sempre sugerindo novas candidatas, uma prima aqui, uma vizinha ali. Sultan ainda não queria começar uma família. Ele flertava com várias jovens ao mesmo tempo e não tinha pressa alguma para se decidir. Queria estar livre para viajar a negócios para Teerã, Tachkent e Moscou. Em Moscou, ele tinha uma namorada russa, Ludmila.

Em dezembro de 1979, alguns meses antes da invasão russa, Sultan cometeu seu primeiro erro. Um comunista durão, Nur Mohammad Taraki, governava Cabul. O presi dente Daoud e toda a sua família, até o bebê caçula, haviam sido mortos durante um golpe. As prisões estavam mais abarrotadas do que nunca, dezenas de milhares de oposicionistas políticos foram presos, torturados e executados.

Os comunistas queriam fortalecer o controle do país e tentaram neutralizar os grupos islâmicos. Os mujahedin iniciaram uma luta armada contra o regime, uma luta que mais tarde iria se transformar numa implacável guerrilha contra a União Soviética.

Os mujahedin representavam uma profusão de ideologias e movimentos. Os vários grupos lançaram publicações apoiando a *jihad* – a luta contra o regime infiel – e reivindicando que o país se tornasse islâmico. O regime apertou o cerco contra todos que pudessem estar compactuando com os mujahedin, e era expressamente proibido imprimir ou distribuir seus escritos ideológicos.

Sultan vendia tanto os textos dos mujahedin quanto os dos comunistas. Além disso, tinha mania de colecionar e não conseguia deixar de comprar vários exemplares de todos os livros e publicações que encontrava, para depois vendê-los a um preço maior. Sultan achava que era seu dever providenciar tudo o que as pessoas queriam. As publicações mais proibidas guardava embaixo do balcão.

Não demorou a ser delatado. Um cliente fora preso com livros que tinha comprado de Sultan. Durante uma incursão à livraria, a polícia encontrou vários textos proibidos. A primeira fogueira de livros foi acesa. Sultan foi levado para interrogatórios duros, espancado e condenado a um ano de prisão, onde ficou na ala de prisioneiros políticos, na qual canetas, papel e livros estavam estritamente proibidos.

Durante meses, Sultan só via as paredes. Mas conseguiu subornar um dos guardas, e junto com a comida que a mãe lhe mandava, chegavam livros todas as semanas. Entre as úmidas paredes de pedra, seu interesse pela cultura e história afegã aumentou, ele se aprofundou em poesia persa e na dramática história de seu país. Quando foi solto, estava ainda mais convencido: queria lutar para difundir o conhecimento da cultura e história afegãs. Continuou vendendo textos proibidos, tanto da guerrilha islâmica como da oposição comunista no país, fiel à China, porém com mais cautela do que antes.

As autoridades estavam de olho nele e, cinco anos mais tarde, ele foi preso novamente. De novo, teve a oportunidade de filosofar sobre poesia persa atrás das grades, mas desta vez acrescentaram-lhe uma nova acusação: ele era pequeno-burguês, uma das piores ofensas a um comunista. Seus detratores alegaram que ele ganhava dinheiro de maneira capitalista.

Isso aconteceu durante um período em que o regime comunista do Afeganistão, em meio ao sofrimento da guerra, tentava acabar com a sociedade tribal para introduzir o comunismo "alegre". As tentativas de coletivizar a agricultura levaram grande sofrimento para o povo. Muitos camponeses pobres se negaram a receber as terras expropriadas de ricos proprietários, por ser anti-islâmico semear em terra roubada.

Os camponeses se mobilizaram em protesto e os projetos da sociedade comunista não foram bem-sucedidos. Aos poucos, as autoridades desistiram; a guerra havia consumido todas as forças, uma guerra que em dez anos matou 1,5 milhão de afegãos.

Quando o "pequeno-burguês" saiu da prisão novamente, tinha completado 35 anos. Cabul estava praticamente intocada pela guerra contra a União Soviética, que foi travada principalmente nas zonas rurais. A atenção das pessoas estava nas preocupações cotidianas. Desta vez, a mãe conseguiu convencer Sultan a se casar. Ela encontrou Sharifa, a filha de um general, uma mulher bonita e vivaz. Casaram-se e tiveram três filhos e uma filha, a intervalos de dois anos.

A União Soviética retirou-se do Afeganistão em 1989, e surgiu entre as pessoas a esperança de que finalmente a paz chegaria. Mas os mujahedin não abandonaram as armas, pois o regime de Cabul ainda governava com o apoio da União Soviética. Os mujahedin invadiram Cabul em maio de 1992, e a guerra civil eclodiu. O apartamento que a família havia comprado no conjunto habitacional soviético Mikrorayon ficava perto da linha de frente entre as duas facções. Foguetes se cravaram nas paredes, balas estilhaçaram as janelas e tanques passaram sobre o quintal. Depois de permanecerem deitados no chão por uma semana, a chuva de granadas deu algumas horas de trégua e Sultan levou a família para o Paquistão.

Enquanto vivia no Paquistão, sua livraria foi saqueada, junto com a biblioteca pública. Livros valiosos foram vendidos a colecionadores por uma ninharia. De volta do Paquistão para cuidar de sua livraria, Sultan adquiriu vários livros roubados da biblioteca nacional por uma pechincha. Por algumas dezenas de dólares comprou textos que datavam de vários séculos, entre eles um manuscrito de quinhentos anos do Uzbequistão pelo qual o governo uzbeque mais tarde lhe ofereceu 25 mil dólares. Ele encontrou uma edição particular de Zahir Shah de Firdausi, seu poeta favorito, a grande obra épica *Shah Nama*, e por um preço irrisório comprou diversos livros valiosos dos ladrões, que nem sequer sabiam ler os títulos dos volumes.

Após quatro anos de bombardeios intensos, Cabul estava em ruínas e com 50 mil habitantes a menos. Quando a cidade acordou na manhã de 27 de setembro de 1996, os combates tinham-se atenuado. Na noite anterior, Ahmed Shah Massoud havia fugido com suas tropas pelo vale de Panshir. Se, durante a guerra caía mil foguetes na capital afegã por dia, agora havia um silêncio opressor.

Os corpos de dois homens pendiam de uma placa de trânsito. O maior estava encharcado de sangue da cabeça aos pés. Ele fora castrado, seus dedos estavam quebrados, o peito e o rosto machucados, e havia um furo de bala na testa. O outro tinha levado apenas um tiro antes de ser pendurado, e seus bolsos estavam entupidos de afeganis – a moeda local – como um símbolo de desprezo. Eram o ex-presidente Muhammad Najibullah e seu irmão. Najibullah foi um homem odiado, que, como chefe da polícia secreta, durante a invasão soviética, ordenou a execução de 80 mil "inimigos do povo". De 1986 a 1992, foi presidente do país, apoiado pelos russos. Quando os mujahedin tomaram o poder, com Burhanuddin Rabbani como presidente e Massoud como ministro da Defesa, Najibullah ficou em prisão domiciliar no prédio das Nações Unidas.

Quando o Talibã invadiu as áreas ao leste de Cabul e o governo dos mujahedin resolveu fugir, Massoud ofereceu a seu ilustre prisioneiro a chance de acompanhá-lo. Najibullah temeu por sua vida fora da capital e escolheu ficar com os guardas de segurança no prédio das Nações Unidas. Também pensou que como pashtun poderia negociar com os pashtun do Talibã. Na manhã seguinte, os guardas haviam sumido. Bandeiras brancas – a cor sagrada do Talibã – esvoaçavam sobre as mesquitas.

Os habitantes de Cabul se reuniram ao redor da placa de trânsito na praça Ariana, incrédulos. Viram os homens pendurados e voltaram para suas casas em silêncio. A guerra havia acabado. Uma nova guerra estava para começar – a guerra contra as alegrias do povo.

O Talibã instaurou a lei e a ordem, e ao mesmo tempo deu o golpe de misericórdia contra a arte e a cultura afegãs. O regime queimou os livros de Sultan e invadiu o museu de Cabul portando machados, o próprio ministro da Cultura como testemunha.

Mas já não restava muito do museu quando chegaram. Todas as peças haviam sido pilhadas durante a guerra civil; vasos do tempo em que Alexandre, o Grande conquistou o país, espadas talvez usadas nas lutas contra Gengis Khan e suas hordas mongóis, pinturas persas em miniatura e moedas de ouro tinham sumido. A maior parte encontra-se com colecionadores desconhecidos mundo afora. Poucas peças foram salvas antes que os saques começassem para valer.

Algumas esculturas gigantescas de reis e príncipes afegãos permaneceram, junto com estátuas de Buda e murais de milhares de anos. Os soldados fizeram seu trabalho com a mesma determinação com que chegaram à livraria de Sultan. Os guardas do museu assistiram chorando quando os talibãs destruíram o que tinha sobrado. Quebraram tudo até restar apenas as colunas despidas, entre montes de poeira de mármore e cacos de barro. A única peça que restou foi uma citação do Alcorão ornamentada numa tábua de pedra que o ministro da Cultura achou melhor deixar em paz.

Quando os carrascos da arte arrasaram o prédio do museu – que também fora alvo durante a guerra civil –, os guardas foram deixados nos escombros. Pacientemente, eles cataram os pedacinhos e varreram a poeira. Colocaram os cacos em caixas com etiquetas. Algumas peças eram reconhecíveis: a mão de uma estátua, a mecha de cabelo de outra. As caixas foram guardadas no porão na esperança de que as estátuas um dia fossem restauradas.

Seis meses antes da queda do regime talibã, as enormes estátuas de Buda em Bamiyan foram dinamitadas. Elas tinham quase dois mil anos e eram a maior herança da cultura afegã. Os explosivos eram tão fortes que nada restou para guardar.

Foi durante esse regime que Sultan Khan tentou salvar parte da cultura afegã. Depois da primeira queima dos livros, ele conseguiu sair da prisão pagando suborno e, no mesmo dia, rompeu o lacre da livraria. Chorou ao ver os restos de seus livros preciosos. Com tinta nanquim desenhou traços pretos e rabiscos sobre todas as imagens de seres vivos que escaparam da fúria dos soldados. Melhor do que serem queimados. Depois teve uma ideia melhor – colou seus cartões de visita sobre as imagens. Assim, conseguiu cobri-las sem estragá-las, além de deixar sua própria marca na obra. Quem sabe, um dia poderia retirar os cartões.

Mas o regime estava ficando cada vez mais cruel. Ao longo dos anos, a linha puritana foi seguida ainda mais à risca – a meta era viver de acordo com as regras do tempo de Maomé. Sultan foi novamente chamado a comparecer perante o ministro da Cultura. "Há pessoas à sua procura", ele disse. "E não posso protegê-lo."

Isso aconteceu no verão de 2001, e foi quando ele decidiu deixar o país. Pediu visto de entrada para o Canadá para si, suas duas esposas, os filhos e a filha. Nessa época, suas mulheres moravam no Paquistão com as crianças, e ambas odiavam a vida de refugiados. Mas Sultan sabia que não podia desistir dos livros. Já tinha três livrarias em Cabul. Uma era gerenciada por seus irmãos mais novos, a segunda por seu filho mais velho, Mansur, de 16 anos, e da terceira cuidava ele mesmo.

Apenas uma fração de seus livros ficava à mostra nas prateleiras. A maioria, cerca de dez mil, estava escondida em sótãos em várias partes de Cabul. Ele não podia arriscar perder a coleção de livros, construída ao longo de mais de trinta anos. Ele não podia deixar o Talibã ou outro regime qualquer destruir ainda mais a alma afegã. Além disso, tinha um plano ou sonho secreto para a sua coleção, ele prometeu a si mesmo que, quando o Talibã deixasse o poder e o Afeganistão tivesse um regime confiável, doaria a coleção inteira para a biblioteca pública depenada da cidade, onde outrora havia centenas de milhares de livros nas prateleiras. Ou talvez começasse a sua própria biblioteca, tornando-se um bibliotecário respeitável, pensou.

Devido às ameaças de morte, Sultan Khan obteve visto para o Canadá para si e para a família. Mas nunca conseguiu viajar. Enquanto suas mulheres arrumavam as malas para a viagem, ele encontrava todas as justificativas possíveis para adiá-la: aguardava a entrega de alguns livros, a livraria estava sendo ameaçada, um parente tinha morrido. Surgia sempre um obstáculo.

Veio então o 11 de Setembro. Quando começou a chover bombas, Sultan voltou para as suas mulheres no Paquistão. Mandou que Yunus, um dos seus irmãos solteiros mais novos, ficasse em Cabul para cuidar das livrarias.

Quando caiu o regime talibã, dois meses depois dos ataques terroristas nos EUA, Sultan foi um dos primeiros a voltar para Cabul. Finalmente podia encher as prateleiras com todos os livros que quisesse. Podia vender os livros de história com as ilustrações rabiscadas de nanquim como curiosidades para estrangeiros e retirar os cartões de visita colados sobre imagens de seres vivos. Novamente podia mostrar os alvos braços da rainha Soraya e o peito coberto de medalhas de ouro do rei Amanullah.

Uma manhã, enquanto tomava uma xícara de chá fumegante na livraria, ele percebeu que Cabul voltava à vida. Enquanto fazia planos de como realizar seu sonho, pensou numa citação do seu poeta favorito, Firdausi. "Para se ter êxito, algumas vezes é preciso ser lobo, outras vezes cordeiro." Estava na hora de ser lobo, Sultan pensou.

3
Crime e castigo

De todos os lados, as pedras voavam contra o poste, a maioria acertando o alvo. A mulher não gritou, mas logo se levantou entre a multidão um homem forte. Tinha encontrado uma pedra especialmente grande e angulosa, e jogou-a com toda a sua força, após ter mirado cuidadosamente o seu corpo. Acertou-a na barriga com tanta força que o primeiro sangue desta tarde se mostrou através da burca. Foi o que fez a multidão exultar. Uma outra pedra do mesmo tamanho acertou o ombro da mulher. Provocou sangue e aplausos.

James Michener, *Caravanas*

Sharifa, a esposa deposta, está em Peshawar, inquieta. Ela sabe que Sultan vai chegar qualquer dia desses, mas ele nunca se preocupa em avisar a hora exata da chegada antes de sair de Cabul, e Sharifa fica dias à espera dele.

Todas as refeições são preparadas para a chegada do marido. Um frango especialmente gordo, o espinafre de que ele tanto gosta, o molho caseiro de pimenta verde. Roupas limpas e passadas na cama. A correspondência bem arrumada, numa caixa.

As horas passam. O frango é novamente guardado, o espinafre pode ser requentado e o molho de pimenta volta para o armário. Sharifa varre o chão, lava as cortinas, limpa a eterna poeira. Senta-se, suspira, chora um pouco. Não é dele que ela sente falta, mas da vida que tinha antes, como a esposa de um livreiro empreendedor, respeitado e atencioso, como mãe dos seus filhos. De ser a escolhida.

Às vezes o odeia por ter estragado sua vida, por ter lhe tirado seus filhos, por tê-la envergonhado perante todos.

Faz 18 anos que Sultan e Sharifa se casaram, e dois anos desde que ele se casou com uma segunda esposa. Sharifa vive como uma mulher divorciada, mas sem a mesma liberdade. É Sultan quem ainda toma as decisões por ela. Foi ele quem determinou que ela fosse morar no Paquistão, para cuidar da casa onde guarda os seus livros mais preciosos. Ali ele tem computador, telefone, dali pode enviar pacotes de livros para seus clientes, ali pode receber e-mails, tudo que é impossível fazer em Cabul, onde nem correio, telefone ou serviços de internet funcionam. Ela está morando ali porque é prático para Sultan.

O divórcio nunca foi uma alternativa para Sharifa. Quando uma mulher pede o divórcio, ela praticamente perde todos os seus direitos. Os filhos seguem o marido e ele pode até impedi-la de vê-los. A mulher se torna uma vergonha para a família, é muitas vezes expulsa, e todos os seus bens passam para o marido. Sharifa teria que se mudar para a casa de um dos irmãos.

Durante a guerra civil, no início dos anos 1990, e durante alguns anos do regime talibã, toda a família Khan morava em Peshawar, no bairro de Hayatabad, onde nove entre dez moradores eram afegãos. Mas, aos poucos, todos voltaram para Cabul: os irmãos, as irmãs, Sultan, Sonya, os filhos. Primeiro, Mansur, de 16 anos, depois Aimal, de 12, e por último Eqbal, de 14. Apenas Sharifa e a filha caçula Shabnam ficaram. Elas esperam que Sultan as leve de volta a Cabul, de volta à família e aos amigos. Sultan promete, mas sempre acontece algo para atrapalhar. A casa que está caindo aos pedaços em Peshawar, e que era para servir apenas de abrigo temporário contra balas e granadas do Afeganistão, virou sua prisão. Ela não pode se mudar dali sem o consentimento do marido.

No primeiro ano após o segundo casamento de Sultan, Sharifa morou com ele e sua nova esposa. Sharifa achava Sonya boba e preguiçosa. Na verdade, talvez não fosse tão preguiçosa, mas Sultan nunca a deixava levantar um dedo. Sharifa fazia comida, servia, limpava, fazia as camas. No começo, Sultan deixava a porta do quarto trancada durante dias, enclausurado com Sonya, para de vez em quando pedir apenas chá ou água. Do quarto, Sharifa podia ouvir sussurros e risos, entre ruídos que lhe cortavam o coração.

Ela engoliu seus ciúmes e se comportou como uma esposa exemplar. Parentes e amigas lhe diziam que ela merecia o prêmio de esposa ideal. Nunca a ouviam reclamar de ter sido posta de lado, não brigava com Sonya nem falava mal dela.

Quando os dias mais quentes da lua-de-mel terminaram, e Sultan deixou o quarto para cuidar dos negócios, as duas mulheres começaram a conviver. Sonya se maquiava e provava vestidos novos, enquanto Sharifa se esforçava para se mostrar a mais amável das criaturas. Ela tomou para si as tarefas mais pesadas, e aos poucos ensinou Sonya como devia preparar os pratos favoritos de Sultan, como ele gostava das suas roupas, a temperatura da água para se banhar, e outras coisas que uma esposa deve saber sobre o marido.

Mas que vergonha! Mesmo não sendo raro um homem ter duas ou até três esposas, era humilhante demais, pois a esposa posta de lado era tachada de culpada. Era isto o que mais doía em Sharifa, já que o marido explicitamente mostrava sua preferência pela mais nova.

Sharifa tinha que dar explicações sobre o motivo de o marido ter escolhido uma nova esposa. Tinha que inventar algo para mostrar que não era ela, Sharifa, a culpada, mas que condições exteriores a tinham posto de lado.

Ela contava, a todos que quisessem ouvir, que estava com um pólipo no útero e tinha sido operada, e que o médico a havia avisado de que, caso quisesse sobreviver, não podia deixar o marido dormir com ela. Ela contava que ela mesma tinha aconselhado Sultan a encontrar uma nova esposa, e que ela mesma havia escolhido Sonya para ele. Sendo homem, ele próprio não poderia fazê-lo, ela disse.

Para Sharifa, inventar uma doença era, de longe, menos vergonhoso do que supor que ela, mãe dos filhos dele, não fosse mais satisfatória. Fora praticamente por ordem médica que ele se casara de novo.

Quando ela realmente queria impressionar, dizia com brilho nos olhos que amava Sonya como se fosse sua própria irmã, e Latifa, a filha desta, como se fosse sua filha.

Ao contrário de Sultan, muitos homens com várias esposas dividem-se por igual entre elas, ficando uma noite com uma e outra noite com outra, durante décadas. As esposas têm filhos, que crescem como irmãos. As mães cuidam com olhos de falcão para que seus filhos recebam exatamente a mesma atenção que os das outras, e que elas próprias ganhem o mesmo número de roupas e presentes que as outras esposas. Muitas destas esposas se odeiam tão intensamente que nem se falam. Outras aceitam o direito do homem de ter várias esposas, e podem até chegar a ser boas amigas, uma vez que a rival é quase sempre dada em casamento pelos pais contra a própria vontade. Poucas mulheres jovens sonham em se tornar a segunda esposa de um homem mais velho. Enquanto a primeira mulher desfrutou da juventude dele, a segunda terá sua velhice. Em alguns casos, nem a primeira nem a segunda querem realmente o homem e aceitam, felizes, não ter que dormir com ele todas as noites.

OS BELOS OLHOS castanhos de Sharifa fixam o vazio, os mesmos olhos a que Sultan uma vez se referiu como os mais belos de Cabul. Agora já perderam o brilho, emoldurados por pálpebras pesadas e rugas suaves. A pele alva ganhou manchas de pigmento que ela discretamente cobre com maquiagem. Suas pernas curtas eram compensadas pela pele clara e translúcida. Altura e pele clara são os mais importantes símbolos de status na cultura afegã. Manter a juventude sempre foi uma luta para Sharifa, que prefere esconder que tem alguns anos a mais do que o marido. Ela encobre os cabelos brancos com tinta caseira, mas não consegue se livrar da expressão triste em seu rosto.

Ela anda pela casa com pesar. Depois de o marido ter levado seus três filhos para Cabul, não tem muito o que fazer. Os tapetes já foram escovados, a comida está pronta. Ela liga a televisão e assiste a um filme americano violento, um conto de fadas onde heróis fortes e bonitos lutam contra dragões, monstros e esqueletos, e no fim triunfam sobre as más criaturas. Sharifa assiste com atenção, mesmo com diálogos em inglês, um idioma que ela não domina. Quando o filme termina, faz uma ligação para a cunhada. Depois, levanta-se e vai para a janela. De onde está, no segundo andar, ela pode ver tudo o que acontece nos quintais embaixo. Há muros de tijolo da altura de uma pessoa cercando todos os quintais. E todos estão cheios de roupas penduradas para secar.

Mas em Hayatabad não é preciso ver para saber. Da sala, de olhos fechados, sabe-se que um vizinho está ouvindo música popular paquistanesa no último volume, que algumas crianças estão gritando e outras brincando, que uma mãe está ralhando com os filhos, que uma mulher está batendo um tapete, que uma outra está lavando as louças ao sol, que a vizinha está queimando a comida, que uma outra está cortando alho.

O que os ruídos e cheiros não contam, as fofocas acrescentam, alastrando-se como fogo em capim seco num bairro onde todos vigiam a moral dos outros.

Sharifa compartilha a velha casa de alvenaria prestes a cair e o minúsculo quintal de cimento com outras três famílias. Já que Sultan parece que não vai chegar, ela desce para ver as suas vizinhas de baixo. Lá estão todas as mulheres da casa e algumas eleitas dos quintais ao redor. Todas as quintas-feiras elas se juntam para o *nazar*, uma celebração religiosa. Para fofocar e orar.

Elas apertam os xales em volta da cabeça, colocam os tapetes de oração na direção de Meca e se agacham, oram, se levantam, oram, se agacham de novo, sempre quatro vezes. Realizam mudas súplicas a Deus, só os lábios se mexem. Assim que os tapetes são desocupados, outras tomam o lugar.

Em nome de Alá, o Clemente, o Misericordioso
Louvado seja Alá, Senhor do Universo,
O Clemente, o Misericordioso,
Senhor do Juízo Final.
Só a Vós adoramos e só a Vós imploramos ajuda.
Guiai-nos à senda da retidão,
À senda dos que agraciastes,
Não à dos abominados e nem à dos extraviados do
Vosso caminho.

Mal terminada, a oração sussurrada é sucedida por uma tagarelice de vozes altas. As mulheres sentam-se em almofadas ao longo das paredes. Xícaras e tigelas estão postas na toalha encerada. É servido chá de cardamomo acompanhando um pudim seco de farelos de biscoito e açúcar. Todas cobrem o rosto com as mãos e rezam mais uma vez, em coro, em volta da comida: *La Elaha Ellallahu Muhammad-u-Rasoollullah* – Não há senão um Deus e Maomé é Seu profeta.

Ao terminar a oração, elas passam as mãos sobre o rosto. Do nariz para a testa, para os lados, descendo pelas bochechas, para o queixo, terminando em frente aos lábios, como se estivessem comendo a própria oração. De mãe para filha aprenderam que os pedidos ao *nazar* serão realizados, se forem merecidos. Estas orações vão diretamente a Alá, que decide se vai atendê-las ou não.

Sharifa reza para que Sultan leve a ela e a Shabnam para Cabul, para que tenha todos os filhos à sua volta.

Quando todos já pediram a Alá que realize seus sonhos, o ritual da quinta-feira finalmente pode começar. Comer doces, beber chá de cardamomo e saber das últimas novidades. Sharifa conta que está esperando Sultan a qualquer hora, mas ninguém presta atenção. Faz tempo que o drama triangular dela era o assunto mais comentado da rua 103 em Hayatabad. Agora o centro das atenções é Saliqa, de 16 anos. Ela está trancada no quarto, depois de um crime imperdoável cometido dois dias antes. Ela foi espancada e está com hematomas no rosto e listras vermelhas nas costas inchadas.

As mulheres que ainda não conhecem todos os pormenores da história ouvem de olhos arregalados as que já sabem.

O crime de Saliqa começou seis meses antes. Uma tarde, a filha de Sharifa, Shabnam, se aproximou de Saliqa cheia de mistério e trazendo um bilhete.

– Prometi não dizer de quem é, mas é de um rapaz – ela disse, dando pulinhos de agitação, excitada com uma missão tão importante. – Ele não tem coragem de aparecer. Mas eu sei quem é.

Shabnam sempre chegava com novos bilhetes do rapaz, bilhetes cheios de corações atravessados por flechas, bilhetes com "Eu te amo" escrito com mão canhestra de menino, bilhetes dizendo como ela era bela. Saliqa começou a ver o admirador secreto em todos os rapazes que encontrava. Ela se vestia com cuidado, o cabelo sempre brilhante, e amaldiçoava o tio por ter que andar de véu comprido.

Um dia, o bilhete dizia que ele estaria perto da sua casa, ao lado do poste, às quatro horas, e que estaria usando um suéter vermelho. Saliqa estava trêmula de excitação ao sair de casa. Ela havia se arrumado com esmero, vestira um conjunto de veludo azul e suas joias preferidas, braceletes dourados e colares grandes. Uma amiga servia de companhia e ela mal tinha coragem de passar pelo rapaz alto e magro de suéter vermelho. Ele estava com o rosto para o outro lado e não se virou.

Depois foi *ela* quem tomou a iniciativa de escrever bilhetes. "Amanhã você tem que se virar", ela escreveu e deu o bilhete a Shabnam, mensageira zelosa e dedicada. Mas nem no dia seguinte ele se virou. Então, no terceiro dia, ele se virou rapidinho. Saliqa sentiu o coração na boca e passou por ele feito robô. A excitação virou paixão obsessiva. Não que ele fosse tão bonito, mas era ele o autor dos bilhetes. Durante meses eles continuaram trocando bilhetes e olhares furtivos.

Novos crimes se somaram ao primeiro, o de ter recebido bilhetes de um rapaz, e, Deus nos livre, de ter respondido. Pior crime ainda era ela ter se apaixonado por alguém não escolhido pelos pais. Ela sabia que eles não iam gostar dele. Ele não tinha formação, dinheiro e não vinha de uma boa família. Em Hayatabad, prevalece a vontade dos pais. A irmã de Saliqa só se casou após cinco anos de briga com o pai. Ela havia se apaixonado por outro rapaz, e não por aquele escolhido pela família, e se negou a desistir dele. A briga terminou quando os namorados engoliram uma dose de soporíferos cada. Foram levados às pressas para o hospital e só assim os pais cederam.

Um belo dia, a sorte uniu Saliqa e Nadim. A mãe ia passar o dia com parentes em Islamabad, e o tio estaria fora o dia todo. Só ficou a mulher dele em casa. Saliqa disse que ia visitar uma amiga.

– Seus pais deixaram? – A mulher do tio perguntou. O tio era o chefe da família porque o pai de Saliqa morava na Bélgica como refugiado. Ele estava aguardando o visto de permanência, para poder trabalhar e enviar dinheiro para casa ou, no melhor dos casos, para toda a família.

– Mamãe disse que eu podia sair assim que terminasse de arrumar a casa – mentiu Saliqa.

Não foi para a casa da amiga, foi se encontrar com Nadim, olho no olho.

– Não podemos conversar aqui – diz ela rapidamente, ao passar como que por acaso na esquina. Ele pára um táxi e a empurra para dentro. Saliqa nunca esteve num táxi com um rapaz desconhecido antes e fica com o coração na mão.

Eles param em frente a um parque, um dos parques de Peshawar onde é permitido a homens e mulheres passearem juntos.

Durante apenas meia hora ficam conversando num banco do parque. Nadim está fazendo grandes planos para o futuro: vai comprar uma loja ou talvez se tornar um vendedor de tapetes. Saliqa fica o tempo todo morrendo de medo de que alguém os veja. Em menos de uma hora ela já está em casa de novo. Mas já tem encrenca. Shabnam viu os dois entrarem no táxi e contou para Sharifa, que contou à mulher do tio.

Ao chegar, a tia lhe bate na boca, tranca-a no quarto e liga para a mãe da menina em Islamabad. Quando o tio chega em casa, a família toda entra no quarto forçando-a a contar o que fez. O tio treme de raiva quando fica sabendo do táxi, do parque e do banco do parque. Com um fio elétrico arrebentado, bate nas suas costas sem parar enquanto a tia a segura. Ele bate no rosto da menina até sair sangue do nariz e da boca.

– O que vocês fizeram? O que vocês fizeram? Sua vagabunda! – grita o tio. – É uma vergonha para a família! Uma mancha negra. Um galho ruim!

A voz do tio ressoou pela casa toda, entrando pelas janelas abertas dos vizinhos. Não demorou para que todos soubessem sobre o delito de Saliqa. O delito que deixa Saliqa trancada, rezando a Alá para que Nadim a peça em casamento, para que os pais a deixem se casar, para que Nadim consiga trabalho numa loja de tapetes, para que os dois possam morar juntos.

– Se ela pode se sentar num táxi com um rapaz, ela deve ser capaz de fazer outras coisas também – disse Nasrin, uma amiga da tia, olhando a mãe de Saliqa arrogantemente. Nasrin come o pudim com gosto, esperando a reação à sua asserção.

– Ela apenas foi ao parque, ele não precisava deixá-la moída de pancadas por causa disso – disse Shirin, que é médica.

– Se não o tivéssemos contido, teríamos que levá-la para o hospital – replicou Sharifa. – Ela ficou a noite toda no quintal rezando. – Em uma de suas noites de insônia, Sharifa viu a menina infeliz rezando lá fora. – Ela ficou lá rezando até as primeiras chamadas de oração da manhã.

As mulheres suspiram, uma sussurra uma oração. Todas concordam que Saliqa cometeu um erro ao se encontrar com Nadim no parque, mas divergem se foi apenas uma desobediência ou um delito sério.

– Que vergonha, que vergonha – lamenta a mãe de Saliqa. – O que fiz para merecer uma filha assim?

As mulheres discutem o que tem que ser feito. Se ele a pede em casamento, pode-se esquecer a vergonha. Mas a mãe de Saliqa não quer Nadim como genro. Ele vem de uma família pobre, nunca estudou e vive pelas ruas. O único emprego que teve foi numa fábrica de tapetes, que já perdeu. Se Saliqa se casasse com ele, ela teria que morar com a família dele. Os dois nunca teriam dinheiro suficiente para morar sozinhos.

– A mãe dele não é uma boa dona-de-casa – alega uma das mulheres. – A casa deles está sempre suja e desarrumada. Ela é preguiçosa e vive na rua.

Uma das mulheres mais velhas também se lembra da avó de Nadim:

– Quando moravam em Cabul, recebiam qualquer um – conta, com ar misterioso. – Havia até homens vindo no apartamento dela quando ela estava sozinha. E não eram parentes.

– Com todo o respeito por você – disse uma das mulheres para a mãe da Saliqa –, confesso que sempre considerei

Saliqa uma sonsa, sempre maquiada, sempre enfeitada. Você devia ter percebido que ela estava com pensamentos impuros.

Por um tempo elas ficam em silêncio, como se concordassem sem ter que dar mostras, por piedade à mãe de Saliqa. Uma mulher limpa a boca, está na hora de pensar no jantar. Começam a se levantar, uma após a outra. Sharifa sobe as escadas para seus três quartos. Passa pelo quarto onde Saliqa está trancada. Ela vai ter que ficar lá até a família resolver que tipo de castigo ela merece.

Sharifa suspira. Está pensando no castigo que sua cunhada Jamila recebeu.

Jamila veio de uma excelente família, era rica, educada e linda como uma flor. O irmão de Sharifa havia ganhado muito dinheiro no Canadá e tinha condições de pagar pela bela jovem de 18 anos. O casamento foi sem igual, quinhentos convidados, pratos suntuosos, uma noiva bela e radiante. Jamila não conheceu o irmão de Sharifa antes do dia do casamento, tudo fora arranjado pela família. O noivo, um homem alto e magro de quarenta e poucos anos, veio unicamente para casar-se segundo os costumes afegãos. Ele teve 14 dias de lua-de-mel com Jamila antes de voltar para cuidar do visto, para que ela pudesse acompanhá-lo. Enquanto isso, Jamila morava com os dois irmãos de Sharifa e suas esposas. Mas o processo do visto levou mais tempo que o previsto.

Depois de três meses, eles a pegaram. Foi a polícia que avisou. Eles tinham visto um homem entrando pela janela dela.

O homem nunca foi pego, mas os irmãos de Jamila encontraram o seu telefone celular no quarto dela, como prova do relacionamento. A família de Sharifa dissolveu o casamento imediatamente e mandou Jamila de volta para sua família. Lá, ela foi trancada num quarto, enquanto a família se reuniu por dois dias para decidir o que fazer.

Três dias depois, o irmão de Sharifa chegou contando que a cunhada tinha morrido por causa de um curto-circuito num ventilador.

O enterro foi no dia seguinte. Muitas flores, muitas pessoas sérias. A mãe e as irmãs estavam inconsoláveis. Todos de luto pela vida curta de Jamila.

Todos diziam: "Como a festa do casamento, o enterro foi maravilhoso."

A honra da família estava preservada.

Sharifa tinha um vídeo da festa do casamento, mas o irmão de Jamila veio e o levou emprestado. Nunca foi devolvido, nada devia servir de testemunho de que algum dia houvera um casamento. Mas Sharifa guarda as poucas fotos que tem. Os noivos parecem tensos e sérios na hora de cortar o bolo. Jamila não demonstra nenhum sentimento, linda e inocente no vestido e véu branco contrastando com o cabelo preto e a boca vermelha.

Sharifa solta um suspiro. Jamila cometeu um grande crime, mais por burrice do que por má-fé.

– Ela não merecia morrer. Mas Alá decide – ela murmura e sussurra uma oração.

Mas há algo que ela não consegue entender: os dois dias com a família reunida, quando a própria mãe de Jamila concordou em matá-la. Foi ela, a mãe, que por fim mandou os três irmãos ao quarto para matar a filha. Os irmãos entraram juntos no quarto da irmã. Juntos colocaram o travesseiro sobre seu rosto, juntos seguraram e pressionaram, com força, com mais força ainda, até apagar sua vida.

Antes de voltarem para junto da mãe.

4
Suicídio e canto

No Afeganistão, mulher apaixonada é tabu. É proibido pelos conceitos de honra rigorosos do clã e pelos mulás. Os jovens não têm o direito de se encontrar para amar, não têm o direito de escolher. Amor tem pouco a ver com casamento, ao contrário, pode ser um grave crime, castigado com a morte. Pessoas indisciplinadas são mortas a sangue-frio. Caso apenas um dos dois tenha de ser castigado com a morte, invariavelmente é a mulher.

Mulheres jovens são, antes de mais nada, um objeto de troca e venda. Um casamento é um contrato entre famílias ou dentro de uma família. A vantagem que o casamento pode ter para o clã é o que determina tudo – sentimentos raramente são levados em consideração. Durante séculos as mulheres afegãs têm suportado a injustiça cometida contra elas. Mas, em canções e poemas, as próprias mulheres dão seu testemunho. São canções para ninguém ouvir, e até o eco permanece nas montanhas ou no deserto.

Elas protestam "se suicidando ou cantando", escreveu o poeta afegão Sayed Bahoudine Majrouh num livro de poemas das próprias mulheres pashtun.* Ele reuniu os poemas com a ajuda da cunhada. Majrouh foi assassinado por fundamentalistas em Peshawar, em 1988

Os poemas ou rimas são passados oralmente de umas para as outras próximo ao poço, no caminho para o campo ou ao lado do forno de pão. Falam de amores proibidos, do

---

**Le suicide et le chant. Poésie populaire des femmes pashtounes*, de Sayed Bahoudine Majrouh, Gallimard, 1994.

ser amado como outro homem, nunca o marido, e do ódio ao marido, frequentemente muito mais velho do que elas. Mas expressam também o orgulho de ser mulher e a coragem demonstrada por elas. Os poemas são chamados de *landay*, que significa "curto". Consistem de poucas linhas, curtas e ritmadas, "como um grito ou uma facada", escreve Majrouh.

Pessoas cruéis veem um velhinho
a caminho da minha cama
e ainda me perguntam por que choro e arranco os cabelos.

Meu Deus! De novo me mandastes a noite escura
e de novo tremo da cabeça aos pés
por ter que subir na cama que odeio.

Mas as mulheres nos poemas também são rebeldes, arriscando a vida por amor, numa sociedade onde a paixão é proibida e o castigo é impiedoso.

Dá-me tua mão, meu amor, vamos nos esconder no
[campo
Para amar ou sucumbir às facadas.

Mergulho nas águas, mas a correnteza não quer me levar.
Meu marido tem sorte, meu corpo sempre volta à beira
[do rio.

Amanhã de manhã estarei morta por tua causa.
Não digas que não me amou.

A maioria dos "gritos" é de desapontamento, por uma vida não vivida. Uma mulher pede a Deus para na próxima vida ser uma pedra em vez de mulher. Nenhum desses poemas fala de esperança, ao contrário – reina a desesperança de não se ter vivido o suficiente, de não se ter aproveitado a beleza, a juventude, os prazeres do amor.

Eu era bela como uma rosa.
Debaixo de ti fiquei amarela como uma laranja.

Eu não conhecia o sofrimento.
Por isso cresci reta, como um pinheiro

Os poemas também estão cheios de ternura. Com uma sinceridade brutal, a mulher glorifica seu corpo, o amor carnal e o fruto proibido – como se quisesse chocar os homens, provocar sua virilidade.

Põe tua boca sobre a minha,
Mas deixa minha língua livre para poder falar de amor.

Pega-me primeiro nos teus braços, me segura!
Depois te amarre às minhas coxas de veludo.

Minha boca é tua, devora-a, não tenhas medo!
Não é feita de açúcar, que se dissolve e desaparece.

Minha boca, eu te dou com prazer.
Por que me atiças? – Já estou molhada.

Vou te fazer em cinzas.
Se eu, por um só momento, olhar na tua direção.

5
A viagem de negócios

Ainda está frio. O sol lança seus primeiros raios pelos rochedos íngremes. A paisagem é cor de poeira, em tons marrom-acinzentados. As encostas são de pedra pura, desde blocos de granito ameaçando precipitar uma devastadora avalanche a pedregulhos e cacos de argila triturados sob os cascos dos cavalos. Os cardos entre as pedras arranham os pés de contrabandistas, refugiados e guerrilheiros em fuga. Uma confusão de atalhos se entrecruza antes de desaparecer atrás de pedras e colinas.

Esta é a rota entre o Afeganistão e o Paquistão onde se contrabandeia um pouco de tudo; armas, ópio, cigarros e latas de Cola-Cola. Os atalhos têm sido pisados durante séculos. Foi por estes caminhos que os talibãs e a al-Qaeda árabe escaparam ao perceber que a batalha pelo Afeganistão estava perdida, fugindo para as regiões tribais do Paquistão. É pelo mesmo caminho que estão voltando para atacar soldados americanos – os infiéis que ocupam a terra sagrada muçulmana. Nem as autoridades afegãs nem as paquistanesas têm controle sobre as áreas próximas à fronteira. As tribos pashtun controlam separadamente suas áreas nos dois lados da fronteira. A ilegalidade está, absurdamente, inscrita na lei paquistanesa. As autoridades do lado paquistanês têm o direito de controlar as estradas asfaltadas até vinte metros em cada lado. A partir daí vale a lei das tribos.

Esta manhã, o livreiro Sultan Khan também está passando pelos guardas da fronteira paquistanesa. A polícia de lá está a menos de 100 metros de distância. Mas se as pessoas, os cavalos e os jumentos carregados passam longe o bastante da estrada, ela nada pode fazer.

Mas, mesmo com as autoridades não controlando o fluxo de viajantes, muitos são parados e têm que pagar "impostos" para homens armados, muitas vezes moradores comuns.

Sultan já tomou suas precauções. Sonya costurou o dinheiro nas mangas da sua camisa, ele carrega seus pertences num saco de pano sujo e usa um *shalwar kameez* bem surrado.

Como para a maioria dos afegãos, a fronteira para o Paquistão também está fechada para Sultan. Não importa que ele tenha família, casa e negócios no país e que sua filha frequente uma escola de lá – ele não é bem-vindo. Por pressão da comunidade internacional, o Paquistão fechou suas fronteiras para impedir que terroristas e simpatizantes do Talibã se escondam no país. Mas é em vão. Terroristas e soldados não se apresentam nos postos da fronteira com passaporte na mão. Eles seguem pelos mesmos caminhos que Sultan usa nas suas viagens de negócios. Milhares de pessoas vindas do Afeganistão entram diariamente no Paquistão desta maneira.

Os cavalos sobem o despenhadeiro arquejantes. Sultan está sobranceiro em cima do cavalo sem sela. Até em roupas velhas parece bem vestido, a barba como sempre bem cuidada e com seu pequeno fez na cabeça. Mesmo agarrado às rédeas e morrendo de medo, parece um homem distinto passeando nas montanhas para apreciar a paisagem. Mas não está se sentindo seguro no cavalo. Um passo em falso e despencará abismo abaixo. O cavalo por sua vez avança com calma pelas trilhas conhecidas, sem se incomodar com o homem que leva. Sultan segura um saco valioso amarrado à mão. Dentro dele há livros que pretende piratear para sua livraria e um esboço do que ele espera vir a ser o contrato mais importante de sua vida.

Outros afegãos caminham a seu lado, também querendo entrar no país fechado; mulheres de burca sentadas de lado no cavalo indo visitar parentes, estudantes sorridentes voltando para a universidade de Peshawar depois da celebração religiosa do *eid*, alguns contrabandistas talvez e, quem sabe, alguns homens de negócios. Sultan não pergunta. Está pensando no seu contrato, concentrando-se nas rédeas e amaldiçoando as autoridades paquistanesas. Primeiro, leva um dia de carro de Cabul até a fronteira, depois tem que pernoitar num posto deplorável para, no dia seguinte, seguir um dia inteiro a cavalo, a pé e de caminhonete. A viagem pela estrada principal da fronteira até Peshawar leva só uma hora. Sultan acha humilhante entrar no Paquistão às escondidas e ser tratado dessa maneira desumana. Após tudo o que os paquistaneses fizeram para o regime talibã, dando armas e suporte econômico e político, ele acha que é muita hipocrisia eles agora se tornarem lacaios dos EUA e fecharem as fronteiras para os afegãos.

O PAQUISTÃO foi o único país, além da Arábia Saudita e dos Emirados Árabes, a reconhecer oficialmente o regime talibã. As autoridades paquistanesas queriam que o controle sobre o Afeganistão ficasse nas mãos do grupo pashtun, por ser este um povo que habita os dois lados da fronteira, e porque o Paquistão exerce uma influência real sobre eles. Praticamente todo o Talibã era pashtun, etnia que constitui a maior parte do povo afegão, quase 40% da população. Mais para o norte, a maioria é de tadjiques. Aproximadamente um quarto dos afegãos é tadjique. A Aliança do Norte, que lutou duramente contra o Talibã, e que depois do 11 de Setembro recebeu apoio dos americanos, consiste principalmente de tadjiques, um povo visto pelos paquistaneses com grande desconfiança. Depois da queda do Talibã, quando os tadjiques conseguiram maior poder no governo, muitos paquistaneses achavam que estavam cercados por inimigos, com a Índia a leste e o Afeganistão a oeste.

Mesmo assim, há relativamente pouco ódio étnico entre as pessoas comuns no Afeganistão. Os conflitos sao basicamente devidos a lutas pelo poder entre os vários líderes guerrilheiros que fazem seus próprios grupos lutarem uns contra os outros. Os tadjiques receiam que os pashtun ganhem poder demais, temendo ser massacrados caso haja outra guerra. Os pashtun têm medo dos tadjiques pelos mesmos motivos. O mesmo acontece entre uzbeques e hazaras na região nordeste do país. Muitos combates ocorreram também entre líderes guerrilheiros de um mesmo grupo étnico.

Sultan está pouco preocupado com o tipo de sangue que corre nas veias, dele e dos outros. Como muitos afegãos, ele é um verdadeiro mestiço, de mãe pashtun e pai tadjique. A primeira esposa é pashtun; a segunda, tadjique. Formalmente, ele é tadjique porque a herança étnica vem do pai. Ele fala as línguas dos dois povos, pashtun e dari – um dialeto da língua persa. Sultan acha que está na hora de o povo afegão deixar as guerras para trás e se unir para reconstruir o país. Seu sonho é um dia recuperar o que foi perdido para os países vizinhos. Mas parece difícil. Sultan está desapontado com seus conterrâneos. Ele dá duro no trabalho todo dia para fazer seu negócio prosperar e se aborrece com aqueles que gastam suas poupanças em viagens a Meca. Logo antes da viagem ao Paquistão, ele teve uma discussão com seu primo Wahid, dono de uma pequena loja de peças para automóveis que ele mal consegue manter. Ao passar pela livraria de Sultan alguns dias antes, ele contou que finalmente tinha juntado bastante dinheiro para ir a Meca de avião.

– Você acha que a oração vai ajudar? – Sultan tinha perguntado zombeteiramente. – O Alcorão diz que temos de trabalhar, resolver nossos problemas, que precisamos suar, dar duro. Mas nós afegãos somos preguiçosos, em vez de trabalhar pedimos ajuda, ao Ocidente ou a Alá.

– Mas o Alcorão também diz para louvarmos a Deus – Wahid objetou.

– O profeta Maomé choraria se ouvisse todos os gritos, choros e orações proferidos em seu nome – continuou Sultan. – Não adianta dar com a cabeça no chão para erguer este país. Tudo que sabemos fazer é gritar, rezar e lutar. Mas as orações de nada valem se as pessoas não trabalham. Não podemos esperar pela piedade de Deus – gritava Sultan, exaltado pela torrente de suas próprias palavras. – Estamos como cegos procurando por um homem sagrado, e só encontramos palavras vazias!

Ele sabia que estava provocando o primo, mas para Sultan o trabalho é o mais importante na vida. É o que ele tenta ensinar aos próprios filhos, sendo ele mesmo, um exemplo. Por isso tirou-os da escola para trabalharem na livraria, para que o ajudem na construção de um império de livros.

– Mas viajar para Meca é um dos cinco sustentáculos do Islã – retrucou o primo. – Para ser um bom muçulmano, é preciso aceitar Deus, orar, jejuar, dar esmolas e viajar a Meca.

– Todos podem ir a Meca – disse Sultan por fim. – Mas só por mérito próprio. Aí sim podemos viajar, para agradecer, e não para orar.

WAHID DEVE ESTAR a caminho de Meca agora, nas suas vestes brancas de peregrino, Sultan pensa. Ele bufa e enxuga o suor da testa. O sol está no zênite. Estão finalmente descendo a montanha. Na estrada de terra, num pequeno vale, há várias caminhonetes esperando. São os táxis do desfiladeiro de Khyber, onde seus donos vivem bem transportando os indesejados para o interior do país.

Outrora, esta era a Rota da Seda, a rota de comércio entre as grandes civilizações – China e Roma. A seda era levada para o Ocidente, enquanto o ouro, a prata e a lã seguiam para o Oriente.

Durante milhares de anos, o desfiladeiro de Khyber tem sido invadido por pessoas indesejáveis. Persas, gregos, moguls, mongóis, afegãos e bretões já tentaram conquistar a Índia conduzindo seus exércitos através deste desfiladeiro. No século VI a.C., o rei persa Dario conquistou grandes áreas do Afeganistão e continuou a marcha através do desfiladeiro de Khyber até o rio Indus. Dois séculos depois, foram os generais de Alexandre, o Grande que conduziram suas tropas através do desfiladeiro, em cujo trecho mais estreito não passa mais que um camelo carregado ou dois cavalos lado a lado. Gengis Khan destruiu grandes partes da Rota da Seda, enquanto outros viajantes mais pacíficos, como Marco Polo, só seguiram o rastro das caravanas no caminho para o Oriente.

Desde o tempo de Dario até os britânicos conquistarem o desfiladeiro, no século XIX, as tropas invasoras quase sempre encontraram grande resistência das tribos pashtun das montanhas ao redor. Depois que os ingleses se retiraram, em 1947, as tribos assumiram novamente o controle do desfiladeiro e do distrito até Peshawar. A mais poderosa delas é a tribo afridi, temida por seus guerrilheiros.

A primeira coisa que se vê ao cruzar a fronteira continuam sendo as armas. Ao longo da estrada principal do lado paquistanês vêem-se a intervalos regulares as palavras "Khyber Rifles" entalhadas na encosta ou pintadas em placas sujas na paisagem árida. Khyber Rifles é o nome de uma fábrica de armas, mas também da milícia tribal responsável pela segurança na área. A milícia tem grandes riquezas para proteger. A aldeia próxima à fronteira é conhecida por seu mercado de contrabando, onde se podem comprar haxixe e armas a preços baixos. Ninguém pede licença para porte de armas, mas, se for pego contrabandeando armas para território paquistanês, há grande risco de ficar atrás das grades por muito tempo· Entre as casinhas de barro resplandecem palácios grandiosos, construídos com dinheiro do mercado paralelo. Pequenos fortes de pedra e casas tradicionais dos pashtun, cercados de muros altos, espalham-se pela encosta. Aqui e lá surgem na paisagem paredes de cimento, os chamados dentes de dragão que os ingleses construíram por medo de uma invasão encouraçada alemã vinda da Índia durante a Segunda Guerra Mundial. Há vários casos de estrangeiros sequestrados nestas áreas tribais indomáveis, e as autoridades têm tomado medidas severas para resolver o problema. Aos estrangeiros é proibido viajar sem guardas, até na estrada principal que vai a Peshawar, patrulhada por tropas paquistanesas. Os guardas mantêm as armas carregadas durante toda a viagem. Os estrangeiros também não podem sair de Peshawar em direção à fronteira afegã sem os documentos certos e sem um guarda armado.

DEPOIS DE DUAS HORAS por estradas estreitas, com a montanha de um lado e o abismo do outro, ainda faltam algumas horas a cavalo para Sultan finalmente chegar à planície de onde se pode ver Peshawar. Ele pega um táxi para entrar na cidade, prosseguindo até a rua 103 do bairro de Hayatabad.

Está escurecendo quando Sharifa ouve as batidas no portão. Até que enfim chegou. Ela corre escada abaixo para abrir. Lá está ele, esgotado e sujo. Ele logo lhe estende o saco, que ela carrega para dentro.

– Fez boa viagem?

– Uma paisagem linda – Sultan responde. – Um pôr-do-sol magnífico.

Enquanto ele se lava, ela prepara o jantar e põe a toalha no chão, entre as almofadas macias. Sultan volta do banho limpo e de roupas passadas. Olha com desaprovação os pratos de vidro que Sharifa havia posto no chão.

– Não gosto de pratos de vidro, eles parecem baratos. Como algo comprado num bazar sujo.

Sharifa troca os pratos por outros de porcelana.

– Assim é melhor, a comida terá mais sabor agora – diz.

Sultan conta as últimas notícias de Cabul e ela as de Hayatabad. Eles não se veem há meses. Conversam sobre os filhos, os parentes e planejam os próximos dias. Todas as vezes que Sultan vem ao Paquistão tem que fazer várias visitas de cortesia aos parentes que ainda não voltaram para o Afeganistão. Primeiro precisa visitar aqueles que tiveram mortes na família. Depois o parente mais próximo, e assim por diante, até não ter mais tempo, dependendo de quantos dias permanecerá.

Ele se queixa por ter que visitar toda a família de Sharifa – irmãs, irmãos, cunhados, sogros das irmãs, primos e primas. Não é possível manter sua vinda em segredo, todos sabem de tudo naquela cidade. Além do mais, essas visitas de cortesia são a única coisa que resta a Sharifa do casamento. Que ele seja amável com seus parentes e trate-a como sua esposa durante as visitas é a única coisa que ela pode exigir dele agora.

Depois de planejar as visitas, Sharifa ainda tem que contar as últimas novidades do andar de baixo – as escapadas de Saliqa.

– Sabe o que é uma puta? – Sultan pergunta, esticado nas almofadas como um imperador romano. – É o que ela é.

Sharifa objeta, dizendo que Saliqa nem sequer ficou sozinha com o rapaz.

– É a atitude dela, a atitude – Sultan diz. – Se ela ainda não foi prostituída, facilmente pode vir a ser. Já que ela escolheu este rapaz imprestável, que nunca vai conseguir um emprego, como ela vai conseguir dinheiro para o que quer, como joias e roupas bonitas? Quando uma chaleira ferve sem tampa, qualquer coisa pode cair dentro dela. Sujeira, terra, poeira, insetos, folhas velhas. É assim que a família de Saliqa tem vivido, sem tampa. Todo tipo de sujeira caiu por lá. O pai é ausente; mesmo quando morava com eles, nunca ficava em casa. Está há três anos refugiado na Bélgica e ainda não conseguiu os documentos para poder ajudar a família – Sultan diz irritado. – Um fracassado, também. Saliqa mal sabia andar e já estava procurando um rapaz para se casar. Por acaso escolheu o pobre e inútil Nadim. Mas antes disso tentou o nosso Mansur, lembra? – Sultan pergunta. Até o livreiro se rende aos prazeres da fofoca.

– A mãe dela também fez sua parte – lembra Sharifa. – Ela sempre perguntava se não estava na hora de encontrar uma esposa para ele. Sempre respondi que era cedo demais, que o rapaz ia estudar. Nunca eu iria querer uma esposa presunçosa e inútil como Saliqa para Mansur. Quando seu irmão Yunus chegou em Peshawar, foi exposto às mesmas perguntas, mas ele também nunca escolheria uma menina ordinária como Saliqa.

Discutem o crime de Saliqa até não sobrar um grão de areia a ser revirado. Mas o casal ainda tem muitos parentes para servir de assunto.

– Como vai sua prima? – Sultan pergunta rindo.

Uma das primas de Sharifa passou toda a vida cuidando dos pais. Quando eles morreram, ela estava com 45 anos e os irmãos encontraram um viúvo que precisava de uma mãe para seus filhos. Sultan nunca se cansava dessa história.

– Ela mudou completamente depois do casamento. Finalmente se tornou mulher, mas nunca teve filhos. Ela deve ter perdido a menstruação bem antes do casamento. Não deve dar trégua para ele, todas as noites! – ele escarnece.

– Pode ser – Sharifa arrisca. – Lembra de como ela era seca de tão magra antes do casamento? Agora está toda mudada, deve viver molhada o tempo todo – zomba. Sharifa cobre a boca dando gargalhadas ao deixar escapar estas acusações atrevidas. O casal parece ter recuperado a intimidade, espreguiçando-se nos tapetes ao lado dos restos do jantar.

– Você lembra da sua tia que você espiava pelo buraco da fechadura? Ela ficou toda curvada de tanto que o marido gostava de pegá-la por trás – diz Sultan rindo. Contam uma história atrás da outra. Sultan e Sharifa estão como criancinhas caçoando da vida sexual ativa dos parentes.

Aparentemente, não há vida sexual no Afeganistão. As mulheres se escondem atrás da burca e sob ela vestem roupas grandes e largas. Por baixo das saias usam calças compridas e mesmo entre quatro paredes é raro ver um decote. Homens e mulheres que não são da mesma família não devem se sentar na mesma sala. Não devem conversar, nem comer juntos. No campo, a festa de casamento é dividida, as mulheres dançam e festejam numa sala e os homens fazem o mesmo em outra. Mas por trás das aparências, tudo ferve. A despeito do risco de pena de morte, também no Afeganistão as pessoas têm amantes. Nas cidades há prostitutas que são procuradas por jovens rapazes e homens enquanto esperam uma noiva.

A sexualidade tem seu lugar em mitos e histórias afegãos. Sultan adora as histórias escritas pelo poeta Rumi, oitocentos anos atrás, em sua obra-prima, *Masnavi*. O autor usa a sexualidade para mostrar que não podemos seguir cegamente o que os outros fazem. Sultan conta a Sharifa:

> Uma viúva tinha um jumento de que gostava muito. O animal sempre a levava aonde queria ir e sempre lhe obedecia. O jumento era bem alimentado e tratado.

Mas um dia o animal começou a adoecer e se cansava mais cedo do que antes. Perdeu o apetite. A viúva se perguntava o que havia de errado e uma noite foi ver se ele estava dormindo. No estábulo, encontrou a empregada deitada no feno, o jumento por cima dela. Isto se repetiu todas as noites, e a viúva ficou curiosa e pensou que ela também queria experimentar. Ela mandou a empregada embora por uns dias e se deitou no feno com o jumento por cima. Quando a empregada voltou, encontrou a viúva morta. Ela viu consternada que a viúva não tinha feito como ela fazia – colocado um pedaço de abóbora no membro do jumento para encurtá-lo antes de se entregar. A ponta era mais que suficiente.

Depois de tanto rir, Sultan se levanta das almofadas, alisa a túnica e vai ler os seus e-mails. Universidades americanas pedem publicações dos anos 1970, pesquisadores pedem manuscritos antigos, e a gráfica em Lahore está enviando uma estimativa do preço para imprimir os cartões-postais dele após o aumento do papel. Os cartões-postais de Sultan são sua melhor fonte de renda, ele imprime sessenta por 1 dólar e vende três pelo mesmo preço. Tudo está indo muito bem para ele, agora que o Talibã foi embora e ele pode vender o que quiser.

Ele passa o dia seguinte lendo sua correspondência, visitando livrarias, indo ao correio, enviando e recebendo pacotes e fazendo as intermináveis visitas de cortesia. Primeiro uma visita de condolências a uma prima cujo marido morreu de câncer, depois uma visita agradável a um primo entregador de pizzas na Alemanha que está de férias. O primo de Sultan, Said, era engenheiro de aviação na Ariana Air, a linha aérea afegã, outrora o orgulho do país. Agora ele pensa em voltar a Cabul com sua família e pedir o emprego de volta na Ariana. Mas primeiro quer juntar mais dinheiro.

Entregar pizzas na Alemanha e muito mais rentável do que ser engenheiro de aviação no Afeganistão. Além disso, ele ainda não encontrou uma solução para o problema que o espera assim que voltar. A mulher e os filhos estão em Peshawar e sua segunda esposa mora com ele na Alemanha. Se ele voltar a Cabul, vão todos ter que morar sob o mesmo teto. Uma ideia que o aflige. Sua primeira esposa decidiu fechar os olhos para a segunda. Eles nunca se encontram e ele manda corretamente o dinheiro para casa. Mas de que jeito morar todos juntos?

São dias cansativos em Peshawar. Um parente foi expulso da casa onde morava, um outro quer ajuda para abrir uma loja, um terceiro pede um empréstimo. Sultan raramente dá dinheiro a parentes. Por ele ser bem-sucedido, muitos pedem sua ajuda durante as visitas de cortesia. Mas Sultan normalmente diz não, acha que a maioria deles é preguiçosa e deveria saber cuidar de si. Pelo menos teriam de mostrar que prestam para alguma coisa antes que ele lhes desse o dinheiro, e, na opinião de Sultan, estes seriam poucos.

Quando o casal está fazendo suas visitas, é Sharifa quem mantém o fio da conversa. Ela conta histórias, espalha risos e gargalhadas. Sultan prefere ficar ouvindo. Vez ou outra interrompe com um comentário sobre a moral das pessoas em relação ao trabalho ou sobre seus negócios. Mas quando Sultan, com uma palavra, diz que está na hora de partir, o casal volta para casa, carregando Shabnam. Andam em silêncio pelas ruas escuras e sujas de fuligem de Hayatabad, desviando-se do lixo e com o rançoso odor dos becos enchendo os pulmões.

UMA NOITE SHARIFA capricha ao se arrumar para visitar alguns parentes distantes. São parentes que normalmente não constam da lista das visitas de cortesia, mesmo morando apenas a dois quarteirões. Sharifa sai saltitante com Sultan e Shabnam atrás, de mãos dadas.

São muito bem recebidos. Os anfitriões oferecem frutas secas e nozes, caramelos e chá. Primeiro trocam as frases de cortesia e as últimas novidades. As crianças ficam ouvindo a conversa dos adultos. Shabnam come pistache e se entedia.

Está faltando uma das crianças, Belqisa, de 13 anos. A menina se mantém longe, pois sabe que é o motivo da visita.

Sharifa já esteve lá para tratar do mesmo assunto. Relutante, Sultan aceitou acompanhá-la, para mostrar a seriedade do pedido de casamento. Vieram em nome de Yunus – o irmão mais novo de Sultan. Ele já gostava de Belqisa quando morava no Paquistão como refugiado, dois anos antes, quando ela era apenas uma criança. Ele pediu a Sharifa para fazer o pedido de casamento por ele. Ele mesmo nunca falou com a moça.

A resposta era sempre a mesma: ela é jovem demais. Em contrapartida, os pais dariam, de bom grado, a filha mais velha, Shirin, de 20 anos, em casamento. Mas Yunus não a queria, primeiro porque ela não tinha nem de perto a mesma beleza de Belqisa, segundo porque achava que ela era oferecida demais. Ela ficava em volta dele o tempo todo todas as vezes que ele vinha visitá-los. Além disso, uma vez ele segurou sua mão longamente sem que ninguém os visse. Yunus achava que o fato de ela ter deixado já era um mau sinal, e por isso ela não devia ser uma moça direita.

Mas Yunus era um bom partido e os pais tinham esperanças de desencalhar a filha mais velha. Quando Shirin recebeu outros pedidos de casamento, eles procuraram Sultan oferecendo-a para Yunus pela última vez. Mas Yunus não queria Shirin, ele só tinha olhos para Belqisa.

Mesmo tendo o pedido recusado, Sharifa sempre voltava para perguntar sobre Belqisa. Não era uma forma de descortesia, antes mostrava a seriedade do pedido. Pelo costume antigo, a mãe de um pretendente deve ir com frequência para a casa da escolhida, até as solas do sapato ficarem finas como casca de alho. A mãe de Yunus estava em Cabul, por isso a cunhada Sharifa tomou para si a tarefa. Ela falava sobre as qualidades de Yunus, que era fluente em inglês, trabalhava com Sultan na livraria, e que nunca faltaria nada à filha. Mas Yunus ia fazer 30 anos.

Velho demais para Belqisa, os pais pensaram.

A mãe de Belqisa estava interessada em outro jovem da família Khan, Mansur, o filho de Sultan, de 16 anos.

– Se você nos oferecer Mansur, terá nosso consentimento na hora – disse.

Mas agora era Sharifa que não estava interessada. Mansur tinha apenas alguns anos a mais que Belqisa, e nunca tinha sequer lançado um olhar sobre a moça. Sharifa achou que era cedo demais para casar seu filho. Ele ia estudar, conhecer o mundo.

– Além do mais, ela não tem 13 anos – Sharifa diria mais tarde a uma amiga. – Tenho certeza de que deve ter no mínimo 15.

Belqisa entra na sala por um tempo, para que Sultan a veja. Ela é alta e magra e parece ter mais de 13 anos. Está usando um conjunto de veludo azul e senta-se desajeitada e tímida ao lado da mãe. Belqisa sabe muito bem o motivo da visita e fica constrangida.

– Ela chora, ela não quer – dizem as duas irmãs mais velhas para Sultan e Sharifa na presença de Belqisa. Belqisa olha para o chão.

Sharifa apenas ri. É um bom sinal a noiva não querer, isto mostra pureza.

Após alguns minutos, Belqisa levanta e sai. A mãe se

 desculpa por ela alegando provas de matemática no dia

seguinte. A escolhida não deve mesmo estar presente durante a negociação. Primeiro as partes fazem um reconhecimento de campo para depois tratarem de dinheiro. Quanto a família vai receber, quanto se vai gastar com a festa, o vestido, as flores. Todas as despesas são por conta da família do noivo. O fato de Sultan ter vindo confere peso à negociação, afinal é ele quem tem o dinheiro.

Depois da visita, sem que tenham chegado a um acordo, eles saem calmamente para o frescor da noite de março. As ruas estão calmas.

– Não gosto dessa família – diz Sultan. – São gananciosos.

É da mãe de Belqisa que ele não gosta. Ela é a segunda esposa do marido. Quando a primeira não conseguiu ter filhos, ele se casou novamente e a nova esposa importunava tanto a primeira que ela no fim não aguentou e mudou-se para a casa do irmão. Há histórias ruins sobre a mãe de Belqisa. De que é gananciosa, ciumenta, pouco generosa. A sua filha mais velha se casou com um parente de Sultan, que contava que ela fora um pesadelo durante toda a festa do casamento, que reclamava da falta de comida aqui, enfeites ali.

– A maçã não cai longe da árvore. Tal mãe, tal filha – afirma Sultan.

Mas acrescenta que se for esta a mulher que Yunus quer, terão que fazer o melhor que podem.

– Infelizmente acho que eles vão acabar cedendo, a nossa família é boa demais para ser recusada.

DEPOIS DE TER ATENDIDO a todas as demandas da família, Sultan pôde finalmente dar início ao que realmente veio fazer no Paquistão: imprimir livros. Uma manhã bem cedo ele parte para a próxima etapa da viagem: Lahore, a cidade das gráficas, das livrarias e das editoras.

Ele faz uma pequena mala onde coloca seis livros, um calendário e uma muda de roupa. Como sempre quando viaja, leva o dinheiro costurado na manga da camisa. O dia promete ser quente. A rodoviária de Peshawar está fervilhando de viajantes, as empresas de ônibus gritam uma mais alto que a outra. "Islamabad, Carachi, Lahore!", um homem ao lado de cada ônibus anuncia. Os ônibus saem, sem horário fixo, assim que lotam. Até a partida, homens vendem nozes, sementes de girassol em pacotinhos de papel, biscoitos e batata frita, jornais e revistas. Os mendigos se contentam em estender as mãos pelas janelas abertas. Sultan os ignora. Ele segue o conselho de Maomé sobre esmolas, que interpreta da seguinte maneira: primeiro é preciso cuidar de si, depois da família próxima, em seguida dos outros parentes, dos vizinhos e por último de pobres desconhecidos. Pode acontecer de ele deixar alguns afeganis para um mendigo em Cabul para livrar-se dele, mas os mendigos paquistaneses nem entram na lista. O Paquistão deve cuidar de seus próprios pobres.

Ele se espreme entre os outros viajantes no banco de trás do ônibus. Segura a mala entre as pernas. Dentro dela está o maior projeto de sua vida, escrito num pedacinho de papel.

Ele quer imprimir os novos livros escolares do Afeganistão. O país está praticamente sem material para o início das aulas nesta primavera. Os livros impressos pelos governos mujahedin e talibã não podem ser usados. Na primeira série, as crianças aprendiam o alfabeto assim: "J de Jihad – nosso propósito no mundo; I de Israel – nosso inimigo; K de Kalashnikov – nós venceremos; M de Mujahedin – nossos heróis; T de Talibã", e assim por diante.

A guerra estava presente até nos livros de matemática. Os meninos da escola – o Talibã só fazia livros para meninos –

não contavam maçãs e bolos, mas balas e kalashnikovs. Um exercício podia ser assim: "O pequeno Omar tem uma kalashnikov com três pentes. Em cada pente há vinte balas. Ele usa dois terços das balas e mata sessenta infiéis. Quantos infiéis ele mata por bala?"

Os livros do período comunista tampouco poderiam ser usados. Seus problemas de aritmética referiam-se a divisão de terras e ideais de igualdade. Bandeiras vermelhas e comunidades camponesas felizes poderiam encaminhar seus filhos para o comunismo.

Sultan queria voltar-se para os livros do tempo de Zahir Shah, o rei que havia governado durante quarenta anos relativamente pacíficos até ser derrubado em 1973. Ele já encontrou livros antigos que pode reimprimir, histórias e fábulas para cursos de língua persa, livros de matemática onde um mais um são dois e livros de história sem outro conteúdo ideológico senão um pouco de nacionalismo inocente.

É a Unesco que vai financiar os novos livros escolares do país. Como um dos maiores editores de Cabul, Sultan esteve em reuniões com eles e, depois da viagem a Lahore, ele vai apresentar-lhes sua proposta. Ele rabiscou os números de páginas e os formatos de 113 livros escolares num pedacinho de papel que carrega no bolso do colete. O orçamento é de 2 milhões de dólares. Em Lahore, ele vai procurar as gráficas com as melhores ofertas. Depois voltará a Cabul para tentar conquistar o contrato de ouro. Contente, Sultan fica calculando a porcentagem que poderá levar dos dois milhões. Ele decide não ser ganancioso demais. Se conseguir o contrato, terei trabalho garantido por dez anos – tanto de reimpressão como da publicação de livros novos, ele pensa ao passar por campos e planícies ao longo da principal via entre Cabul e Calcutá. Fica mais quente ao se aproximarem de Lahore. Sultan sua sob o colete de lã do planalto afegão. Ele passa a mão na cabeça, onde só tem alguns fios de cabelo, e seca o rosto com um lenço.

Além do pedaço de papel onde os 113 livros escolares estão anotados, Sultan está levando os livros que ele quer imprimir por conta própria. Com o fluxo de jornalistas, voluntários e diplomatas estrangeiros para o Afeganistão, criou-se um ótimo mercado para livros em inglês sobre o país. Sultan não importa os livros de editoras do exterior, ele mesmo os imprime.

O Paquistão é o paraíso da pirataria de livros. Não há nenhum controle e poucas pessoas respeitam os direitos autorais. Sultan paga um dólar para imprimir um livro que pode vender por vinte ou trinta. Ele já imprimiu várias edições do sucesso de vendas *Taliban*, de Ahmed Rashid. Entre os soldados estrangeiros, o favorito é *My Hidden War* (Minha guerra oculta), um livro escrito por um soldado russo sobre a ocupação catastrófica do Afeganistão, entre 1970 e 1989. A realidade dos soldados de então era diametralmente oposta à das tropas internacionais de paz de hoje em dia, que patrulham Cabul e de vez em quando param para comprar cartões-postais e livros de guerra velhos na livraria de Sultan.

O ônibus se aproxima da rodoviária de Lahore. O calor é insuportável. Fervilha de gente. Lahore é o baluarte cultural e artístico do Paquistão, uma cidade movimentada, poluída e desordenada. Localizada no meio de uma planície e sem defesas naturais, já foi conquistada, destruída e reconstruída inúmeras vezes. Mas entre as conquistas e as destruições, muitos líderes no poder convidaram poetas e escritores para a cidade, tornando-a um pólo das artes e da literatura, apesar de os palácios para onde eram convidados serem constantemente arrasados.

Sultan adora os mercados de livros de Lahore, ali já fez várias transações bem-sucedidas. Poucas coisas aquecem mais o coração de Sultan do que encontrar um livro valioso num mercado poeirento e poder levá-lo por uma ninharia. Sultan alega ter a maior coleção de livros sobre o Afeganistão do mundo, uma coleção de oito a nove mil volumes. Tudo lhe interessa, mitologia e histórias antigas, poesia antiga, romances, biografias, literatura política mais recente, além de enciclopédias e dicionários. Ele fica radiante ao ver um livro que ainda não tenha ou não conheça.

Mas desta vez ele não tem tempo para percorrer os mercados de livros. Ele levanta de madrugada, veste roupas limpas, arruma a barba e coloca o fez na cabeça. Está prestes a assumir uma responsabilidade sagrada – imprimir livros escolares para crianças afegãs. Ele vai direto à oficina gráfica que mais utiliza. Lá encontra Talha. O jovem pertence à terceira geração de uma família de impressores e fica apenas moderadamente interessado no projeto de Sultan. É simplesmente grande demais.

Talha oferece a Sultan uma xícara de chá com leite espesso e passa a mão na boca com ar de preocupação.

– Posso imprimir uma parte. Mas 113 títulos! Levaria um ano.

Sultan tem prazo de dois meses. Enquanto o barulho das impressoras atravessa as paredes finas do pequeno escritório, ele tenta persuadir Talha a deixar todas as outras encomendas de lado.

– Impossível – diz Talha. Sultan é um cliente importante e imprimir livros escolares para crianças afegãs certamente é uma tarefa sagrada, mas ele precisa cuidar dos outros pedidos. Mesmo assim, faz uma estimativa de orçamento e calcula que os livros podem ser impressos por 12 centavos o exemplar. O preço depende da qualidade do papel, das cores e da encadernação. Talha calcula todas as qualidades e formatos, fazendo uma longa lista. Sultan semicerra os olhos. De cabeça, calcula em rupia, dólar, dias e semanas. Ele mentiu um pouco sobre o prazo para apressar Talha e fazê-lo deixar de lado os livros de outros clientes.

– Não esqueça, são dois meses – ele diz. – Caso não consiga cumprir o prazo, vai acabar com o meu negócio, entende?

Depois de tratarem dos livros escolares, passam a negociar os novos livros para a livraria de Sultan. Novamente, discutem preços, tiragens e prazos. Os livros que Sultan trouxe vão ser impressos diretamente dos originais. As páginas são retiradas, copiadas e gravadas em grandes chapas metálicas. Para cartões-postais ou capas de livros coloridas, uma solução de zinco é colocada sobre as chapas, que depois são expostas à luz solar, revelando a cor certa. Para uma página que leva várias cores é preciso expor as chapas uma a uma. Em seguida são colocadas numa impressora. Tudo é executado em velhas máquinas semiautomáticas. Um empregado alimenta a impressora com folhas de papel, um outro fica na outra ponta organizando as folhas impressas. Um rádio ao fundo transmite um jogo de críquete entre o Paquistão e o Sri Lanka. Nas paredes, veem-se as fotos obrigatórias de Meca, e do teto balança uma luminária cheia de moscas mortas. Fios amarelos de ácido escorrem por uma canaleta no chão.

Depois da ronda de inspeção, Talha e Sultan sentam-se no chão para decidir as capas dos livros. Sultan escolheu os motivos com base em seus cartões-postais. Ele trouxe alguns de sua preferência e monta rapidamente as páginas. Em cinco minutos elaboram seis capas.

ALGUNS HOMENS tomam chá num canto. São editores e tipógrafos paquistaneses, todos trabalhando no mesmo mercado pirata sombrio que Sultan. Eles se cumprimentam e a conversa gira em torno dos últimos acontecimentos no Afeganistão, onde Hamid Karzai está indeciso entre os diferentes líderes guerrilheiros, enquanto grupos da al-Qaeda atacam na parte leste do país. Tropas especiais americanas vieram socorrer os afegãos e estão explodindo cavernas na fronteira com o Paquistão. Um dos homens no tapete lamenta pelo Talibã ter sido expulso do Afeganistão.

– Estamos precisando de alguns talibãs no poder aqui no Paquistão também, para fazer uma limpeza – ele diz.

– É fácil para você, que não sentiu o Talibã na pele, dizer isto. O Paquistão teria desmoronado se o Talibã chegasse ao poder, não se iluda – troveja Sultan. – Imagine só: todos os cartazes de propaganda viriam abaixo, só nesta rua são milhares. Todos os livros com ilustrações seriam queimados, o mesmo aconteceria a todo o acervo paquistanês de filmes e música, todos os instrumentos seriam destruídos. Nunca mais se poderia ouvir música ou dançar. Todos os cibercafés seriam fechados, a televisão seria proibida, as rádios só transmitiriam programas religiosos. Todas as meninas seriam retiradas da escola, todas as mulheres seriam mandadas do trabalho para casa. O que seria do Paquistão, então? O país perderia centenas de milhares de empregos e afundaria numa grave depressão. E o que aconteceria com todas essas pessoas demitidas quando o Paquistão não fosse mais um país moderno? Iriam para a guerra? – Sultan pergunta exaltado.

O homem encolhe os ombros.

– Bem, então não todo o Talibã, talvez apenas alguns deles.

Talha apoiava o Talibã, imprimia os seus panfletos. Por alguns anos imprimiu até alguns dos seus livros islâmicos. Aos poucos, ajudou-os a montar sua própria gráfica em Cabul. Ele conseguiu uma impressora usada da Itália e a vendeu barato ao Talibã. Também lhes fornecia com papel e equipamento técnico. Como a maioria dos paquistaneses, achava tranquilizador ter um regime pashtun no país vizinho.

– Você é totalmente inescrupuloso. Você imprimiria livros para o próprio diabo – caçoa Sultan bem-humorado, aliviado pela oportunidade de mostrar seu desdém pelo Talibã.

Talha resmunga um pouco, mas insiste.

– O Talibã não é contrário à nossa cultura. Eles respeitam o Alcorão, o Profeta e nossas tradições. Eu nunca imprimiria algo que contrariasse o Islã.

– Como por exemplo? – Sultan ri.

Talha pensa um pouco.

– Por exemplo, *Os versos satânicos*, ou outra coisa de Salman Rushdie. Que Alá leve alguém ao seu esconderijo.

Os outros homens no tapete se animam ao ouvirem falar de *Os versos satânicos*, um livro que nenhum deles leu.

– Deviam matá-lo. Mas ele sempre consegue escapar. Todos que publicam seus livros ou o ajudam também deveriam ser mortos. Eu não imprimiria seus escritos não importa quanto pagassem. Ele pisou em Alá.

– Ele nos ofendeu profundamente, nos humilhou e esfaqueou pelas costas. Um dia vão pegá-lo – conclui um dos homens.

Sultan concorda:

– Ele está tentando destruir nossas almas e é preciso detê-lo antes que leve mais pessoas com ele. Nem mesmo os comunistas estão tentando nos destruir assim, afinal de contas eles nos tratam com um certo respeito e não mancham a nossa religião. E este lixo vem de alguém que se diz muçulmano!

Todos ficam quietos, como se não estivessem conseguindo afugentar de vez a escuridão que o traidor Rushdie lançou sobre eles.

– Um dia será pego, *Inshallah*, se Deus quiser – diz Talha.

NOS DIAS SEGUINTES, Sultan percorre quintais, porões e becos de Lahore, entrando em todas as gráficas que encontra. Para conseguir a quantidade necessária de livros, precisa distribuir o pedido a dezenas delas. Ele explica projetos, recebe orçamentos, toma nota e avalia. Ao ouvir uma boa oferta, pisca os olhos e seu lábio superior estremece. Ele passa a língua por ele e faz um rápido cálculo do lucro. Em duas semanas consegue fechar todos os pedidos para os livros escolares. A todos promete que enviará resposta.

Finalmente pode voltar a Cabul. Desta vez, não precisa passar pela árdua viagem a cavalo. É só a entrada no Paquistão que é proibida aos afegãos; ao sair não há controle de passaporte e o livreiro pode deixar o país sem problemas.

Sultan sobe as sinuosas curvas de Jalalabad a Cabul sacudindo num ônibus velho. Pedras enormes ameaçam despencar num lado da estrada. A certa altura, ele avista dois ônibus e um trailer que despencaram da estrada. Vários mortos estão sendo levados. Entre eles há dois menininhos. Ele faz uma oração por suas almas e outra por si mesmo.

Não só avalanches ameaçam a estrada. Ela também é conhecida por ser uma das estradas mais sem lei em todo o Afeganistão. Jornalistas estrangeiros, voluntários e afegãos locais já tiveram que pagar com a vida ao se depararem com bandidos. Logo após a queda do Talibã, quatro jornalistas foram espancados e depois mortos com tiros na nuca. O chofer sobreviveu porque recitou a profissão de fé islâmica. Logo em seguida, os bandidos pararam um ônibus com afegãos. Cortaram as orelhas e os narizes de todos que estavam de barba aparada. Foi a maneira de os bandidos mostrarem que tipo de regime eles queriam no país.

Sultan faz uma oração no local onde os jornalistas foram assassinados. Para sua própria segurança, está de barba crescida e roupas tradicionais. Apenas substituiu o turbante por um pequeno fez redondo.

Está se aproximando de Cabul. Sonya deve estar zangada, ele pensa sorrindo. Ele havia prometido voltar em uma semana. Tentou explicar-lhe que não era possível resolver tudo em Peshawar e Lahore em apenas uma semana. Mas ela não queria entender. "Então não vou tomar meu leite", ela tinha dito. Sultan ri sozinho. Está ansioso para vê-la de novo. Sonya não gosta de leite, mas Sultan a força a tomar um copo todas as manhãs, por ela ainda estar amamentando Latifa. Agora ela usa o copo de leite para fazer chantagem.

Ela sente falta de Sultan quando ele viaja. Os outros membros da família não a tratam tão bem quando o marido não está. Ela perde a posição de dona da casa, tratam-na apenas como uma moça que por acaso apareceu por lá. Os outros assumem o controle, fazendo o que querem quando Sultan está fora. Aproveitam para chamá-la de caipira e burra, mas não ousam zombar demais dela, pois ela pode reclamar com Sultan e ninguém quer cair em desgraça.

Sultan também sente saudades de Sonya. O que nunca sentiu de Sharifa. Às vezes, pensa que ela é jovem demais para ele, apenas uma criança. Que ele tem que cuidar bem dela, usar de artimanhas para que beba leite e surpreendê-la com pequenos presentes.

Ele pensa na diferença entre as duas esposas. Quando está com Sharifa, é ela que cuida de tudo, que lembra os compromissos, que organiza e ajeita as coisas. Ela sempre coloca Sultan em primeiro lugar, cuidando das suas necessidades e vontades. Sonya faz de bom grado o que se pede a ela, mas é raro que faça algo por conta própria.

Mas existe uma coisa com a qual ele não consegue se conformar: o fato de os horários deles serem tão diferentes. Ele sempre se levanta às cinco da manhã para rezar o *fajr*, a única oração que respeita. Enquanto Sharifa sempre acordava junto com ele, fervia água para o chá e pegava as roupas limpas, Sonya é como uma criança impossível de ser acordada.

Às vezes, Sultan pensa que é ele que é velho demais, que talvez não seja o marido certo para ela. Mas sempre diz a si mesmo que ela nunca teria um homem melhor do que ele. Ela nunca teria o nível de vida que tem agora se tivesse um marido com a mesma idade que ela. Seria uma jovem pobre, porque todos os jovens na aldeia dela eram pobres. Temos ainda uns dez a vinte bons anos pela frente, Sultan pensa, e as rugas do seu rosto relaxam de contentamento. Ele se sente sortudo e feliz.

Sultan ri sozinho. Estremece um pouco. Está se aproximando do Mikrorayon, e da encantadora menina-mulher.

6

Você quer me ver infeliz?

O banquete acabou. No chão há restos de ossos de cordeiro e frango. A toalha está coberta de grãos de arroz e manchas vermelhas escuras do molho de pimenta em volta de poças de iogurte branco. Por todo lado há pedaços de pão e cascas de laranja, parecendo ter sido jogados por cima de tudo após o jantar.

Três homens e uma mulher estão sentados nas almofadas ao longo da parede. Duas mulheres estão agachadas no canto perto da porta. Elas não participaram da refeição, e seus olhares por baixo dos xales fitam o ar, nunca cruzando com os demais.

Os outros apreciam o chá sem pressa e com ponderação, como se estivessem esgotados. O mais importante está decidido e chegou-se a um acordo. Wakil ficará com Shakila, e Rasul com Bulbula. Só falta determinar o preço e a data do casamento.

Por cima do chá e das amêndoas glacê decidem que Shakila custa 100 dólares, enquanto Bulbula é de graça. Wakil já trouxe o dinheiro e tira uma nota do bolso estendendo-a para Sultan. Sultan recebe o dinheiro pela irmã com expressão arrogante, de quase desinteresse, não era grande coisa o que recebia por ela. Rasul, por sua vez, respira aliviado, ele teria levado anos para juntar dinheiro suficiente para a noiva e a festa de casamento.

Sultan não está muito contente pelas irmãs e acha que elas desperdiçaram muitos anos querendo escolher demais, deixando escapar pretendentes excelentes. Quinze anos antes poderiam ter tido maridos jovens e ricos.

– Foram exigentes demais.

MAS NÃO FOI SULTAN, foi a mulher dominante, sua mãe Bibi Gul, quem segurou o destino das irmãs com rédea curta. Agora ela está sentada de pernas cruzadas e balançando de um lado para o outro, satisfeita. A lâmpada de gás lança uma fraca luz de paz sobre seu rosto enrugado. As mãos descansam no colo enquanto ela sorri feliz. Ela parece não estar mais acompanhando a conversa. Aos 11 anos, ela mesma foi dada em casamento para um homem vinte anos mais velho. Era parte de um acordo de casamento entre duas famílias.

Os pais haviam pedido uma das filhas de uma família vizinha para seu irmão, mas os vizinhos só aceitariam se ficassem com Bibi Gul para o filho solteiro mais velho. Ele a tinha visto no quintal.

Um casamento longo, três guerras, cinco golpes de estado e 12 filhos mais tarde, a viúva finalmente liberou as duas filhas, mas ainda restava uma. Ela já as havia segurado por muito tempo, as duas já haviam passado dos 30 e não eram mais tão atraentes para o mercado de casamento. Mas estão ganhando homens bem experientes. Aquele que esta noite sai pela porta como noivo de Shalika é um viúvo cinquentão com dez filhos. O futuro marido de Bulbula também é viúvo, mas não tem filhos.

Bibi Gul teve suas razões para segurar as filhas por tanto tempo, mesmo que haja quem diga que ela foi injusta com elas. Ela descreve uma delas, Bulbula, como pouco apta e um tanto inútil, o que diz prontamente e em voz alta, sem pudores, mesmo com a filha presente. Bulbula tem uma mão rija e com pouca mobilidade, e uma perna manca. "Ela nunca daria conta de uma família grande", diz a mãe.

Bulbula adoecera repentinamente aos 6 anos de idade e, quando melhorou, tinha dificuldades de se movimentar. O irmão diz que foi pólio, os médicos não sabem, e Bibi Gul acha que foi tristeza. Bulbula adoeceu de tristeza quando o pai foi para a prisão, acusado de ter roubado o armazém onde trabalhava. Bibi Gul alega que ele era inocente. Ele foi solto após alguns meses, mas Bulbula nunca se recuperou. "Ela tomou para si o castigo do pai", diz a mãe.

Bulbula nunca frequentou uma escola, pois os pais achavam que a doença havia afetado também a cabeça, e que por isto não sabia pensar direito. Bulbula ficou nas saias da mãe durante toda a infância. Por sofrer de uma doença misteriosa, nunca teve que fazer muitas coisas, foi como se a vida tivesse desistido dela. Ninguém se importava com Bulbula, ninguém brincava com ela, ninguém pedia ajuda a ela.

Poucos tinham assunto para conversar com Bulbula. Aquela mulher de 30 anos parecia sofrer de uma inércia peculiar, como se estivesse se arrastando pela vida, ou para fora dela. Seus olhos eram grandes e vazios e ela quase sempre ficava com a boca semiaberta, o lábio inferior pendendo, dando a impressão de estar prestes a dormir. No máximo, Bulbula acompanha as conversas dos outros, a vida dos outros, mas sem mostrar grande entusiasmo. Bibi Gul já estava conformada que Bulbula ia ficar arrastando os pés pela casa e dormindo no tapete ao seu lado pelo resto da vida. Mas então aconteceu algo que a fez mudar de ideia.

Um dia, Bibi Gul foi visitar a irmã na aldeia. Ela vestiu a burca, arrastou Bulbula consigo e pegou um táxi. Normalmente ia a pé, mas havia ficado tão pesada durante os últimos anos que tinha problemas nos joelhos e não aguentava andar os poucos quilômetros até a aldeia. Depois de passar fome na infância, da pobreza e do trabalho duro enquanto jovem esposa, Bibi Gul desenvolvera uma obsessão por comida – não conseguia parar de comer até esvaziar todos os pratos.

O motorista, que parou para a burca gorda e a filha, era um parente distante, o meigo Rasul, que alguns anos antes havia perdido a mulher no parto.

– Já encontrou uma nova mulher? – Bibi Gul perguntou ao motorista do táxi.

– Não – respondeu ele.

– Que pena. *Inshallah* você logo ache outra – Bibi Gul disse, antes de contar as últimas novidades da sua família, dos filhos, filhas e netos.

Rasul entendeu a deixa. Algumas semanas mais tarde vieram suas irmãs para pedir a mão de Bulbula. Pelo menos para aquele homem Bulbula devia servir como esposa, Bibi Gul pensou.

Ela concordou sem hesitar, o que era totalmente incomum. Dar a filha em casamento de imediato significava que esta não "valia" nada, que seria bom livrar-se dela. A espera e a hesitação aumentam o valor de uma jovem, a família do pretendente deve vir muitas vezes para repetir o pedido, persuadir e trazer presentes. No caso de Bulbula, não houve muita negociação. Nem presentes.

ENQUANTO BULBULA fica olhando para o nada, como se a conversa não lhe dissesse respeito, a irmã Shakila está sempre ouvindo atentamente. As duas não podiam ser mais diferentes. Shakila é vivaz, fala alto e é o centro das atenções. Tem gosto pela vida e cresceu bonita e gorda, do jeito que uma mulher afegã deve ser.

Ela teve muitos pretendentes nos últimos 15 anos, desde que era uma adolescente esbelta, até agora, saudável e robusta, sentada no canto atrás do forno ouvindo a negociação da mãe e do irmão, sem dizer nada.

Shakila sempre teve muitas exigências em relação aos pretendentes. Quando as mães deles vinham procurar Bibi Gul para pedir sua mão, ela não perguntava, como seria de praxe, se ele era rico.

– Vocês vão permitir que ela continue com seus estudos? – era a primeira pergunta.

– Não – respondiam sempre, e o casamento ficava fora de questão. Shakila queria ler e aprender, e nenhum dos pretendentes via nada de útil numa esposa obstinada e instruída. Além disso, muitos deles eram analfabetos. Shakila concluiu seus estudos e se tornou professora de matemática e biologia. Quando outras mães vieram a Bibi Gul para pedir a mão da bela Shakila para seus filhos, Bibi Gul perguntava:

– Vão permitir que ela continue a trabalhar?

Não, isto eles não queriam, e Shakila continuou solteira.

Shakila conseguiu seu primeiro emprego durante a devastadora guerra contra a União Soviética. Todas as manhãs, ela saía de salto alto e saia até os joelhos, como ditava a moda dos anos 1980, para a aldeia de Deh Khudaidad, nos arredores de Cabul. Nem balas nem granadas a atingiram. A única coisa que explodiu em Shakila foi uma paixão.

Infelizmente, Mahmoud já estava comprometido, num casamento arranjado e infeliz. Era alguns anos mais velho que ela e pai de três filhos pequenos. Foi amor à primeira vista quando os dois colegas professores se encontraram. Eles ocultavam seus sentimentos para os outros e se escondiam onde ninguém pudesse vê-los, ou trocavam palavras de amor pelo telefone. Nunca se encontravam em outro lugar a não ser na escola. Durante um dos encontros secretos, fizeram planos para poder ficar juntos. Mahmoud devia tomar Shakila como sua segunda esposa.

Mas Mahmoud não podia simplesmente ir até os pais de Shakila e pedir por ele a sua mão. Ele tinha que pedir que sua mãe ou irmã o fizesse por ele.

– Nunca vão fazer – disse ele.

– E meus pais nunca vão aceitar – Shakila suspirou.

Mahmoud achava que somente Shakila poderia fazer a mãe dele ir até os pais dela para pedir-lhes a sua mão. Ele sugeriu que ela se fizesse de louca e desesperada, ameaçando se suicidar caso não ficasse com Mahmoud. Ela deveria se jogar aos pés dos pais e dizer que estava sendo devorada por dentro, de amor. Assim, os pais aceitariam o casamento. Para salvar a sua vida.

Mas Shakila não teve coragem de gritar e espernear e Mahmoud não teve coragem de pedir às mulheres da sua família para ir à casa de Shakila. Tampouco podia mencionar Shakila para sua esposa. Shakila tentava em vão tocar no assunto com a mãe, mas em todas as vezes Bibi Gul achava que ela estava de brincadeira. Só podia ser brincadeira quando Shakila dizia que queria se casar com um colega com três filhos.

Mahmoud e Shakila se encontravam na escola da aldeia e sonharam ficar juntos durante quatro anos, até que Mahmoud foi promovido e transferido de escola. Ele não podia deixar de aceitar a promoção e a partir de então eles só podiam se comunicar por telefone. Shakila ficou profundamente infeliz e sentiu falta do seu amor, mas não deixava transparecer para ninguém. Era uma vergonha estar apaixonada por um homem que não poderia ter. Veio então a guerra civil, as escolas foram fechadas e Shakila fugiu para o Paquistão. Depois de quatro anos de guerra veio o Talibã, e mesmo que os mísseis tivessem dado uma trégua e a paz voltado a Cabul, a escola onde havia trabalhado nunca mais foi aberta. As escolas para meninas continuavam fechadas e, da noite para o dia, Shakila perdeu as chances de procurar outro emprego, como todas as outras mulheres de Cabul. Junto com ela desapareceram dois terços dos professores da cidade. Várias escolas para meninos também tiveram que fechar porque só havia professoras. Não havia professores homens adequadamente qualificados para mantê-las abertas.

Os anos passaram. Os poucos sinais de vida de Mahmoud cessaram de vez quando as linhas telefônicas foram cortadas durante a guerra civil. Shakila ficava em casa com as outras mulheres. Não podia trabalhar, não podia sair sozinha, tinha que se cobrir. Fazia muito tempo que a vida tinha perdido o colorido. Quando completou 30 anos, os pretendentes pararam de aparecer.

Um dia, após quase cinco anos em prisão domiciliar, a irmã do seu parente distante Wakil procurou Bibi Gul para pedir por ele a sua mão. A mulher disse: "A esposa morreu de repente. As crianças precisam de uma mãe. Ele é gentil e tem um pouco de dinheiro. Ele nunca foi soldado, nunca fez nada ilegal, é honesto e tem boa saúde. A esposa ficou louca de repente e morreu, ela delirava e não reconhecia ninguém. Foi terrível para as crianças..."

Havia pressa para encontrar uma nova esposa para o pai de dez filhos. Os mais velhos cuidavam dos mais novos, mas não estavam dando conta da casa. Bibi Gul disse que iria pensar e se informou com amigos e parentes sobre o homem. Chegou à conclusão de que era trabalhador e honesto.

Além do mais, havia pressa também para Shakila, caso ela algum dia viesse a ter seus próprios filhos.

– Estava escrito que ela precisava sair desta casa – Bibi Gul contava a todos que quisessem ouvir. Já que o Talibã não deixava as mulheres trabalhar, ela não perguntou se ele deixaria.

Ela pediu que Wakil viesse à sua casa. Normalmente, o casamento é feito com o consentimento dos pais, mas o homem estava chegando aos 50 e Bibi queria vê-lo de perto. Wakil era motorista de caminhão e frequentemente fazia longas viagens. Ele mandou sua irmã de novo, depois o irmão, de novo a irmã, mas nunca encontrou tempo para vir ele mesmo, e o noivado se arrastava.

Veio então o 11 de Setembro, e Sultan levou novamente suas irmãs e seus filhos para o Paquistão, longe das bombas que ele sabia que iam cair. Foi quando apareceu Wakil.

– Vamos falar sobre isto quando a situação se normalizar – disse Sultan.

Quando o Talibã deixou Cabul dois meses depois, Wakil voltou. As escolas ainda não estavam abertas e Bibi Gul nem pensou em perguntar se ele deixaria Shakila trabalhar.

DO CANTO ATRÁS DO forno, Shakila fica atenta às decisões sobre seu destino e à data do seu casamento. As quatro pessoas nas almofadas tomam todas as decisões, sem que os dois casais de noivos tenham trocado sequer um olhar.

Wakil lança um olhar furtivo para Shakila, que o tempo todo esteve com o olhar fixo no ar, nas paredes, para o vazio.

– Estou tão feliz por tê-la encontrado – diz ele voltado para Sultan, olhando em direção a sua noiva.

Falta pouco para o toque de recolher, e os dois homens se despedem e saem com pressa na escuridão, deixando para trás as duas mulheres dadas em casamento. Nem quando os homens se despediram elas os olharam. Bulbula se levanta pesadamente e suspira, ainda não é sua vez. Pode levar vários anos para que Rasul tenha dinheiro suficiente para pagar a festa do casamento. Ela parece não se importar e coloca mais algumas lascas de madeira na lareira. Ninguém a importuna com perguntas, ela apenas está presente, como sempre, antes de se arrastar para fora da sala, para lavar a louça, que é uma de suas tarefas.

Shakila enrubesce quando todas as irmãs se jogam por cima dela.

– Daqui a três semanas! Precisa se apressar.

– Nunca vou conseguir ficar pronta – ela reclama, apesar de o tecido para o vestido de noiva já estar escolhido e só faltar entregá-lo ao costureiro. Mas resta ainda o enxoval, roupas de cama, louças. Como Wakil é viúvo, ele já tem a maior parte, mas de qualquer maneira é preciso que a noiva traga algumas coisas novas com ela.

Shakila não está muito satisfeita e se queixa com as irmãs.

– Ele é baixinho, eu gosto de homens altos. É calvo, e poderia ter alguns anos a menos. Já pensaram se ele se mostrar um tirano, se não for gentil, se não me deixar sair? – As irmãs ficam em silêncio com os mesmos pensamentos tristes. – Já pensaram se ele não me deixar visitar vocês, se ele me bater?

Os pensamentos sombrios do casamento tomam conta de Shakila e das irmãs, até que Bibi Gul manda ficarem quietas.

– Ele será um bom marido para você – diz ela resoluta.

DOIS DIAS DEPOIS do acordo, a irmã de Shakila, Mariam, manda convites para a festa de noivado. Mariam tem 29 anos e é casada pela segunda vez. O seu primeiro marido morreu durante a guerra civil. Agora está grávida, esperando seu quinto filho.

Mariam pôs uma longa toalha no chão da sala. Na ponta sentam-se Shakila e Wakil. Nem Sultan nem Bibi Gul estão presentes. Quando os velhos da família estão por perto, eles não devem ter contato físico, mas agora, com apenas irmãos jovens em volta, os noivos falam em voz baixa, mal prestando atenção aos outros, que, curiosos, tentam ouvir partes da conversa.

Não é uma conversa muito afetuosa. Shakila fala mais para o vazio. De acordo com os costumes, não deve ter contato visual com o noivo antes do casamento, mas ele a olha o tempo todo.

– Senti saudades de você. Mal posso esperar que passem esses 15 dias até que seja minha – ele diz. Shakila enrubesce, mas continua com o olhar fixo à frente. – Nem consegui dormir a noite toda, fiquei pensando em você – ele insiste. Nenhuma reação de Shakila. – O que diz disso? – ele pergunta.

Shakila continua comendo.

– Imagine quando estivermos casados e você tiver a minha comida pronta quando eu chegar em casa. Você sempre estará em casa me esperando – sonha Wakil. – Nunca mais vou ficar só.

Shakila se cala, mas depois toma coragem e pergunta se ele vai permitir que ela continue trabalhando depois do casamento. Wakil diz que sim, mas Shakila não confia nele. Ele pode mudar de ideia assim que casarem. Mas ele assegura que se trabalhar a deixa feliz, deve continuar. Além de cuidar dos seus filhos e da casa.

Ele tira o chapéu, o *pacol* marrom usado pelos seguidores do líder da Aliança do Norte, Ahmed Shah Massoud.

– Agora ficou feio – Shakila diz atrevida. – Você não tem cabelo.

É a vez de Wakil ficar acanhado. Ele não responde à ofensa da futura esposa e leva a conversa para terrenos mais seguros. Shakila passou o dia no mercado de Cabul comprando coisas de que precisará para o casamento e presentes para todos os parentes, os dela e os dele. É Wakil quem entregará os presentes, como um gesto para a família que a está dando em casamento. Ele paga e ela faz as compras. Xícaras, travessas, talheres, lençóis, toalhas de banho e tecidos para túnicas para ele e Rasud. Ela prometeu a Rasud, o noivo de Bulbula, que ele poderia escolher a cor. Ela conta sobre as compras e ele pergunta de que cores são os tecidos.

– Um azul e um marrom – Shakila responde.

– E qual é o meu?

– Não sei, porque Rasud vai escolher primeiro.

– Mas por quê? Eu devia escolher primeiro, eu sou o seu marido.

– Está bem – Shakila responde. – Você pode escolher primeiro. Mas os dois são bonitos – ela diz olhando em frente.

Wakil acende um cigarro. Shakila reclama.

Não gosto de cigarros, não gosto de pessoas que fumam. Se você fumar, também não gostarei de você.

Shakila levanta a voz e todos escutam suas ofensas.

– É difícil parar para quem já começou – Wakil diz.

– Tem cheiro ruim – Shakila continua.

– Você deve ser mais educada – diz Wakil. Shakila fica quieta. – E você deve usar o véu. É obrigação da mulher usar a burca. Pode fazer como quiser, mas se não usar a burca, vou ficar triste. Você quer me ver infeliz? – Wakil pergunta em tom ameaçador.

– Mas se houver mudanças em Cabul e as mulheres começarem a andar de roupas modernas, eu também vou querer – Shakila rebate.

– Você não vai andar de roupas modernas. Você vai querer me ver infeliz?

Shakila não responde.

Wakil tira algumas fotos de passaporte da carteira e olha para elas longamente antes de estender uma a Shakila.

– Isto é para você guardar perto do seu coração – ele diz. Shakila continua impassível e pega a foto de má vontade.

Wakil precisa ir. Falta pouco para o toque de recolher. Ele pergunta de quanto dinheiro ela precisa para o resto das compras. Ela responde. Ele conta, pensa, dá algumas notas e devolve outras à carteira.

– Isto é suficiente?

Shakila acena com a cabeça. Eles se despedem. Wakil sai e Shakila se deita nas almofadas vermelhas. Ela respira aliviada e apanha uns pedaços de carne. Ela passou pelo teste, ela *deve* aparentar frieza e insensibilidade até se casarem. É sinal de boa educação para a família que vai perdê-la.

– Você gosta dele? – pergunta a irmã mais nova, Mariam.

– Bem...

– Está apaixonada?

– Hum.

– O que quer dizer esse "hum"?

– Quer dizer "hum" – Shakila responde. – Nem sim nem não. Ele poderia ser mais jovem e mais bonito – ela diz, franzindo o nariz. Parece uma criança decepcionada, uma criança que, em vez da boneca que fala e anda que tanto desejava, acabou ganhando uma boneca de trapo. – Agora estou triste. Estou arrependida. Estou triste porque vou deixar a minha família. Já pensaram se ele não me deixar visitar vocês? Se ele nem me deixar trabalhar? Agora que posso... E se ele me trancar em casa?

A lâmpada de parafina no chão estala. Os pensamentos sombrios assolam as irmãs de novo. Melhor encará-los de antemão.

7
O paraíso negado

Quando o Talibã assumiu o poder em Cabul, em setembro de 1996, 16 decretos foram transmitidos pela Rádio Sharia. Uma nova era estava começando.

1. *É proibido às mulheres andar descobertas.*
   É proibido aos motoristas aceitar mulheres que não estejam usando burca. Se o fizerem, o motorista será preso. Se mulheres assim forem vistas na rua, suas casas serão encontradas e seus maridos punidos. Se as mulheres vestirem roupas insinuantes ou atraentes, desacompanhadas de parentes próximos do sexo masculino, o motorista não poderá levá-las no carro.

2. *Proibição contra a música.*
Fitas cassetes e música são proibidas em lojas, hotéis, veículos e riquixás. Caso sejam encontradas fitas de música numa loja, seu proprietário será preso e a loja fechada. Se uma fita for encontrada num veículo, este será apreendido e o motorista será preso.

3. *É proibido barbear-se.*
Aquele que se barbear ou cortar a barba será preso até que a barba tenha crescido até o comprimento de um punho.

4. *Oração obrigatória.*
As orações devem ser observadas em horários fixos em todos os distritos. A duração exata da oração será anunciada pelo Ministério da Promoção da Virtude e Prevenção do Vício. Todo transporte fica estritamente proibido nos 15 minutos antes da oração. É obrigatório ir à mesquita durante o horário da oração. Se jovens forem vistos em lojas, serão imediatamente presos.

5. *É proibido criar pombos e promover rinhas de aves.*
Este passatempo deve ser reprimido. Pombos usados em jogos e rinhas serão mortos.

6. *Erradicação das drogas e de seus usuários.*
Usuários de drogas serão presos e o vendedor e seu estabelecimento investigados. O estabelecimento será fechado e ambos os criminosos, proprietário e usuário, serão presos e punidos.

7. *É proibido soltar pipas.*
Soltar pipas tem consequências nefastas, tais como o fomento a jogos de azar, mortes entre crianças e ausência do aluno nas escolas. Lojas que vendem pipas serão fechadas.

8. *É proibido reproduzir imagens.*
Fotos e retratos em veículos, lojas, casas, hotéis e outros lugares serão retirados. Os proprietários destes estabelecimentos devem destruir todas as imagens existentes. Veículos com imagens de seres vivos serão detidos.

9. *Estão rigorosamente proibidos os jogos de azar.*
Os estabelecimentos serão fechados e os jogadores ficarão detidos por um mês.

10. *É proibido usar cortes de cabelo no estilo americano ou inglês.*
Homens com cabelos compridos serão presos e levados para o Ministério da Promoção da Virtude e Prevenção do Vício para cortarem o cabelo. O criminoso pagará o barbeiro.

11. *São proibidos empréstimos a juros, taxas de câmbio e de transações.*
Esses três tipos de transação financeira estão proibidos no Islã. Caso as regras sejam quebradas, o criminoso ficará preso por um período indeterminado.

12. *É proibido lavar roupa à margem dos rios.*
Mulheres que desobedecerem a esta lei serão retiradas de maneira respeitosa do local e levadas para suas casas, onde seus maridos serão duramente punidos.

13. *Música e dança são proibidas em festas de casamento.*
Caso esta proibição seja desobedecida, o chefe da família será preso e punido.

14. *É proibido tocar tambor.*
Se alguém for flagrado tocando tambor, o conselho religioso decidirá a punição.

15. *É proibido a alfaiates costurar roupas femininas ou tirar medidas das mulheres.*
Caso sejam encontradas revistas de moda na loja, o alfaiate será preso.

16. *É proibida a prática da bruxaria.*
Todos os livros sobre este tema serão queimados, e o mago ficará preso até se arrepender.

Além destes 16 decretos, foi divulgado um apelo às mulheres de Cabul:

> Mulheres, vocês não devem sair de suas casas. Caso o façam, não devem se vestir como aquelas mulheres que costumavam andar com roupas da moda, muito maquiadas e se exibindo para qualquer homem quando o Islã ainda não chegara ao país.
>
> O Islã é uma religião salvadora e determinou que as mulheres devem ter uma dignidade especial. As mulheres não devem atrair a atenção de pessoas nocivas que lhes dirijam olhares maliciosos. As mulheres são responsáveis pela educação e união da família, pela provisão de alimentos e vestuário. Caso precisem sair de casa, devem se cobrir de acordo com a lei da Sharia. Se andarem com roupas da moda, ornamentadas, apertadas e atraentes para se exibir, serão condenadas pela Sharia islâmica e perderão a esperança de um dia

chegar ao paraíso. Serão ameaçadas, investigadas e duramente punidas pela polícia religiosa, assim como os membros mais velhos da família. A polícia religiosa tem o dever de combater estes problemas sociais e continuará com seus esforços até ter erradicado o mal.

Allahu akbar – Deus é grande.

8
Ondulante, esvoaçante, serpenteante

Ela a perdia de vista o tempo todo. Uma burca ondulante se parece com outra burca ondulante qualquer. Azul-celeste por todo lugar. Seu olhar é atraído para o chão. Na lama pode distinguir seus sapatos sujos dos outros sapatos sujos. Pode ver a bainha das calças brancas e vislumbrar a bainha do vestido vermelho-púrpura por cima. Ela anda pelo bazar olhando para o chão, atrás da burca esvoaçante. Uma burca grávida vem na sua direção, ofegante. Ela precisa se esforçar para acompanhar os passos enérgicos das duas burcas à sua frente.

A burca líder pára no balcão de tecidos para lençóis. Ela passa a mão nos tecidos avaliando cores através da rede da burca. Negocia com a boca escondida, seus olhos escuros mal podem ser vistos, são sombras atrás do véu. A burca pechincha agitando as mãos, o nariz apontando por entre as dobras da rede como um bico de pássaro. Enfim se decide, tateia pela bolsa e estende a mão com algumas notas azuis. O vendedor mede um tecido branco estampado com flores azul-claras. O tecido logo desaparece na bolsa por baixo da burca.

Odores de açafrão, alho, pimenta seca e *pakora* recém-frita penetram o tecido duro da burca, misturando-se ao suor, ao hálito e ao cheiro forte do sabonete. O tecido de náilon é tão fechado que se pode sentir o próprio hálito.

Continuam esvoaçando, entre chaleiras de alumínio barato, de marca russa. Apalpam, negociam, pechincham e fecham a compra. A chaleira também desaparece por baixo da burca flutuante, por cima de panelas, tapetes e escovas, crescendo sem parar. Atrás da primeira vêm as outras duas burcas, que param e cheiram, apalpam prendedores de plástico e braceletes dourados antes de procurarem a burca líder. Ela está parada ao lado de uma carroça com centenas de sutiãs misturados. São de cor branca, bege ou cor-de-rosa, de corte duvidoso. Alguns estão pendurados num pedaço de pau, esvoaçando de maneira desavergonhada, como bandeiras ao vento. A burca os apalpa e mede com a mão. Testa o elástico, puxa as taças e, medindo com o olhar, se decide por uma peça resistente que se assemelha a um espartilho.

Continuam virando a cabeça em todas as direções para olhar tudo ao redor. Mulheres de burca são como cavalos com antolhos, só podem ver numa direção. Nas laterais, a rede do véu se fecha, impedindo olhares de soslaio. É preciso virar a cabeça inteira. Outro truque dos inventores da burca: um homem deve saber quem ou o quê sua mulher persegue com os olhos.

Após uma série de viradas de cabeça elas encontram de novo a burca líder num dos muitos becos no interior do bazar. Ela está olhando as rendas. Faixas largas e sintéticas, como as bainhas de cortinas soviéticas. Ela gasta bastante tempo nas rendas de cortinas, é uma compra tão importante que ela até remove o véu para ver melhor, afrontando a exigência do seu futuro marido de não ser vista, pois é muito difícil escolher rendas através de um postigo com rede. Só o vendedor pode ver seu rosto, que mesmo no ar frio das montanhas de Cabul está cheio de gotas de suor. Shakila balança a cabeça, sorri de modo jocoso e ri enquanto pechincha, e, sim, flerta com o vendedor. Sob o azul-celeste pode-se ver o seu jogo de sedução. É o que ela faz o tempo todo, e os vendedores no bazar sabem interpretar facilmente uma burca esvoaçante que acena e concorda. Ela pode flertar com um dedo mínimo, com um pé, com um gesto da mão. Shakila encobre o rosto com as rendas, que subitamente não são mais bainhas de cortinas, mas rendas para o véu, a última coisa que faltava para o vestido de noiva. É claro que o véu branco terá rendas. O negócio está feito, o vendedor mede, Shakila sorri e as rendas desaparecem na bolsa por baixo da burca, que novamente é deixada cair até o chão. As irmãs continuam ziguezagueando dentro do bazar, onde os becos se estreitam cada vez mais.

Há uma profusão de vozes num constante zunzum. Raramente alguém anuncia suas mercadorias. Os vendedores, de modo geral, parecem preferir fofocar com o vizinho, inclinados sobre um saco de farinha ou uma pilha de tapetes, acompanhando o movimento do bazar. Os fregueses compram o que querem mesmo, não importa o que os vendedores façam.

Parece que o tempo parou no bazar de Cabul. As mercadorias são as mesmas da época em que Dario da Pérsia andava por ali quinhentos anos antes de Cristo. Em grandes tapetes a céu aberto ou em bancas estreitas, as maravilhas e as necessidades se alternam, sempre reviradas e apertadas por dedos exigentes. Nozes de pistache, abricó seco e uvas-passas brancas estão à mostra em grandes sacos de tecido grosso. Em carroças caindo aos pedaços há pequenas frutas híbridas de lima-da-pérsia e limão galego, com casca tão fina que se pode comê-las sem descascar. Numa barraca há galinhas cacarejando, retorcendo-se dentro dos sacos. Na banca do vendedor de temperos há pimenta malagueta, caril e gengibre em grandes montes. O vendedor de temperos é quase sempre também curandeiro, oferecendo ervas secas, raízes, frutas e chá, e com a perícia de um médico explica como podem curar tudo, das mais simples às mais misteriosas doenças.

Coentro fresco, alho, couro e cardamomo, tudo se mescla ao cheiro de esgoto do rio, a fétida e ressecada veia que divide o bazar em duas partes. Nas pontes sobre o rio há ofertas de chinelos de pele de carneiro, algodão a granel, tecidos num caleidoscópio de cores e estampas, facas, pás e enxadas.

Há também alguns produtos que ainda não eram conhecidos na época de Dario. Mercadorias contrabandeadas como cigarros de nomes exóticos como Pleasure, Wave ou Pine, e Coca-Cola pirata do Paquistão. Nem mesmo as rotas do contrabando sofreram alterações durante os séculos: seguem por sobre o desfiladeiro de Khyber, no Paquistão, ou através das montanhas do Irã. Uma parte da muamba é trazida por jumentos, outra por caminhões. Nas mesmas trilhas por onde heroína, ópio e haxixe são contrabandeados para fora. O valor da moeda é sempre atualizado, os cambistas ficam enfileirados, vestindo túnica e turbante, com pilhas de notas azuis de afeganis, 35 mil por 1 dólar.

Um homem vende aspiradores de pó da marca "National". Ao lado vende-se a marca "Nautionl" pelo mesmo preço. Mas tanto o original como a cópia vendem pouco. Com o fornecimento de energia elétrica instável de Cabul, a maioria lança mão da vassoura mesmo.

Os sapatos continuam sua andança na lama. Veem-se sandálias marrons, sapatos sujos, sapatos pretos, sapatos gastos, outrora bonitos, e sapatos de plástico cor-de-rosa com lacinhos. Há até sapatos brancos, uma cor proibida pelo Talibã aos sapatos por ser a cor da bandeira deles. O Talibã também proibiu sapatos com saltos duros. O som de sapatos femininos poderia distrair os homens. Mas agora os tempos mudaram e, se fosse possível ouvir o som de passos na lama, o bazar inteiro seria uma cacofonia de cliques-claques. Às vezes, até se podem ver unhas do pé pintadas aparecendo por baixo da bainha da burca, outro sinal de liberdade. O Talibã proibiu esmalte de unhas e suspendeu a importação do produto. Algumas mulheres desafortunadas tiveram a ponta do dedo ou todo o dedo do pé cortado por terem transgredido a lei. A liberação da mulher nesta primeira primavera pós-Talibã ainda não foi muito além da bainha lamacenta da burca, ficando no nível dos sapatos e esmaltes de unha.

NÃO QUE NÃO HAJA quem esteja tentando. Várias associações de mulheres foram criadas depois da queda do Talibã. Mesmo durante o regime talibã havia associações organizando escolas secretas para moças, para orientar mulheres sobre higiene ou dar cursos de alfabetização. A grande heroína do tempo do Talibã era a ministra da Saúde de Karzai, Souhaila Sedique, a única generala afegã. Ela manteve o ensino de medicina para as mulheres e conseguiu reabrir a ala feminina do hospital onde trabalhava, depois de ter sido fechada pelo Talibã. Como uma das poucas mulheres em Cabul durante o regime talibã, ela se negava a usar a burca, e contou como conseguiu: "Quando a polícia religiosa veio com seus bastões para me bater, eu levantei o meu para reagir. Então eles abaixaram os deles e me deixaram ir."

Mas mesmo Souhaila raramente saía durante o regime talibã. Ela era levada de carro para o trabalho todas as manhãs, embrulhada num xale preto, e trazida de volta à noite. "As mulheres afegãs perderam a coragem", ela disse com amargura após a queda do Talibã.

Uma associação de mulheres tentou organizar uma passeata na semana seguinte ao acontecimento. As mulheres se reuniram, de salto alto e chinelos, numa esquina em Mikrorayon para entrar na cidade. A maioria se atreveu a tirar a burca da cabeça, mas as autoridades puseram fim à passeata, alegando não poderem garantir a segurança das mulheres. Todas as vezes que tentaram se reunir, foram impedidas.

Agora, as escolas para moças foram reabertas, as jovens lotam as universidades e algumas conseguiram seus empregos de volta. Foi lançada uma revista semanal, feita por e para mulheres, e Hamid Karzai não deixa escapar nenhuma oportunidade de falar sobre os direitos femininos.

Várias mulheres se destacaram durante a assembleia legislativa Loya Jirga, em junho de 2002. As que falaram mais livremente foram ridicularizadas pelos homens de turbantes na sala, mas não desistiram. Uma delas exigiu um ministro da Defesa do sexo feminino e recebeu muitas vaias. "A França tem", argumentou ela.

Mas para a grande massa pouco mudou. Nas famílias, a tradição é tudo: são os homens que decidem. Apenas uma minoria das mulheres de Cabul largou a burca, e a maioria nem sabe que suas ancestrais, mulheres afegãs do século passado, desconheciam esse traje. Foi durante o regime do rei Habibullah, entre 1901 e 1919, que a burca foi introduzida. Ele impôs às duzentas mulheres do seu harém o uso da burca, para que não tentassem outros homens com seus belos rostos quando estavam fora dos portões do castelo. O véu que cobria tudo era de seda com bordados elaborados, e as princesas de Habibullah tinham até burcas bordadas com fios de ouro. Assim: virou um traje para a classe alta, para protegê-las dos olhares do povo. Nos anos 1950, o uso da burca já estava difundido no país inteiro, principalmente entre os ricos.

A burca também tinha opositores. Em 1959, o primeiro-ministro, o príncipe Daoud, chocou o país ao aparecer na comemoração do dia da pátria com sua esposa sem a burca. Ele tinha persuadido o irmão a deixar sua esposa fazer o mesmo, e pediu aos ministros que jogassem fora as burcas de suas mulheres. Já no dia seguinte podiam-se ver várias mulheres nas ruas de Cabul em sobretudos, óculos de sol e um chapeuzinho. Mulheres que antes andavam totalmente encobertas. Já que o uso da burca tinha começado nas esferas mais altas da sociedade, foram elas a abandoná-lo primeiro. O vestuário, porém, havia se tornado um símbolo de status entre os pobres, e muitas empregadas e criadas jovens passaram a usar as burcas de seda de suas patroas. Primeiro, foram apenas os pashtun reinantes que cobriam suas mulheres, depois, outros grupos étnicos começaram a usar o traje. Mas o príncipe Daoud queria banir a burca do Afeganistão. Em 1961, foi criada uma lei que proibia o seu uso por funcionárias públicas. Foram aconselhadas a se vestir no estilo ocidental. Levou vários anos para que a lei fosse seguida, mas na Cabul dos anos 1970 praticamente não havia uma professora ou secretária de Estado que não andasse de saia e blusa, enquanto os homens vestiam ternos. As mulheres sem burca porém, corriam o risco de levar uma bala na perna ou de que fundamentalistas lhes jogassem ácido no rosto. Quando veio a guerra civil e Cabul ganhou um regime islâmico, cada vez mais mulheres se cobriram. Com o Talibã, todos os rostos de mulher sumiram das ruas de Cabul.

OS SAPATOS DA BURCA líder desaparecem entre outros sapatos numa das pontes estreitas sobre o rio ressecado. As sandálias das irmãs vêm um pouco mais atrás, presas entre as pessoas. Só precisam seguir o fluxo da multidão. Procurar pelos sapatos não é possível, muito menos parar ou se virar. As burcas estão espremidas entre outras burcas e homens com mercadorias na cabeça, sob os braços ou nas costas. Elas nem podem mais ver o chão.

Do outro lado da ponte, três burcas estão à procura umas das outras. Uma com sapatos pretos, calças de renda branca e a bainha do vestido vermelho-púrpura; a outra de sandálias de plástico marrom e bainha preta, e a última silhueta, a mais esbelta, de sapatos de plástico cor-de-rosa, calças e bainha lilás. Elas se encontram e levantam o olhar para se consultarem. A burca líder as conduz para uma loja. Uma loja de verdade, com vitrines e peças expostas, numa área periférica do bazar. Ela quer uma colcha para a cama e já se apaixonou por uma, cor-de-rosa, chamada "Paris". Travesseiros com franjas, bordados com corações e flores acompanham a colcha. O conjunto está dobrado numa sacola de plástico dura e transparente. "Product of Pakistan" vem escrito na sacola, embaixo de "Paris" e de uma foto da Torre Eiffel.

É esta colcha que a burca quer pôr na sua futura cama de casal. Uma cama que ainda nem experimentou ou viu, e que ela, Deus não permita, tampouco deve ver antes da noite de núpcias. Ela pechincha. O vendedor quer milhões de afeganis pela colcha e pelos travesseiros.

– É um preço exorbitante!

Ela pechincha, mas o vendedor é teimoso. Ela se prepara para ir embora quando ele finalmente cede. A burca esvoaçante leva a colcha por menos de um terço do preço original, mas, ao estender-lhe o dinheiro, muda de ideia.

Ela não quer a cor-de-rosa, mas a vermelha. O vendedor embrulha tudo e lhe dá um batom vermelho de brinde. Porque ela vai se casar.

Ela agradece docilmente e ergue o véu; precisa experimentar o batom. Shakila já está praticamente íntima do vendedor de colchas e cosméticos. Além dele só há mulheres na loja e Leila e Mariam tomam coragem, erguem a burca e três pares de lábios pálidos se tornam vermelhos. Elas se olham no espelho, lançando olhares ávidos às maravilhas expostas no balcão de vidro. Shakila procura creme para clarear a pele. A alvura é um dos padrões de beleza mais valorizados entre os afegãos. Uma noiva tem que ser pálida.

O vendedor de colchas e cosméticos recomenda um creme chamado Perfact.

"Aloe white block cream" está escrito na caixa, o resto do texto está em mandarim. Shakila passa um pouco no rosto e fica parecendo que tentou clarear a pele com creme de zinco. A pele fica mais clara por algum tempo; a cor original transparece por baixo do creme, resultando num marrom-claro manchado.

O creme miraculoso também é colocado na bolsa já bem cheia. Rindo, as três irmãs prometem que vão voltar todas as vezes que forem se casar.

Shakila está contente e quer voltar para casa para mostrar as compras. Elas encontram um ônibus e se espremem para entrar. Sobem os degraus e sentam-se nos bancos atrás da cortina. Os assentos na traseira do ônibus são reservados para as burcas, os bebês e suas bolsas. As burcas são puxadas em todas as direções, se prendem e são pisadas. Elas têm que ser erguidas na hora de sentar, para que as mulheres possam ajeitar suas roupas compridas. Elas se espremem no banco com sacolas no colo e embaixo das pernas. Não há muitos bancos reservados para as mulheres e, assim que outras sobem no ônibus, as burcas ficam de novo presas entre outras burcas numa confusão de corpos, braços, sacolas e sapatos.

As três irmãs descem exaustas quando o ônibus para em frente à casa bombardeada. Elas flutuam para dentro do apartamento fresco, tiram as burcas por cima da cabeça, penduram-nas em seus respectivos pregos e respiram aliviadas. Readquirem seus rostos. Os rostos que as burcas roubaram.

9
Um casamento de quinta categoria

É a véspera do grande dia. O quarto está lotado. Todo o espaço disponível do chão está ocupado por um grupo de mulheres, comendo, dançando ou conversando. É a noite da hena. Esta noite, o noivo e a noiva vão ter as palmas das mãos e as solas dos pés pintados com hena. O desenho alaranjado das mãos assegurará um casamento feliz.

Mas o noivo e a noiva não estão juntos; os homens têm a sua festa, as mulheres, a delas. Sozinhas, elas se soltam com uma energia frenética, quase assustadora. Batem na bunda umas das outras, beliscam os peitos e dançam umas para as outras, mexendo os braços como serpentes e os quadris como dançarinas do ventre. As meninas se movem como sedutoras natas e se requebram com olhares desafiantes e sobrancelhas erguidas. Até as idosas têm a sua vez, mas em geral param no meio, antes de a música acabar. Só querem mostrar que ainda sabem dançar.

Shakila está sentada no único móvel do quarto, um sofá trazido especialmente para o evento. Ela acompanha tudo a distância; não pode dançar nem sorrir. Demonstrações de felicidade iriam magoar a mãe que ela está deixando – e tristeza provocaria a futura sogra. A noiva deve manter uma expressão indiferente, não deve ficar virando a cabeça e olhando em volta, mas manter o olhar fixo à frente. Shakila cumpre a tarefa com perfeição, como se tivesse treinado a vida inteira para aquela noite. Ela está sentada, com porte de rainha, e conversa calmamente com qualquer uma que porventura sentar-se ao seu lado no sofá – uma honra concedida a uma de cada vez. Só seus lábios se mexem ao responder às perguntas da convidada no sofá.

Suas roupas são de cor vermelha, verde, preto e dourado. Parece que foi envolvida com a bandeira afegã e depois borrifada com pó de ouro. Os seios sobressaem como picos de montanha, ao que parece o sutiã que comprou sem provar coube perfeitamente. Sua cintura está bem apertada por baixo do vestido. Está com camadas grossas do Perfact no rosto, olhos bem delineados e a boca pintada com o novo batom vermelho. Também na aparência ela é a noiva perfeita. A noiva deve parecer artificial, como uma boneca. A palavra afegã para noiva e boneca é a mesma – *arus*.

À noite, um grupo com tambores, tamborins e lanternas entra portão adentro. São as mulheres da casa de Wakil – suas irmãs, cunhadas e filhas. Elas cantam na noite escura, batendo as mãos e dançando:

Nós vamos buscar esta menina do seu lar e levá-la para
[nossa casa
Noiva, não abaixe a cabeça derramando lágrimas
[amargas
É a vontade de Deus, dê graças a Deus.
Oh, Maomé, mensageiro de Deus, afastai dela os
[problemas
Que o difícil seja fácil!

As mulheres de Wakil dançam sensualmente com xales e lenços emoldurando seus rostos e corpos. O quarto está úmido, exala um suave aroma adocicado de suor. Mesmo com todas as janelas abertas e as cortinas esvoaçando na noite, o vento frio da primavera não consegue esfriar aquelas mulheres.

Só quando chegam travessas repletas de *pilau* – arroz com pedaços grandes de carnes de carneiro – é que dão uma pausa na dança. Todas se sentam no chão, no mesmo lugar onde estavam sentadas ou dançando. Apenas as mais velhas podem sentar-se nas almofadas ao longo da parede. São a irmã caçula de Shakila, Leila, e as primas mais novas que trazem a comida, preparada em grandes panelas no pátio externo. Travessas com arroz, pedaços grandes de carne de carneiro, berinjelas ao molho de iogurte, macarrão recheado com espinafre e batatas ao molho de pimentão são distribuídas pelo chão. As mulheres se agrupam em volta delas. Com a mão direita comprime-se o arroz antes de levá-lo à boca. A carne e o molho são ingeridos com pedaços de pão. Tudo é feito com a mão direita. A mão esquerda, a mão suja, deve descansar. Agora só se ouvem mulheres comendo. Elas comem em silêncio. A única vez em que o quebram é quando se instigam para comer mais. É de bom-tom oferecer os melhores pedaços para quem está ao lado.

Quando todas estão satisfeitas, a cerimônia da hena pode começar. Já é tarde da noite, ninguém mais dança. Algumas mulheres adormeceram, outras ficam deitadas ou sentadas em volta de Shakila, assistindo à irmã de Wakil passar uma pasta verde-musgo nas mãos e pés da noiva enquanto entoa a canção da hena. Quando as mãos de Shakila estiverem totalmente pintadas, ela deve fechá-las. A futura sogra então amarra cada mão fechada com tiras de pano para formar um desenho, e as enrola em panos macios para que ela não suje as roupas e os lençóis. Ela a despe, deixando apenas a roupa íntima, calças de algodão compridas e uma túnica também comprida, e a deita num tapete no chão com um travesseiro grande embaixo da cabeça. Depois, são servidos pedaços grandes de carne, fígado frito e cebola crua, especialmente preparados pela irmã, para a noiva que logo vai deixar a família.

Bibi Gul olha para a filha. Ela segue com os olhos cada pedaço colocado em sua boca pelas irmãs. Então começa a chorar. Todas entram na choradeira, ao mesmo tempo afirmando que vai dar tudo certo para Shakila.

Assim que Shakila termina de comer, ela se deita enroscada a Bibi Gul, assumindo a posição de feto, a mãe em torno dela. Ela nunca dormiu em outro quarto a não ser o da mãe. É sua última noite com ela. A noite seguinte será do seu marido.

POUCAS HORAS mais tarde, ela é acordada e as irmãs soltam os panos enrolados nas suas mãos. A hena é removida e nas palmas das mãos e nas solas dos pés formaram-se desenhos cor de laranja. Shakila se lava, desfazendo o rosto de boneca da noite anterior, e toma seu habitual café-da-manhã reforçado. Carne frita, pão, um pudim doce e chá.

Às nove, está pronta para ser maquiada, penteada e arrumada. Shakila, a caçula Leila, a segunda esposa de Sultan, Sonya, e uma prima adentram num apartamento do Mikrorayon. É o salão de beleza, um salão que também existia durante o Talibã. Também naquela época as noivas queriam se enfeitar e se maquiar, apesar de ser ilegal. Mas um dos preceitos do Talibã as ajudava. Chegavam sempre de burca e saíam de burca, com um rosto novo por baixo.

A maquiadora tem um espelho, uma banqueta e uma prateleira com garrafas e tubos que pelo formato e estado parecem ser de décadas atrás. Nas paredes, há cartazes com estrelas de cinema indianas. As beldades decotadas sorriem lisonjeiras para Shakila, silenciosa e satisfeita sobre a banqueta.

Poucos diriam que Shakila é bonita. Sua pele tem poros marcados e pálpebras inchadas. O rosto é largo, com maxilares fortes. Mas seus dentes são lindos e brancos, o cabelo reluzente e o olhar brincalhão; sempre fora a mais cobiçada de todas as filhas de Bibi Gul.

"Não entendo por que gosto tanto de você", Wakil tinha dito durante o jantar na casa de Mariam. "Você nem bonita é." Havia amor na voz dele e Shakila tomou suas palavras como um elogio.

Agora está nervosa por medo de não ficar bonita o bastante, e seu olhar brincalhão desapareceu. Casamento é coisa séria.

Primeiro sua cabeleira é disposta em rolos pequenos de madeira. Depois as sobrancelhas, tão espessas que se juntam no meio, são depiladas. Este é o sinal maior de que ela está se tornando uma mulher casada. As mulheres não podem depilar as sobrancelhas antes do casamento. Shakila berra enquanto a depiladora arranca os pelos. As sobrancelhas vão formando lindos arcos e Shakila se admira no espelho. O seu olhar ficou mais aberto.

– Se tivesse vindo mais cedo, teria clareado o seu buço – diz a mulher, mostrando um tubo misterioso, um pouco descascado, onde se lê "Creme descolorante para pelos indesejáveis". – Mas agora não dá mais tempo.

Ela então passa Perfact no rosto de Shakila, antes de aplicar sombra pesada com brilho vermelho e dourado nas pálpebras. Depois é a vez de um delineador bem grosso nos cantos dos olhos, e de um batom vermelho-escuro.

– Não importa o que faça, nunca vou ficar tão bonita quanto você – Shakila diz a Sonya, sua cunhada mais nova, a segunda esposa de Sultan. Sonya apenas sorri e murmura algo vago ao colocar um vestido de tule azul-claro.

Quando Shakila está maquiada, é a vez de Sonya se embelezar, enquanto as outras mulheres ajudam Shakila com o vestido. Leila empresta seu cinto a ela, uma faixa elástica larga, para marcar bem a cintura. O vestido da manhã é verde-menta vivo e brilhante, com rendas sintéticas, rufos e bordas douradas. O vestido deve ser verde, por ser a cor do Islã e da felicidade.

Assim que está vestida e os pés espremidos nos sapatos brancos de saltos altíssimos, com fivela dourada, a cabeleireira retira os rolos. O cabelo ondulado é preso com um grampo no meio da cabeça, e a franja, encharcada de fixador, fica caída numa ondulação sobre um lado do rosto. Faltam o véu verde-menta e o arremate final – uma dezena de pequenas estrelas azul-celeste com bordas douradas coladas ao cabelo. Shakila também ganha três estrelas prateadas em cada bochecha. Está começando a se parecer com as chamadas estrelas de Bollywood dos cartazes nas paredes.

– Oh, não, o pano, o pano! – exclama a caçula Leila de repente. – Oh, não!

– Oh, não – irrompe Sonya olhando Shakila, que permanece impassível.

Leila se levanta da cadeira e sai correndo. Felizmente não está longe de casa. Imagine, ela quase esqueceu o mais importante de tudo...

As outras permanecem impassíveis diante do pânico de Leila. Quando todas estão com estrelas no cabelo e nas bochechas, só falta vestirem a burca. Shakila tenta pô-la sem estragar o penteado. Ela a deixa solta na cabeça em vez de apertá-la como de costume. Assim, a abertura do véu não fica onde deve estar – em frente aos olhos –, mas em cima da cabeça. Sonya e a prima precisam guiá-la como uma cega para descer a escada. Shakila prefere cair a ser vista sem a burca.

Ela só retira a burca – o cabelo ondulado apenas um pouco amassado – no quintal de Mariam, o local da cerimônia de casamento. Ao entrar, é logo cercada pelos convidados. Wakil ainda não chegou. O lugar está fervendo de gente já comendo *pilau*, *kebabs* e bolinhos de carne. Centenas de parentes foram convidados. Um cozinheiro e seu filho já picaram, cortaram e cozinharam desde o raiar do dia. Para o almoço de casamento foram comprados 150 quilos de arroz, 56 quilos de carne de carneiro, 14 quilos de vitela, 42 quilos de batatas, 30 quilos de cebola, 50 quilos de espinafre, 35 quilos de cenoura, 1 quilo de alho, 8 quilos de uvas-passas, 2 quilos de nozes, 64 litros de azeite, 14 quilos de açúcar, 2 quilos de farinha, 20 ovos, vários tipos de temperos, 2 quilos de chá verde, 2 quilos de chá preto, 14 quilos de doces e 3 quilos de caramelos.

Após o almoço, alguns homens se retiram para a casa vizinha, onde Wakil já está. Vão fazer as últimas negociações. São detalhes sobre dinheiro e garantias futuras que vão ser discutidos. Wakil precisa dar uma soma em dinheiro como garantia caso ele se divorcie de Shakila sem motivo, e ele tem que prometer que cuidará para que ela tenha roupa, comida e casa. É Sultan, o irmão mais velho, que negocia em nome de Shakila, e o contrato é assinado pelos homens das duas famílias.

Assim que está tudo acertado, eles deixam a casa vizinha. Shakila está junto das irmãs na casa de Mariam, acompanhando tudo por trás das cortinas. Enquanto os homens negociavam, ela se trocou e pôs o vestido branco, com o véu caindo sobre o rosto. Agora espera que Wakil seja levado até ela para saírem juntos. Ele chega, um tanto acanhado, eles se cumprimentam olhando para o chão, de acordo com o costume, e saem lado a lado, ombro a ombro, sem se olharem Ao pararem, os dois devem tentar colocar um pé em cima do pé do outro. Quem ficar por cima será o chefe do casal. Wakil ganha, ou Shakila o deixa ganhar, como deve ser. Não ficaria bem roubar para si o poder ao qual não tem direito.

Duas cadeiras foram colocadas para eles no pátio. É importante que se sentem ao mesmo tempo. Se o noivo se sentar primeiro, a noiva o dominará em todas as decisões. Ninguém quer se sentar, e finalmente Sultan se coloca atrás deles, calmamente, forçando-os a se sentar, simultaneamente. Todos aplaudem.

A irmã mais velha de Shakila, Feroza, cobre parcialmente o casal com uma manta, segurando um espelho na frente deles. Os dois devem olhar no espelho. Conforme a tradição, é este o momento em que seus olhos se encontram pela primeira vez. Wakil e Shakila olham fixamente o espelho, como devem, como se nunca tivessem se visto antes. Feroza segura o Alcorão sobre suas cabeças, enquanto um mulá lê as bênçãos. De cabeça baixa recebem as palavras de Deus.

É servida uma travessa com um pudim feito de farelos de bolo, açúcar e óleo, condimentado com cardamomo. Eles dão de comer um ao outro às colheradas, e todos aplaudem. Também dão de beber um ao outro, para mostrar que desejam felicidades ao cônjuge.

Mas nem todos se comovem com os goles de limonada.

– Antigamente, brindávamos com champanhe nesta cerimônia – sussurra uma tia, lembrando de tempos mais liberais em que se serviam vinho e champanhe nos casamentos. – Mas esses tempos jamais voltarão. Os tempos das meias de náilon, dos vestidos ocidentais, dos braços à mostra. Os bons tempos sem a burca não passam de vaga lembrança.

– É um casamento de quinta categoria – responde sussurrando o filho mais velho de Sultan, Mansur. – Comida ruim, roupa barata, bolinhos de carne com arroz, túnicas e véus. Quando me casar, vou alugar o salão de baile do hotel Intercontinental. Todos terão que vestir roupas modernas, e vamos servir a melhor das comidas. Comida importada – enfatiza. – Aliás, vou me casar no exterior – ele corrige.

A festa de Shakila e Wakil é na casa de barro de Mariam, num quintal onde nada cresce. As fotos do casamento têm uma moldura de guerra. A parede no fundo está repleta de marcas de balas e fendas de estilhaços de granadas. Eles posam para o fotógrafo com o olhar duro. A falta de sorrisos e as marcas de balas no fundo dão à foto um ar trágico.

Está na hora do bolo. Juntos seguram a faca, cortando o bolo com ar concentrado. Eles dão de comer um ao outro com a boca quase fechada, como se estivessem relutantes em abri-la totalmente, e se sujam com as migalhas.

Depois do bolo há música e dança. Para muitos convidados, esta é a primeira festa de casamento de que estão participando desde que o Talibã deixou Cabul. Isto é, a primeira festa de casamento onde há música e dança. O Talibã tirou a metade da alegria deles nessas festas quando a música foi proibida. Então, todos se jogam na dança, exceto os noivos, que ficam sentados, apenas olhando. É fim de tarde. Devido ao toque de recolher, as festas de casamento foram transferidas da noite para o dia. Todos têm que estar em casa às dez.

Ao escurecer, os noivos desaparecem da festa, acompanhados de choro e gritos. Num carro enfeitado com flores e fitas, vão para a casa de Wakil. Quem conseguir vaga num carro, acompanha o cortejo. No carro de Wakil e Shakila, oito pessoas se espremem. Nos outros carros até mais.
 Fazem um passeio pelas ruas de Cabul. É época de *eid*, de

celebrações religiosas, e as ruas estão vazias. Os carros dobram as esquinas quase a 100 quilômetros por hora, na briga para liderar o cortejo. Dois carros se chocam, diminuindo um pouco a animação da festa, mas ninguém fica gravemente ferido. Os carros, com faróis quebrados e carroceria amassada, chegam à casa de Wakil. Este percurso é uma rendição simbólica, quando Shakila deixa a sua família para ser admitida na casa do esposo.

Os parentes mais próximos podem acompanhá-los à casa de Wakil, onde as irmãs estão esperando com chá. São estas as mulheres com quem Shakila vai dividir o quintal. Ali vão se encontrar na bomba d'água, lavar roupa e alimentar as galinhas. Crianças com nariz escorrendo olham-na com curiosidade, a mulher que será a nova mãe delas. Elas se escondem nas saias das tias e olham a noiva coberta de brilho dourado. A música ficou distante, os gritos de júbilo silenciaram. Shakila entra na sua nova casa com dignidade. A casa é grande, com o pé-direito alto. Como todas as casas do vilarejo, é feita de barro, com vigas pesadas no teto. As janelas estão cobertas de plástico. Nem Wakil ousa acreditar que não virão mais bombas e mísseis, e hesita em retirar o plástico.

Todos tiram os sapatos e percorrem a casa com calma. Os pés de Shakila estão vermelhos e inchados após um dia inteiro nos apertados sapatos de salto alto. Os convidados que ficam, os mais próximos à família, entram no quarto. Uma cama de casal enorme ocupa quase todo o quarto. Shakila olha com orgulho para a colcha vermelha brilhante com os travesseiros que ela comprou, e as novas cortinas que ela mesma costurou. A irmã Mariam esteve lá no dia anterior preparando o quarto, pendurando as cortinas, estendendo a colcha e arranjando a decoração. É a primeira vez que Shakila entra na casa que ela vai administrar pelo resto da vida.

Durante toda a festa de casamento, ninguém viu os noivos trocarem um sorriso sequer. Agora, na sua casa nova, Shakila não pode mais se conter.

– Ficou lindo o que você fez – ela diz a Mariam.

Pela primeira vez na vida ela terá um quarto próprio. Pela primeira vez na vida vai dormir numa cama. Ela se senta ao lado de Wakil na colcha macia.

Falta o último ato da cerimônia. Uma das irmãs de Wakil estende um prego grande e um martelo a Shakila. Ela sabe o que fazer e vai calmamente até a porta do quarto. Martela o prego em cima da porta. Todos batem palmas quando termina. Bibi Gul derrama algumas lágrimas. O prego simboliza que ela está cravando seu destino na casa.

No dia seguinte, antes do café-da-manhã, a tia de Wakil vai à casa de Bibi Gul, mãe de Shakila. Na bolsa traz o pano que Leila quase esqueceu – o mais importante de tudo. A mulher idosa pega o pano com devoção, estendendo-o à mãe de Shakila. Está cheio de sangue. Bibi Gul agradece e sorri, as lágrimas escorrendo. Ela faz uma breve oração. Todas as mulheres da casa vêm correndo para olhar, e Bibi Gul mostra a todas que querem ver. Até as filhas pequenas de Mariam podem olhar o pano ensangüentado.

Se não houvesse sangue, seria Shakila, e não o pano, que estaria sendo enviada de volta para casa.

10
A matriarca

Uma festa de casamento é como uma pequena morte. Na família da noiva há luto como num enterro durante os dias seguintes à festa. Perderam uma filha, vendida ou dada. São especialmente as mães que sofrem, elas que tinham controle total sobre suas filhas, onde andavam, quem encontravam, o que vestiam, o que comiam. Elas que passavam a maior parte do dia juntas, levantando juntas, limpando a casa juntas, cozinhando juntas. Depois do casamento, a filha se vai, de uma família a outra. De vez. Ela não pode voltar para casa quando quer, somente quando o marido deixa. A família dela tampouco pode visitar a filha na sua casa nova sem ser convidada.

Num apartamento do bloco 37 do Mikrorayon há uma mãe de luto por sua filha, agora a uma hora de distância, a pé. Mas se Shakila estivesse na vila de Deh Khudaidad nos arredores de Cabul ou num país estranho a milhares de quilômetros além-mar, daria no mesmo. Enquanto não estiver no tapete ao lado dela, tomando chá e comendo amêndoa doce, é triste de qualquer maneira.

Bibi Gul quebra mais uma amêndoa que havia escondido sob o tapete para que Leila não achasse. A filha caçula, Leila, é quem cuida para que a mãe não se mate de tanto comer. Como uma enfermeira numa clínica de emagrecimento, ela a proíbe de comer açúcar e gordura, e arranca a comida de suas mãos quando a vê se servindo às escondidas de algo que não deveria estar comendo. Quando tem tempo, prepara uma comida especial para a mãe, sem gordura. Mas quando Leila não está olhando, Bibi Gul despeja a gordura dos pratos dos outros sobre sua comida. Ela adora o gosto de azeite, da gordura quente de carneiro e *pakora* frita e chupa o tutano dos ossos no final da refeição. Comida é seu abrigo seguro. Quando não se sente satisfeita depois do jantar, ela levanta de noite para lamber as tigelas e raspar as panelas. Apesar dos esforços de Leila, Bibi Gul nunca perde peso, ao contrário, está engordando a cada ano. Além disso, ela tem seus pequenos estoques em todos os cantos, em baús velhos, embaixo de tapetes, atrás de uma caixa. Ou na sua bolsa. É lá que guarda as balas de caramelo. Desbotadas, meladas, balas granuladas do Paquistão. Das mais baratas, enjoativas, algumas até rançosas. Mas são balas de caramelo, têm foto de vaca na caixa e ninguém consegue ouvir quando ela as chupa.

Mas as amêndoas têm que ser quebradas em silêncio. Bibi Gul fica ali, sentindo pena de si mesma. Está sozinha no quarto, sentada no tapete balançando o corpo, enquanto esconde as amêndoas numa das mãos. O olhar está vazio. Escuta o bater de panelas na cozinha. Em breve, todas as filhas já terão deixado a casa. Shakila já se foi, Bulbula está a caminho. Ela não sabe o que vai fazer quando Leila também tiver ido. Não terá ninguém para cuidar dela.

"Ninguém terá Leila antes da minha morte", ela diz sobre sua filha de 19 anos. Muitos já pediram a filha em casamento, mas Bibi Gul sempre deu não como resposta. Ninguém vai querer cuidar dela como Leila o faz.

Bibi Gul não faz mais nada. Ela fica sentada no seu canto, bebe chá e pensa. A sua vida de trabalho acabou. Quando uma mulher tem filhas adultas, ela se torna uma espécie de líder da casa, dando conselhos, arranjando casamentos e cuidando da moral da família, principalmente da de suas filhas. Ela cuida para que não saiam sozinhas, para que se cubram como devem, para que não se encontrem com homens fora da família, para que sejam obedientes e educadas. Uma boa educação, de acordo com Bibi Gul, é a maior virtude. Depois de Sultan, ela é a mais poderosa da família.

De novo, seus pensamentos vão para Shakila, agora atrás de muros altos. Muros estranhos. Ela a imagina puxando baldes d'água pesados do poço no quintal, com galinhas e dez órfãos de mãe nas suas saias. Bibi Gul receia ter cometido um erro. Imagina se ele não for gentil. Além disso, o apartamento sem Shakila ficou tão vazio...

O pequeno apartamento está apenas um pouco mais vazio sem a filha. Em vez de 12, agora moram 11 pessoas nos quatro cômodos. Sultan, Sonya e a filha de 1 ano dormem num dos quartos. No outro fica o irmão de Sultan, Yunus, e o filho mais velho, Mansur. O terceiro serve para o resto da família: Bibi Gul, suas filhas solteiras Bulbula e Leila, os dois filhos mais novos de Sultan, Eqbal e Aimal, e seu primo, o neto de Bibi Gul, Fazil, filho de Mariam.

O quarto cômodo serve para guardar livros e cartões-postais, arroz e pão, roupas de inverno no verão e roupas de verão no inverno. As roupas da família ficam guardadas em grandes caixas, porque nenhum dos cômodos tem armários. Gastam um longo tempo todos os dias à procura de algo. As mulheres ficam em pé ou sentadas sobre caixas, avaliando roupas, sapatos, uma bolsa torta, um porta-joias quebrado, um laço, um par de tesouras ou uma toalha de mesa. É raro jogarem algo fora e o número de caixas está aumentando. Todos os dias fazem uma rearrumação no depósito, pois tudo muda de lugar caso alguém procure algo que esteja embaixo.

Todos na família têm, além das grandes caixas com as roupas e os sapatos da família, um baú próprio com fecho. As mulheres andam com a chave amarrada ao vestido. O baú é a única peça particular que elas têm, e todo dia pode-se vê-las sentadas em cima dos baús, pegando uma joia, olhando-a, experimentando-a, depois devolvendo-a ao baú, passando um creme de que elas tinham se esquecido ou cheirando um perfume que ganharam faz tempo. Às vezes, ficam olhando uma foto de um primo, sonhando, ou, como Bibi Gul, pegando alguns caramelos ou biscoitos escondidos.

Sultan tem um armário de livros com tranca. Através das portas de vidro podem-se ver as capas. Ali estão coletâneas de poemas de Hafez e Rumi, relatos de viagens de séculos atrás e atlas antigos. Entre as páginas, em lugares secretos, é onde ele também guarda o seu dinheiro. Não existe um sistema bancário confiável no Afeganistão. Naquele armário, Sultan guarda suas obras preferidas, livros com dedicatórias, livros que ele pensa que um dia terá tempo para ler. Mas Sultan passa a maior parte do tempo na livraria. Sai de casa antes das oito da manhã e volta às oito da noite. Só sobra tempo para brincar um pouco com Latifa, jantar e tomar algumas decisões, se porventura aconteceu algo na família enquanto esteve fora. Em geral isto não acontece, porque a vida das mulheres em casa é tranquila, e está além da dignidade de Sultan resolver as intrigas entre elas.

A parte de baixo do armário é para Sonya guardar suas coisas, alguns xales bonitos, joias, um pouco de dinheiro, os brinquedos que Latifa ganhou, mas que a mãe de origem humilde acha sempre bons demais para servir de brinquedo. A cópia de uma boneca Barbie que Latifa ganhou quando fez um ano está em cima do armário, ainda embrulhada no papel celofane amassado.

O armário de livros é o único móvel da casa, a família não tem televisão nem rádio. As únicas peças presentes nos cômodos despidos são tapetes puídos ao longo das paredes com grandes almofadas duras. Os tapetes são usados de noite para se dormir e de dia para se sentar. As almofadas são travesseiros de noite e apoio para as costas de dia. Para as refeições, é posta uma toalha oleada no chão. Todos sentam em volta dela com as pernas cruzadas, comendo com as mãos. Ao terminarem, ela é lavada e enrolada.

Os cômodos têm piso frio de cimento, coberto por tapetes grandes. As paredes estão com rachaduras. As portas, empenadas e tortas; muitas não fecham e têm que ficar abertas. Alguns dos quartos são separados apenas por um lençol. Os buracos nas janelas são tapados com toalhas de banho velhas.

Na cozinha há uma bancada com pia, um pequeno fogareiro a gás e uma chapa elétrica no chão. Nos parapeitos ficam verduras e sobras de comida do dia anterior. Há cortinas nas prateleiras para proteger a louça da fuligem e da fumaça do fogareiro. Mas, mesmo com o esforço para manter tudo limpo, há sempre uma camada de gordura com a interminável poeira arenosa de Cabul em todas as bancadas, prateleiras e parapeitos.

O banheiro é um pequeno cômodo dentro da cozinha, separado por uma parede com uma portinhola aberta. Não tem mais do que um buraco no chão de cimento e uma torneira. Num dos cantos há uma fornalha a lenha para esquentar a água do banho, e também um tanque grande que fica cheio quando há água da rua vindo pelos canos. Sobre o tanque, uma pequena prateleira com um frasco de xampu, um sabonete sempre preto, algumas escovas de dente e uma pasta de dente chinesa de sabor indefinido.

– ESTE JÁ FOI um belo apartamento – Sultan recorda. – Tinha água encanada, energia elétrica, quadros nas paredes, tudo.

Mas o apartamento foi saqueado e queimado durante a guerra civil. Quando a família voltou, estava totalmente arrasado, e eles tiveram que consertá-lo do jeito que dava. A parte mais antiga do Mikrorayon, onde mora a família Khan, ficava na linha de frente entre as tropas do herói mujahedin Massoud e os homens do odiado Gulbuddin Hekmatyar. Massoud controlava grande parte de Cabul, enquanto Hekmatyar ficava numa colina fora da cidade. Eles guerreavam com mísseis. Muitos deles caíram no Mikrorayon. Em outra colina ficava o uzbeque Abdul Rashid Dostum, numa terceira estava o fundamentalista Abdul Rasul Sayyaf. Os mísseis destes últimos caíam em outras partes da cidade. As linhas de frente se moviam de rua em rua. Os líderes guerrilheiros lutaram durante quatro anos até que o Talibã finalmente dominou Cabul e os líderes fugiram dos sacerdotes do Alcorão.

Seis anos após os combates, o Mikrorayon ainda é uma paisagem de guerra. Os prédios estão repletos de buracos de balas e granadas. Muitas janelas têm plástico em vez de vidro. Os apartamentos apresentam rachaduras nos tetos e os andares mais altos estão como crateras abertas devido aos mísseis que explodiam ateando fogo. Alguns dos combates mais duros durante a guerra civil ocorreram no Mikrorayon, e a maioria dos moradores fugiu. O monte Maranjan, acima do Mikrorayon, onde ficavam as tropas de Hekmatyar, ainda está como na época da guerra. Rampas de mísseis, veículos bombardeados e tanques estão espalhados, apenas a 15 minutos a pé da casa dos Khan. Já havia sido um bom lugar para fazer piqueniques. Ali ficava a tumba palaciana de Nadir Shah, o pai de Zahir Shah, morto num atentado em 1933. Agora, só restam ruínas. A cúpula está cheia de furos e as colunas estão quebradas. O palácio mais modesto da rainha fica bem próximo, em condições ainda piores. Avulta como um esqueleto num cume acima da cidade com a tumba despedaçada. Alguém tentou juntar as peças para decifrar a citação do Alcorão ali inscrita.

As montanhas em volta estão minadas, mas entre cartuchos de mísseis e lixo metálico é possível ver algo que lembra tempos de paz. Dentro de uma fileira de pedras redondas crescem cravos-de-defunto, a única coisa no monte Maranjan que sobreviveu à guerra civil, à estiagem e ao Talibã.

Visto do monte, a uma boa distância, o Mikrorayon parece um lugar qualquer da antiga União Soviética. Os prédios foram um presente dos russos. Entre os anos 1950 e 1960, engenheiros russos foram enviados ao Afeganistão para construir os chamados conjuntos Khruschev, populares na União Soviética, e em Cabul foram construídos exatamente iguais aos de Kaliningrado e Kiev. Prédios de cinco andares divididos em pequenos apartamentos com dois, três ou quatro cômodos.

Mais de perto, é possível ver que a impressão de estrago não foi causada pela deterioração soviética habitual, mas por balas e pela guerra. Até os bancos de cimento em frente às portas de entrada estão quebrados, e jazem como restos de navios naufragados ao longo das estradas de terra esburacadas que outrora eram asfalto.

Na Rússia, as *babuchkas* costumam sentar nestes bancos, mulheres idosas com bengalas, bigodes e xales, acompanhando tudo e todos que se mexem ao redor dos prédios. No Mikrorayon, apenas homens velhos conversam em frente às casas, passando os rosários entre os dedos. Ficam sentados nas sombras esparsas embaixo das poucas árvores que restaram. Mulheres passam apressadas com sacolas de compras por baixo da burca. É raro ver uma mulher parando para bater um papo com a vizinha. No Mikrorayon, quando querem conversar, as mulheres se visitam em casa, sempre tomando cuidado para não serem vistas por qualquer homem que não seja de sua família.

Apesar de as casas terem sido construídas no espírito de igualdade soviético, não há igualdade, nem fora nem dentro das casas. Se a ideia dos conjuntos habitacionais era a de criar apartamentos sem distinção de classe numa sociedade sem classes, o Mikrorayon foi considerado, desde a sua construção, um conjunto para a classe média. Dava status poder se mudar das casas de barro dos vilarejos nas redondezas de Cabul para apartamentos com água encanada. Para ali se mudaram engenheiros e professores, donos de lojinhas e motoristas de caminhão. Mas o conceito de classe média significa pouco num país onde a maioria já perdeu tudo e onde praticamente tudo andou para trás. Nos últimos dez anos, a água encanada, outrora tão digna de inveja, não passa de uma piada. No primeiro andar há água fria encanada durante algumas horas da manhã. Depois, nem mais um pingo. No segundo andar, há água de vez em quando, mas por falta de pressão nunca chega aos últimos andares. Fizeram poços nos quintais e todos os dias há um fluxo de crianças subindo e descendo as escadas com baldes, garrafas e chaleiras.

A eletricidade era outro orgulho do conjunto habitacional, que agora está praticamente às escuras. É rigorosamente racionada devido à estiagem. A cada dois dias, os apartamentos têm luz durante quatro horas, entre 18 e 22 horas. Quando um bairro tem luz, outro fica no escuro. Às vezes não há luz em lugar nenhum. Nesses casos, a única saída é acender as lâmpadas de óleo e ficar no lusco-fusco, com os olhos ardendo em consequência da fumaça ácida que faz as lágrimas escorrerem.

NUM DOS BLOCOS mais antigos, perto do ressecado rio Cabul, mora a família Khan. É ali que Bibi Gul fica sentada, achando a vida triste, longe do vilarejo onde cresceu, trancada num deserto de pedras. Bibi Gul não tem sido feliz desde a morte do marido. De acordo com seus descendentes, ele era um homem trabalhador, profundamente religioso, rigoroso, mas justo.

Depois que o pai morreu, foi Sultan quem assumiu o trono. Suas palavras agora são lei, quem não obedece é punido. Ele não só manda nas pessoas da casa, mas também tenta controlar os irmãos que já se mudaram. O irmão dois anos mais novo beija sua mão ao se encontrarem, e ai dele se ousar contrariar Sultan, ou pior, se acender um cigarro na sua frente. Deve-se obedecer ao primogênito sempre.

Se, porventura, nem sermões ou castigos físicos adiantarem, há outra punição – a rejeição. Sultan cortou relações com Farid, um de seus irmãos mais novos, desde que este se recusou a trabalhar com ele e abriu a sua própria livraria e uma oficina de encadernação. E ninguém mais da família tem permissão de dirigir a palavra a ele. O nome de Farid não deve sequer ser mencionado. Ele não é mais o irmão de Sultan.

Farid também mora num dos apartamentos bombardeados do Mikrorayon, a poucos minutos de distância a pé. Quando Sultan está na livraria, Bibi Gul costuma visitar Farid e sua família, sem que Sultan saiba. Seus irmãos fazem o mesmo. Apesar da proibição, Shakila aceitou o convite para a festa do seu casamento, passando a noite inteira na casa dele, dizendo a Sultan que estava na casa de uma tia. Porque antes de uma moça se casar, todas as pessoas da família devem convidá-la para o jantar de despedida. É Sultan, e não o seu irmão, que é convidado para as festas de família. Nenhum dos primos ou tios querem se indispor com Sultan, isto seria desagradável e não valeria a pena. Mas é de Farid que eles gostam.

Ninguém mais lembra o que de fato aconteceu entre Sultan e Farid. Somente que Farid deixou o irmão mais velho morto de raiva, enquanto Sultan gritava que o laço entre eles estava rompido para sempre. Bibi Gul implora aos dois que se reconciliem, mas os dois irmãos apenas dão de ombros. Sultan não o faz porque acha que é sempre o mais novo quem deve pedir desculpas. Farid, porque acha que o errado é Sultan.

BIBI GUL DEU à luz 13 filhos. Ela teve sua primeira filha, Feroza, aos 14 anos. Foi quando a sua vida finalmente ganhou sentido. Ela passara os primeiros anos de jovem-esposa chorando. Depois a vida ficou melhor. Como primogênita, frequentar a escola estava fora de questão para Feroza. A família era pobre e Feroza carregava água, varria e cuidava dos irmãos mais novos. Aos 15 anos foi dada em casamento a um homem de 40. Ele era rico e Bibi Gul pensou que riqueza traria felicidade. Feroza era uma menina bonita, e a família recebeu a soma de 20 mil afeganis por ela. Mas o marido bebia e jogava e conseguiu desperdiçar sua vida e seu dinheiro. Os anos passavam e Feroza não conseguia engravidar, o que era motivo de grande vergonha. Como se perdesse todo o sentido na vida. No fim adotou um filho e uma filha. Agora, é o filho que sustenta a ela, à irmã adotiva, a sua mulher e ao pai adotivo alcoólatra. A pequena família de Feroza também mora no Mikrorayon, a pouca distância da casa de Bibi Gul.

Os dois filhos seguintes morreram ainda pequenos. Um quarto das crianças do Afeganistão morre antes de completar 5 anos. O país tem o maior índice de mortalidade infantil do mundo. Crianças morrem de sarampo, caxumba, resfriado, mas, principalmente, de diarreia. Muitos pais acreditam que não se deve dar nada às crianças com diarreia, porque será posto para fora de qualquer maneira. Acreditam que é possível "secar" a doença. Um desconhecimento que tem custado a vida de milhares de crianças. Bibi Gul não lembra mais do que os dois filhos morreram. "Eles apenas morreram", ela diz.

Veio então Sultan, o amado e respeitado Sultan. Quando Bibi Gul finalmente teve um filho homem que vingou, sua posição na família do marido melhorou muito. O valor de uma noiva está no hímen, o valor de uma esposa está em quantos filhos homens ela põe no mundo.

O primeiro filho homem sempre recebeu o melhor, ainda que a família fosse pobre. O dinheiro que haviam recebido por Feroza foi aplicado na instrução de Sultan. Desde pequeno, Sultan teve um papel de líder na família e era a quem o pai confiava as tarefas de responsabilidade. Já aos 7 anos trabalhava, além de frequentar a escola.

Uns dois anos depois de Sultan, nasceu Farid. Um estouvado que sempre se metia em brigas e voltava para casa com roupas rasgadas e nariz sangrando. Ele fumava e bebia, sem que os pais soubessem, é claro, mas era a bondade em pessoa quando não estava zangado. Bibi Gul encontrou uma mulher para ele. Agora ele é casado, tem duas filhas e um filho. Mas está banido do apartamento do bloco 37 do Mikrorayon. Bibi Gul suspira. A animosidade entre seus dois filhos mais velhos está dilacerando seu coração. "Se eu pudesse trazê-los à razão!"

Depois de Farid veio Shakila. Alegre, valente e forte. Bibi Gul fica com lágrimas nos olhos. De novo, a imagem de sua filha arrastando pesados baldes d'água.

Em seguida nasceu Nesar Ahmad. Ao pensar nele, Bibi Gul chora ainda mais. Nesar Ahmad era calmo, afetuoso e aplicado na escola. Frequentava o ensino médio em Cabul e queria ser engenheiro, como Sultan. Mas um dia ele não voltou mais. Os colegas de classe contaram que a polícia militar tinha levado os meninos mais fortes da classe, obrigando-os a se alistar no Exército. Isto foi durante a ocupação soviética, e as tropas do governo afegão funcionavam como tropas terrestres para a União Soviética. Foram colocadas nas linhas de frente contra os mujahedin, que tinham soldados melhores, conheciam o terreno melhor e se entrincheiraram nas montanhas. Ficavam lá à espera de que os russos e seus aliados entrassem nos desfiladeiros. Foi num desfiladeiro desses que Nesar Ahmad, desapareceu. Bibi Gul acha que ele ainda está vivo. Talvez esteja preso.

Talvez tenha perdido a memória, talvez esteja vivo em algum lugar. Ela reza a Alá todos os dias para que ele volte.

Depois de Nesar Ahmad, veio Bulbula, que ficou doente de tristeza quando o pai foi preso, e que praticamente só fica em casa, o dia todo olhando para o nada.

Mariam, que nasceu poucos anos depois, era mais agitada. Ela era aplicada, vivaz e brilhante na escola. Cresceu bonita e teve desde cedo muitos pretendentes. Aos 18 anos foi dada em casamento a um rapaz do mesmo vilarejo. Ele tinha uma loja e Bibi Gul achava que era um bom partido. Mariam se mudou para a casa da família dele, onde moravam também seu irmão e sua mãe. Havia muitas coisas para fazer porque a mãe tinha mãos debilitadas, por causa de queimaduras num forno de assar pão. Faltam alguns dedos, outros estão grudados. Ela tem dois polegares pela metade e pode comer e realizar tarefas simples, cuidar das crianças e carregar coisas segurando-as junto ao corpo.

Mariam estava feliz no seu novo lar. Até que veio a guerra civil. Quando uma das primas de Mariam foi se casar em Jalalabad, a família arriscou viajar para lá, apesar da insegurança nas estradas. Seu marido, Karimullah, ia ficar em Cabul para cuidar da loja. Mas, uma manhã, quando ele estava abrindo a loja, ficou no meio de um fogo cruzado. Uma bala atravessou seu coração e ele morreu na hora.

Mariam chorou durante três anos. Finalmente, Bibi Gul e a mãe de Karimullah decidiram casá-la com o irmão do falecido, Hazim. Ela ganhou uma nova família para cuidar e se recompôs para o marido e as duas crianças. Agora, ela está grávida do quinto filho. O filho mais velho do casamento com Karimullah, Fazil, de 10 anos, já está trabalhando. Ele carrega caixas e vende livros numa das livrarias de Sultan, e mora com ele para ajudar Mariam.

Depois veio Yunus, o filho predileto de Bibi Gul. É ele quem a mima, quem compra pequenos presentes para ela, pergunta se ela precisa de algo e acaba ficando com a cabeça no seu colo à noite, quando o resto da família está sentado ou deitado nos tapetes do apartamento, cochilando depois do jantar. Yunus é o único de quem a mãe sabe o dia exato de nascimento, porque coincide com o dia em que Zahir Shah perdeu o poder num golpe: 17 de julho de 1973.

Os outros filhos não têm dia nem ano de nascimento. Nos documentos de Sultan, o ano de nascimento varia entre 1947 e 1955. Quando ele soma os anos de infância com os da escola, da universidade, da primeira, da segunda e da terceira guerras, conclui que deve ter uns cinquenta e tantos. Todos calculam a própria idade dessa maneira. E, como ninguém sabe ao certo, podem ter a idade que convém. Assim, Shakila pode dizer que tem 30 anos, mas pode ser que tenha uns cinco ou seis a mais.

Depois de Yunus veio Basir. Ele está morando no Canadá desde que a mãe arranjou um casamento para ele com uma parenta de lá. A mãe não o vê nem fala com ele desde que ele se casou e se mudou, dois anos atrás. Bibi Gul deixa cair mais uma lágrima. A pior coisa para ela é estar longe dos filhos. São o que ela tem na vida, além das amêndoas com glacê no fundo do baú.

Então, nasceu Tajmir. Ele foi o motivo de Bibi Gul começar a comer sem parar. Poucos dias após o parto, ela teve que dá-lo para uma parente estéril e sem filhos que implorou a ela pelo menino. O leite pingava e Bibi Gul chorava. Ela sabe que ele está bem, mas ainda sofre com a perda. Quando o encontra, tem que fingir que ele não é seu filho, como ela prometeu à nova mãe dele.

Leila é a caçula. Aplicada e ativa, é ela quem faz a maior parte das tarefas domésticas. Temporã de 19 anos, é a última da fila: a mais nova e ainda solteira.

Bibi Gul, na idade de Leila, já tinha dado à luz quatro filhos, dois que morreram e dois que vingaram. Mas ela não pensa mais nisso. Agora, pensa que o chá já esfriou e que também ela tem frio. Esconde as amêndoas embaixo do tapete e pede que alguém pegue o seu xale de lã.

"Leila!", ela chama. Leila se ergue das panelas.

11
Tentações

Ela chega junto com a luz do sol. Uma beleza ondulante entra na livraria escura. Mansur acorda do cochilo e ajusta o olhar sonolento ao ver a criatura andando ao longo das estantes.

– Posso ajudá-la?

Ele sabe imediatamente que está diante de uma mulher linda e jovem. Deduz isto pela sua postura, pelos pés, pelas mãos, pelo jeito como carrega a bolsa. Ela tem dedos longos e alvos.

– Vocês têm *Química avançada*?

Mansur compõe seu olhar de livreiro profissional. Ele sabe que não tem o livro, mas pede que ela o acompanhe até o fundo da livraria para procurar. Ele fica bem perto dela enquanto procura nas prateleiras, e o perfume da moça o faz coçar o nariz. Ele se estica e se abaixa, fingindo procurar. Vez ou outra se vira, estudando as sombras dos olhos dela. Ele nunca ouviu falar do livro.

– Infelizmente está esgotado, mas tenho alguns exemplares em casa. Se puder voltar amanhã, vou trazê-lo para você.

Ele fica esperando a maravilha todo o dia seguinte, sem o livro de química, mas com um plano. Enquanto espera, tece cada vez mais fantasias. Até que escurece e ele precisa fechar a livraria. Frustrado, bate a grade metálica que à noite protege os vidros quebrados das janelas.

No dia seguinte, fica atrás do balcão de mau humor e infeliz. Está na semiescuridão, eles não têm eletricidade. A poeira cintila nos raios de sol que entram, dando ao lugar um ar ainda mais desolado. Aos clientes que pedem livros, Mansur responde irritado que não tem, mesmo que o livro esteja na estante bem atrás dele. Ele amaldiçoa o fato de estar amarrado à livraria do pai, de não ter as sextas-feiras livres, de o pai não deixá-lo estudar, nem comprar uma bicicleta, ou ver seus amigos. Ele odeia as obras empoeiradas nas prateleiras. Na verdade, ele odeia livros, sempre os odiou, e depois que o tiraram da escola nunca terminou de ler qualquer um que fosse.

Ele acorda do seu humor sombrio ao ouvir passos leves e o roçar de tecido pesado. Ela está lá como antes, no meio de um raio de luz que faz a poeira dos livros dançar à sua volta. Mansur se controla para não dar saltos de alegria e retoma sua expressão de livreiro.

– Eu a esperei ontem – diz ele, com uma complacência profissional. – Tenho o livro em casa, mas não sabia que edição, que tipo de encadernação ou faixa de preço você queria. Este livro teve tantas edições que eu não poderia trazer todos os exemplares. Quer vir para escolher o que está procurando?

A burca o olha com espanto. Ela mexe na bolsa, indecisa.

– Para a sua casa?

Por um momento ficam parados. Silêncio é a melhor persuasão, Mansur pensa, tremendo de nervoso. É um convite ousado.

– Você precisa do livro, não é? – ele finalmente diz.

Milagrosamente, ela aceita. A menina se senta no banco de trás, mas de forma que possa vê-lo pelo espelho. Mansur tenta reter o olhar dela enquanto conversam.

– Carro legal – ela diz. – É seu?

– Sim, mas não é lá grande coisa – responde Mansur, mostrando indiferença. Assim, o carro parece ainda melhor e ele ainda mais rico.

Ele dirige a esmo pelas ruas de Cabul com uma burca no banco de trás. Não tem o livro em casa, e de qualquer modo lá estão a avó e todas as suas tias. Ele fica nervoso e excitado por estar tão perto de uma desconhecida. Num ato de coragem, pede para ver o rosto dela. Ela permanece imóvel por alguns segundos antes de levantar a frente da burca olhando-o pelo espelho. É como imaginava, muito bonita, com olhos grandes, lindos, escuros e delineados, e com alguns anos a mais que ele. Com uma boa dose de mirabolantes rodeios, charme persistente e grande poder de persuasão, ele consegue fazê-la esquecer o livro de química e a convida para um restaurante. Ele para o carro, ela sobe furtivamente as escadas do restaurante Marco Polo, onde Mansur pede o menu inteiro: frango grelhado no espeto, *kebab*, *mantu* – talharim afegão recheado de carne –, *pilau* e doce de pistache para sobremesa.

Durante o almoço, ele se esforça para fazê-la rir, para ela se sentir escolhida, para comer mais. Ela fica com a burca sobre a cabeça, de costas para as outras mesas num canto do restaurante. Ela não usa garfo e faca; como a maioria dos afegãos, come com as mãos. Ela fala da sua vida, da família e dos estudos, mas Mansur não presta atenção, ele está muito agitado. É o seu primeiro encontro com uma mulher. Totalmente ilegal. Ele deixa uma boa gorjeta ao garçom ao sair, fazendo a estudante arregalar os olhos. Pelo seu vestido, pode ver que ela não é rica, tampouco pobre. Mansur precisa voltar depressa para a livraria, a burca se joga num táxi, o que sob o regime talibã poderia condená-los a chicotadas e prisão. O encontro no restaurante teria sido uma impossibilidade, um homem e uma mulher de famílias diferentes nem poderiam andar juntos na rua, muito menos ela poderia tirar a burca em público. Mas os tempos mudaram. Felizmente, para Mansur. Ele promete trazer o livro no dia seguinte.

No dia seguinte, ele só pensa no que dirá quando ela voltar. Ele precisa mudar da tática de livreiro para a de sedutor. A única experiência que Mansur tem da linguagem amorosa é de filmes indianos e paquistaneses, onde uma declaração é mais dramática do que a outra. O filme começa com um encontro, passa por ódio, traição e decepção, terminando com diálogos cor-de-rosa sobre o amor eterno – uma boa escola para um jovem sedutor. Atrás do balcão, ao lado de uma pilha de livros e papéis, Mansur sonha com a conversa que terá com a estudante:

"Tenho pensado em você desde o momento em que nos separamos ontem. Senti que você tem algo especial, que você está predestinada a mim. Você é o meu destino!" Por certo ela iria gostar de ouvir suas palavras, então ele teria que olhá-la bem nos olhos, talvez até segurar suas mãos. "Preciso ficar a sós com você. Quero vê-la inteira, quero me afogar nos seus olhos", ele dirá. Ou poderia se mostrar um pouco mais modesto: "Não peço muito, só que passe aqui quando não tiver outros afazeres, vou entender se você não quiser, mas pelo menos uma vez por semana?" Ou talvez faça promessas: "Quando eu fizer 18 anos, vamos nos casar."

Ele tem que ser o Mansur do carro bacana, o Mansur da livraria sofisticada. O Mansur da gorjeta, o Mansur das roupas ocidentais. Ele precisa tentá-la com a vida que ela teria com ele: "Você terá uma casa grande com jardim e muitos criados, e vamos viajar de férias para o exterior." E tem que fazê-la sentir-se escolhida e mostrar a ela o quanto significa para ele: "Amo somente você. Sofro cada minuto que não estou ao seu lado."

Caso ela ainda não aceite o que ele pede, terá que ser mais dramático: "Se você me deixar, me mate primeiro! Senão vou atear fogo ao mundo inteiro!"

Mas a estudante não volta no dia seguinte ao almoço no restaurante. Nem em nenhum outro dia. Mansur continua ensaiando suas frases, mas fica cada vez mais desanimado. Será que ela não gostou dele? Os pais descobriram o que fizeram? Ela ficou proibida de sair de casa? Alguém os teria visto e contado? Um vizinho, um parente? Teria ele dito algo estúpido?

Um homem idoso de bengala e turbante grande rompe a cadeia de seus pensamentos. Ele o cumprimenta resmungando e pergunta por uma obra religiosa. Irritado, Mansur encontra o livro e joga-o em cima do balcão. Este não é Mansur, o sedutor. Só Mansur, o filho do livreiro com seus sonhos cor-de-rosa.

Todos os dias ele espera que ela volte. Todos os dias ele tranca a grade da porta sem que ela tenha vindo. As horas na livraria ficam cada vez mais difíceis de suportar.

NA RUA ONDE FICA a livraria de Sultan há várias outras livrarias e papelarias que encadernam livros ou copiam documentos para as pessoas. Numa destas lojas trabalha Rahimullah. Ele sempre passa na loja de Mansur para tomar chá e conversar. Neste dia é Mansur quem passa na loja dele para se lamentar. Rahimullah apenas ri.

– Você não deve se envolver com estudantes. Elas são por demais recatadas. Tente primeiro uma que precise de dinheiro. As mendigas são as melhores. Muitas delas são bem bonitinhas. Ou vá até o lugar onde as Nações Unidas distribuem farinha e óleo. Lá aparecem muitas viúvas jovens.

Mansur fica de queixo caído. Ele conhece a esquina onde distribuem comida para os mais necessitados, principalmente para viúvas de guerra com filhos pequenos. Elas recebem comida uma vez por mês, e muitas continuam na esquina para vender uma parte do que recebem para conseguir um pouco de dinheiro.

– Vá até lá e procure uma com aparência jovem. Compre uma garrafa de óleo e traga-a para cá. "Se vier comigo até a loja, vou te ajudar no futuro", costumo dizer. Quando vêm, eu lhes ofereço um pouco de dinheiro e as levo para o fundo da loja. Elas entram de burca e saem de burca, ninguém fica sabendo. Eu consigo o que quero e elas ganham dinheiro para os filhos.

Mansur olha incrédulo para Rahimullah, que abre a porta do recinto no fundo da loja para mostrar como as coisas acontecem. O cômodo é pequeno. No chão há várias caixas de papelão. Estão sujas e pisadas. Manchas escuras são visíveis no papelão.

– Eu tiro o véu, o vestido, as sandálias, as calças, as roupas íntimas. Uma vez aqui dentro é tarde demais para se arrepender. Gritar é impossível; elas levam a culpa de qualquer jeito, mesmo se alguém vier socorrê-las. O escândalo arruinaria suas vidas. Com as viúvas é fácil. Mas caso sejam mulheres jovens, virgens, eu faço entre as coxas delas. Peço para que apertem as pernas. Ou faço por trás, você sabe – conclui o vendedor.

Chocado, Mansur olha para o homem. É tão simples assim?

Quando ele para ao lado das burcas azuis na mesma tarde, percebe que não é tão fácil. Ele compra uma garrafa de óleo. Mas as mãos de quem vende são ásperas e sem viço. Ele olha ao redor e vê apenas pobreza. Ele joga a garrafa no banco de trás do carro e vai embora.

Ele já desistiu de decorar frases de filmes. Mas pensa que um dia ainda podem ser úteis. Uma jovem passa na livraria e pede um dicionário de inglês. Mansur toma ares de afável. Ele fica sabendo que ela começou um curso de inglês para iniciantes. Prontamente, o galante filho do livreiro se oferece para ajudá-la.

– Passam poucas pessoas aqui, posso ajudá-la com as tarefas, entre um cliente e outro.

A ajuda começa no sofá da livraria e continua atrás de uma estante, com promessas de casamento e fidelidade eterna. Um dia, ergue-lhe a burca e a beija. Ela se desprende e sai correndo para nunca mais voltar.

Outra vez, ele pega uma menina na rua, uma analfabeta que nunca viu um livro. Ela está no ponto de ônibus em frente à livraria. Ele diz que tem algo para mostrar a ela, que é bonita e meiga. De vez em quando ela passa na livraria. A ela também promete um futuro cor-de-rosa. Às vezes, ela o deixa tocá-la por baixo da burca. Mas isto só o deixa mais fogoso.

Ele se sente sujo. "Meu coração é sujo", ele confidencia ao irmão mais novo, Eqbal. Ele sabe que não deve pensar em mulheres.

– Por que será que são tão chatas? – Rahimullah diz quando Mansur passa para tomar uma xícara de chá.

– Como assim chatas? – pergunta Mansur.

– As mulheres daqui não são como nos filmes. São tão tensas, ficam apenas estiradas, imóveis – explica Rahimullah.

Ele conseguiu alguns filmes pornôs e fala sobre eles em detalhes – o que as mulheres fazem e a aparência delas.

– Por que as mulheres afegãs são diferentes? Tento explicar a elas o que fazer, mas não conseguem – ele suspira. Mansur também deixa escapar um suspiro.

Uma menina entra na livraria. Talvez tenha 12 ou 14 anos. Ela estende a mão suja olhando-os com ar suplicante. Um xale branco e sujo com flores vermelhas cobre-lhe a cabeça e os ombros. É pequena demais para usar a burca, que é reservada para depois da puberdade.

Sempre há pedintes entrando nas lojas. Mansur normalmente os põe para fora. Mas Rahimullah continua olhando o rosto infantil em forma de coração e tira dez notas do bolso. A menina arregala os olhos, querendo agarrá-las com avidez. Antes de pegá-las, a mão de Rahimullah foge. Ele faz um círculo grande no ar com a mão, olhando-a nos olhos.

– Nada nesta vida é de graça – ele diz.

A mão da menina gela. Rahimullah dá duas notas para ela.

– Vá para um *hammam*, se lave, volte depois e aí te dou o resto.

Ela rapidamente enfia o dinheiro no bolso do vestido e cobre metade do rosto com o xale sujo de flores vermelhas. Ela o fita com um olho. Uma bochecha tem cicatrizes de feridas antigas de varíola. Moscas da areia deixaram-lhe marcas na testa. Ela se vira e sai, o corpo magro desaparecendo nas ruas de Cabul.

Poucas horas depois está de volta, limpa. Mansur está lá de novo.

– Serve – diz Rahimullah a si mesmo, apesar de reparar que ela está com as mesmas roupas sujas. – Vem comigo para os fundos da loja que vou te dar o resto do dinheiro – ele diz, sorridente. – Cuide da loja enquanto isto – ele pede a Mansur.

Mansur fica constrangido enquanto espera. A criança e Rahimullah demoram a voltar. Quando o vendedor acaba, ele se veste e pede para ela ficar deitada no papelão. Vai até a frente da loja.

– Ela é sua – ele diz a Mansur.

Mansur o fita longamente, lança um olhar para a porta dos fundos e sai da loja correndo.

12
O chamado de Ali

Ele se sente enjoado durante dias. Imperdoável, ele pensa. Imperdoável. Ele tenta se limpar, mas não adianta. Ele tenta orar, mas não adianta. Ele procura conforto no Alcorão, vai à mesquita, mas se sente sujo, impuro. Seus pensamentos sujos dos últimos tempos estão fazendo dele um muçulmano mau. Deus vai me punir. Aqui se faz, aqui se paga, ele pensa. Uma criança. Eu pequei contra uma criança. Eu o deixei abusar dela. E eu não fiz nada.

A náusea vira cansaço quando a lembrança da jovem mendiga se atenua. Ele está cansado da sua vida, da rotina, da pressa, e trata a todos com mau humor e rabugice. Tem raiva do pai que o prende à livraria enquanto a vida passa longe dali.

Tenho 17 anos, pensa. E a vida está acabando antes de começar.

Sentado atrás do balcão poeirento, os cotovelos na mesa e a testa apoiada nas mãos, ele se lastima. Ergue a cabeça olhando em volta. Vê os livros sobre o Islã, sobre o profeta Maomé, interpretações famosas do Alcorão. Vê livros de contos de fada afegãos, as biografias de reis e soberanos afegãos, grossos volumes sobre as guerras contra os britânicos, belos livros sobre as pedras preciosas afegãs, livros didáticos sobre bordado afegão e fotocópias de livrinhos sobre costumes e tradições afegãs. Tomado de cólera, ele dá um soco na mesa.

Por que nasci afegão? Odeio ser afegão. Todos estes costumes inflexíveis e tradições arraigadas estão me matando aos poucos. Respeitar isto e respeitar aquilo, não tenho liberdade nenhuma, nada posso decidir por mim mesmo. Sultan só está interessado em contar o dinheiro da venda dos livros, ele pensa. "Ele que enfie os livros no rabo", diz baixinho, esperando que ninguém o ouça. Depois de Alá e dos profetas, o "pai" é quem tem o posto mais alto na sociedade afegã. Opor-se a ele seria impossível, mesmo para um cabeça-dura como Mansur. Ele briga com todos os outros – as tias, as irmãs, a mãe, os irmãos –, mas nunca, nunca com o pai. Sou um escravo. Mato-me de trabalhar para ter casa, comida e roupa lavada. O que Mansur mais deseja é estudar. Ele sente falta dos amigos e da vida que tinha quando morava no Paquistão. Aqui não tem tempo para ter amigos, e o único amigo que tinha, Rahimullah, não quer mais ver.

ESTÃO ÀS VÉSPERAS do ano-novo afegão – o *nauroz*. Grandes festas são preparadas no país inteiro. Nos últimos cinco anos, o Talibã proibiu sua comemoração. Eles o consideravam uma festa pagã, um culto ao Sol, por ter raízes na religião zoroástrica – "adoradores do fogo" – que se originou na Pérsia no século VI a.C. Por isso, o Talibã também proibiu a tradicional peregrinação de ano-novo até o túmulo de Ali em Mazar-i-Sharif. Durante séculos houve peregrinos visitando esse túmulo para se purificar dos pecados, pedir perdão, procurar a cura e receber o ano-novo, que de acordo com o calendário afegão começa em 21 de março – o equinócio da primavera –, quando a noite e o dia têm a mesma duração.

Ali era primo e genro do profeta Maomé, e o quarto califa. É sobre ele que há disputa entre os muçulmanos xiitas e os sunitas. Para os xiitas, ele é o segundo sucessor de Maomé; para os sunitas, é o quarto. Mas também para sunitas como Mansur e a maioria dos afegãos, ele é um dos grandes heróis do Islã. Um guerreiro corajoso, com espada na mão, diz a história. Ali foi assassinado em Kufa no ano de 661 e, segundo a maioria dos historiadores, foi enterrado em Najaf, no Iraque. Mas os afegãos alegam que ele foi exumado por seus seguidores, que temiam que os inimigos se vingassem, violando o corpo do califa. Eles amarraram o corpo de Ali nas costas de um camelo fêmea e deixaram-no correr até não aguentar mais. Onde tombasse, ali o corpo seria enterrado. De acordo com a lenda, aquele seria o local que viria a se chamar Mazar-i-Sharif, que significa "O túmulo do magnífico". Durante cinco séculos, não havia mais do que uma pequena pedra em cima do túmulo, mas no século XII uma pequena tumba foi construída depois que um mulá local recebeu a visita de Ali num sonho. Então veio Gengis Khan e destruiu a tumba, e o túmulo ficou novamente sem identificação durante séculos. Somente no início do século XV um novo mausoléu foi construído sobre o que os afegãos alegam ser os restos mortais de Ali. É justamente esta tumba – e a mesquita erguida posteriormente – o destino de visitação dos peregrinos.

Mansur está decidido a fazer a peregrinação, para se purificar. Faz muito tempo que vem pensando nisso. Só restava obter a permissão de Sultan, pois a viagem implicaria ausentar-se da livraria por vários dias. E se há algo que Sultan detesta é não ter Mansur por perto.

Ele até conseguiu um acompanhante para a viagem, um jornalista iraniano que costuma comprar livros dele. Um dia, estavam conversando sobre a comemoração de fim de ano e o iraniano disse que tinha lugar sobrando no carro. Estou salvo, Mansur pensou. Ali está me chamando. Ele quer me perdoar.

Mas não consegue a permissão de Sultan. O pai não quer dispensá-lo da livraria durante os poucos dias da viagem. Ele diz que Mansur tem que preparar catálogos, acompanhar os carpinteiros que estão fazendo novas prateleiras e vender livros. Ele não confia em mais ninguém. Nem mesmo em seu futuro cunhado Rasul. Nem desconfia que Rasul fica às vezes sozinho na livraria. Mansur ferve de raiva. Porque receava perguntar ao pai, deixou para a última noite antes da partida. Está fora de questão. Mansur insiste. O pai o proíbe.

– Você é meu filho e vai fazer o que eu quero – diz Sultan, categórico. – Eu preciso de você na livraria.

– Livros, livros, dinheiro, dinheiro, o senhor só pensa em dinheiro – Mansur grita. – Quer que eu venda livros sobre o Afeganistão sem conhecer o país, mal saí de Cabul – ele diz resmungando.

O iraniano viaja no dia seguinte. Mansur está revoltado, como podia o pai negar seu pedido? Ele leva o pai de carro para a livraria sem dizer uma palavra, e, ao ser perguntado sobre qualquer coisa, responde com monossílabos. O ódio acumulado contra o pai está borbulhando nele. Mansur só havia cursado o ensino básico, antes que Sultan o tirasse da escola para colocá-lo na livraria. Tudo que ele pede é negado. A única coisa que ganhou do pai foi o carro para levá-lo para lá e para cá – e a responsabilidade de uma livraria onde ele está apodrecendo entre as prateleiras.

– Como quiser – ele diz de repente. – Vou fazer tudo o que me pedir, mas saiba que não o faço contente. O senhor nunca me deixa fazer o que quero. O senhor me sufoca.

– Você pode ir no ano que vem – diz Sultan.

– Não, eu não vou, e nunca mais vou lhe pedir nada.

Diz-se que apenas aquele que é chamado por Ali pode viajar a Mazar. Por que Ali não quer que ele vá? Seus atos eram imperdoáveis? Ou o pai não estaria escutando o chamado de Ali?

A hostilidade de Mansur faz Sultan gelar. Ele olha para aquele adolescente reprimido e crescido e sente uma pontada de medo.

Depois de levar o pai e os dois irmãos para suas respectivas livrarias, Mansur abre a sua e senta-se atrás da escrivaninha suja. Ele retoma sua posição sombria com os cotovelos na mesa e sente que está prisioneiro da vida, uma vida cheia de poeira de livros.

Chega uma nova entrega. Ele precisa saber um pouco sobre os livros e os olha a contragosto. É uma coletânea de poesias do místico Rumi, um dos poetas favoritos do pai e o mais conhecido dos sufistas afegãos, os místicos islâmicos. Rumi nasceu no século XIII em Balkh, perto de Mazar-i-Sharif. Mais um sinal, pensa Mansur. Ele decide procurar por algo que possa dar-lhe a razão e mostrar que o pai estava errado. Os poemas falam de purificação e de aproximar-se de Deus – aquele que é a Perfeição. Falam do autodesapego. Diz Rumi: "O ego é um véu entre o ser humano e Deus." Mansur lê sobre como se voltar para Deus e como a vida deve girar em torno de Deus, não em torno de si mesmo. Novamente, Mansur sente-se sujo. A cada página que lê, fica mais determinado a se purificar. Ele se fixa num dos poemas mais simples:

A água diz ao impuro: "Venha cá."
O impuro responde: "Tenho vergonha."
A água replica: "Como poderá se purificar dos seus
[pecados sem mim?"

A água, Deus e Rumi parecem estar traindo Mansur. A essa altura, o iraniano deve estar longe no alto das montanhas Hindu Kush, cobertas de neve, ele pensa. Ele passa o dia todo com raiva. Ao escurecer, chega a hora de fechar a livraria, buscar o pai e os irmãos e levá-los para casa, para mais um interminável prato de arroz, para mais uma noite com sua tediosa família.

Ao baixar a grade da porta para trancá-la com um cadeado pesado, aparece de repente Akbar, o jornalista iraniano, a pé. Mansur acha que está vendo um fantasma.

– Não viajou? – pergunta surpreso.

– Nós fomos, mas o túnel de Salang está fechado hoje, por isso vamos tentar novamente amanhã – ele diz. – Encontrei seu pai na rua e ele me pediu para te levar. Vamos partir da minha casa às cinco horas amanhã cedo, assim que terminar o toque de recolher.

– Ele disse isso mesmo? – Mansur está sem fala. – Deve ser o chamado de Ali, está me chamando com muita força – ele murmura.

Mansur passa a noite na casa de Akbar para ter certeza de que vai acordar na hora certa, e para garantir que o pai não mude de ideia. Eles partem na manhã seguinte, antes de clarear. Mansur não tem outra bagagem além de um saco plástico cheio de latas de refrigerantes e biscoitos recheados de banana e kiwi. Akbar trouxe um amigo, e estão bem animados no carro. Ouvem trilhas sonoras de filmes indianos cantando bem alto. Mansur trouxe um pequeno tesouro, uma fita cassete ocidental: *Pop dos anos 80*. "Is this love?

Baby, don't hurt me, don't hurt me no more!", ressoa no frescor da madrugada. Meia hora depois, Mansur já comeu o primeiro pacote de biscoitos e bebeu dois refrigerantes. Está se sentindo livre! Tem vontade de gritar, e coloca a cabeça para fora da janela.

– Uohhhh! Aiiii! Ali! Lá vou eu!

Eles atravessam paisagens que ele nunca viu antes. Logo ao norte de Cabul está a planície de Shomali, uma das áreas mais devastadas por guerras no Afeganistão, onde, apenas poucos meses atrás, estrondeavam as bombas dos B-52 americanos. "Que lindo!", grita Mansur. E a planície é bela a distância, com as imensas montanhas de Hindu Kush no horizonte, cobertas de neve. Hindu Kush significa "assassina de hindus". Nesta cordilheira, milhares de soldados indianos morreram congelados durante um ataque a Cabul.

Ao se chegar à planície, a paisagem de guerra torna-se marcante. Ao contrário dos soldados indianos, não foi Hindu Kush que deteve os B-52. Muitos dos acampamentos do Talibã ainda não foram removidos. As cabanas são agora grandes crateras ou estão esparramadas por todo lado, arrasadas pelas bombas. Uma cama de ferro toda retorcida, onde um talibã pode ter sido atingido enquanto dormia, parece um esqueleto na beira da estrada. Ao lado há um colchão cheio de furos.

Mas a maior parte das coisas já foi saqueada. Já nas horas seguintes à queda do Talibã, as pessoas do local se apoderaram das bacias, lâmpadas a gás, tapetes e colchões dos soldados. A pobreza tornava a pilhagem dos mortos uma necessidade. Ninguém chorou os mortos na beira da estrada ou na areia. Ao contrário, muitos deles foram violados pelo povo local. Seus olhos foram furados, a pele removida, os corpos cortados ou despedaçados. Por vingança aos talibãs por terem aterrorizado o povo da planície de Shomali durante anos.

A planície foi a linha de frente entre o Talibã e os homens de Massoud, da Aliança do Norte, durante cinco anos, período em que o poder trocou de mãos seis ou sete vezes. Como a linha de frente sempre mudava de lugar, o povo local tinha que fugir, ou para o vale de Panshir ou para o sul, no caminho de Cabul. A maioria dos habitantes era tadjique, e quem não conseguia fugir arriscava ser vítima da limpeza étnica do Talibã. Antes de o Talibã se retirar, eles envenenaram os poços e explodiram encanamentos de água e sistemas de barragens, essenciais na planície ressecada, que antes da guerra civil fazia parte da área agrícola que circundava Cabul.

Mansur olha em silêncio para os povoados arrasados ao passarem. Da maioria restam apenas ruínas, esqueletos na paisagem. Muitos dos povoados foram sistematicamente incendiados pelo Talibã, que tentava conquistar a última parte que restou do país, a décima fração: o vale de Panshir, as montanhas de Hindu Kush e as áreas desérticas próximas ao Tadjiquistão. Teriam conseguido, não fosse o 11 de Setembro, quando o mundo começou a se preocupar com o Afeganistão.

Em toda parte há tanques de guerra retorcidos, veículos militares bombardeados e peças soltas de metal que Mansur nem imagina o que possam ter sido. Um homem solitário empurra um arado. No meio da sua plantação há um enorme carro de combate. O homem desvia dele; é pesado demais para remover.

O carro passa rapidamente pela estrada esburacada. Mansur tenta encontrar o povoado de sua mãe, ao qual não mais voltou desde que tinha 5 ou 6 anos. O tempo todo aponta para novas ruínas. "Ali! Ali!" Mas nada distingue um povoado do outro. O lugar onde visitava os parentes da mãe, quando menino, poderia ser qualquer um dos montes de ruínas. Ele relembra como corria pelos caminhos e plantações. Agora, a planície é uma das áreas mais minadas do mundo. Só as estradas estão seguras. Crianças com trouxas de lenha e mulheres carregando baldes d'água andam pela beira da estrada. Tentam evitar as valas, possivelmente minadas. O carro peregrino passa por grupos de desminagem, que sistematicamente detonam ou desativam os explosivos. Limpam alguns metros por dia.

Sobre as armadilhas mortíferas, as valas estão cobertas de tulipas com hastes curtas e de um escuro cor-de-rosa. Mas são flores para admirar de longe. Pegando uma, arrisca-se a perder uma perna ou um braço.

Akbar se diverte lendo um livro da Organização de Turismo afegã, lançado em 1967.

– "Ao longo da estrada há crianças vendendo correntes de tulipas cor-de-rosa. Na primavera, cerejeiras, abricoeiros, amendoeiras e pereiras brigam pela atenção dos viajantes. Uma paisagem florida segue de Cabul por todo o caminho." – Eles dão risadas. Nesta primavera, a única coisa que podem ver é uma ou outra cerejeira rebelde que sobreviveu a bombas, mísseis, três anos de seca e poços envenenados. Mas será difícil encontrar um caminho sem minas para chegar às cerejas. – "A cerâmica local é uma das mais belas do Afeganistão. Dê uma parada para ver as oficinas na beira da estrada, onde os artesãos fazem travessas e vasilhas seguindo tradições seculares" – Akbar lê.

– As tradições parecem ter sofrido um duro golpe – diz o amigo de Akbar, Said, que está dirigindo.

Não há uma oficina de cerâmica no caminho para o túnel de Salang. Começa a subida. Mansur bebe o terceiro refrigerante e lança a lata elegantemente para fora do carro. Sujar uma cratera de bomba era melhor do que sujar o carro. A estrada sobe vertiginosamente para o túnel mais alto do mundo. Ela se estreita, de um lado um paredão montanhoso e do outro água corrente, às vezes como uma cachoeira, às vezes como um riacho.

– "O governo soltou trutas no rio. Daqui a alguns anos estará com cardumes" – Akbar continua a leitura. Não há mais peixe no rio. O governo teve outras coisas com que se preocupar anos depois de o guia turístico ser publicado.

Nos lugares mais improváveis há tanques de guerra queimados. Estão no fundo do vale, no meio do rio, balançando num precipício, deitados, virados ou aos pedaços. Contando, Mansur chega logo a cem. A maioria são da guerra contra a União Soviética, quando o Exército Vermelho avançou a partir das repúblicas soviéticas do norte, pensando que tinha os afegãos sob controle. Os russos foram logo vítimas das táticas de guerrilha astuciosas dos mujahedin, que se deslocavam como cabritos pelas montanhas. De longe, dos postos de vigia, podiam ver os pesados tanques russos se arrastando no fundo do vale. Mesmo com armas caseiras, os guerrilheiros eram praticamente invulneráveis quando atacavam de emboscada. Os soldados estavam por toda parte, disfarçados de pastores, com os kalashnikovs escondidos sob o ventre dos cabritos. Podiam começar um ataque relâmpago a qualquer momento.

– Sob o ventre de carneiros de pêlo longo podiam até esconder mísseis – conta Akbar, que já leu páginas e mais páginas sobre a guerra sangrenta contra a União Soviética.

Alexandre, o Grande também sofreu para subir a montanha por estes caminhos. Depois de conquistar Cabul, atravessou Hindu Kush no caminho de volta ao Irã, a antiga Pérsia.

– Dizem que Alexandre escreveu odes a essas montanhas, que "inspiravam a fantasia para mistérios e o descanso eterno" – Akbar lê no guia turístico. – O governo planejava uma estação de esqui nesse lugar! – ele exclama de repente, olhando para cima das encostas íngremes. – Em 1967! Assim que a estrada fosse asfaltada, diz aqui!

A estrada foi asfaltada, como previu o guia, mas não sobrou muito do asfalto. E a estação de esqui ficou só nos planos.

– Seria uma descida explosiva – Akbar ri. – Ou talvez as minas pudessem exibir cartazes como "Experimente o Passeio Bombástico, o legítimo esporte radical afegão."

Todos dão risadas. A realidade trágica às vezes parece um desenho animado ou um filme de suspense. Eles visualizam esquiadores coloridos explodindo em mil pedaços montanha abaixo.

O turismo, outrora uma das mais importantes fontes de renda do Afeganistão, hoje pertence ao passado. A estrada por onde passam já foi chamada de "trilha hippie". Jovens progressistas ou nem tão progressistas vinham ali para encontrar uma bela paisagem, um estilo de vida selvagem e o melhor haxixe do mundo. E ópio para os mais experientes. Nos anos 1960 e 1970, milhares de hippies vinham anualmente para o país montanhoso. Alugavam Ladas antigos e partiam. Também mulheres viajavam sozinhas pelas montanhas. Na época, já havia bandidos e ladrões de estrada, mas isto só tornava a viagem ainda mais emocionante. Nem o golpe contra Zahir Shah, em 1973, conseguiu impedir o fluxo dos turistas. Só o golpe comunista de 1978 e a invasão no ano seguinte colocaram um fim brusco aos "trilheiros hippies".

OS TRÊS RAPAZES JÁ haviam rodado umas duas horas quando alcançaram a fila dos peregrinos. Totalmente parada. E nevava. A neblina era espessa. O carro deslizava. Said não tem correntes nas rodas.

– Com tração dianteira não precisa de correntes – ele garante.

Cada vez mais carros giram nos sulcos profundos de gelo e neve. Quando um carro para, todos param. A estrada é estreita demais para fazer ultrapassagens. Neste dia, o tráfego vai de sul a norte, de Cabul a Mazar. No dia seguinte, seguirá na direção oposta. A estrada montanhosa não tem capacidade para mão dupla. A estrada de 450 quilômetros de Cabul a Mazar leva pelo menos 12 horas para ser atravessada, às vezes o dobro ou até quatro vezes mais.

– Muitos dos carros presos em tempestades e avalanches de neve só serão resgatados no verão, e é agora na primavera que a maioria fica presa – graceja Akbar.

Eles passam pelo ônibus que provocara a fila, ele foi colocado à beira da estrada, enquanto os passageiros no caminho para a tumba de Ali pedem carona aos carros que seguem a passo de tartaruga. Mansur ri ao ver as letras pintadas na lateral do ônibus: "Hmbork – Frankfork – Landan – Kabal", ele lê, dando gargalhadas, rindo ainda mais ao ver o para-brisa: "Wellcam! Kaing of Road", está escrito em letras vermelhas recém-pintadas.

– É uma viagem e tanto – ele se diverte. Eles não dão carona aos passageiros do expresso Kabal. Said, Mansur e Akbar querem ficar num mundo só deles.

Eles entram na primeira galeria – colunas sólidas de concreto com um teto protetor contra avalanches de neve. Mas passar pelas galerias é difícil. Por serem abertas, estão cheias de neve levada pelo vento, já virando gelo. Sulcos profundos de neve são um desafio para um carro sem correntes.

O túnel de Salang, 3,4 mil metros acima do nível do mar, e as galerias, de até 5 mil metros de altitude, foram presentes dados ao Afeganistão quando a União Soviética tentou fazer do país um Estado-satélite. As obras foram iniciadas por engenheiros russos em 1956 e os túneis ficaram prontos em 1964. Também foram os russos que começaram a asfaltar as primeiras estradas do país, nos anos 1950. Durante o regime de Zahir Khan, o Afeganistão era considerado um país amigável. O rei liberal viu-se forçado a apelar para a União Soviética porque nem os EUA nem a Europa achavam interessante investir num país montanhoso. O rei precisava de dinheiro e tecnologia, e decidiu ignorar que os laços com a grande potência comunista estavam ficando cada vez mais estreitos.

O túnel era estrategicamente importante para a resistência ao Talibã. No final dos anos 1990, foi explodido pelo herói mujahedin Massoud, numa última tentativa desesperada de conter o avanço talibã para o norte. Chegaram até ali, nem um passo além.

Está totalmente escuro, ou melhor, cinza. O carro derrapa, fica preso na neve, prendendo-se nos sulcos. O vento uiva, não se pode ver absolutamente nada através da nevasca, e Said segue por onde imagina estar a estrada. Estão em cima de neve e gelo puro. Sem correntes, apenas Ali pode lhes garantir uma viagem segura. Não posso morrer antes de chegar à tumba dele, Mansur pensa. Porque Ali está me chamando.

Está clareando um pouco. Estão na entrada do túnel de Salang. Numa placa está escrito: "Atenção! Perigo de envenenamento. Caso fique preso no túnel, desligue o motor e procure a saída mais próxima." Mansur olha para Akbar com ar interrogativo.

– Apenas um mês atrás, cinqüenta pessoas ficaram presas no túnel por causa de uma avalanche de neve – conta o bem informado Akbar. – Fazia 20 graus abaixo de zero e o motorista deixou o motor ligado para manter o calor.

Depois de horas, quando retiraram a neve, encontraram os corpos de umas dez ou vinte pessoas que tinham adormecido devido ao monóxido de carbono, mortas por envenenamento. Isto acontece com frequência.

O carro para. A fila não anda.

– É imaginação minha ou estou realmente ficando com dor de cabeça? – pergunta Akbar.

– Eu também estou – diz Mansur. – Vamos procurar a saída mais próxima?

– Não, vamos esperar que a fila comece logo a andar – diz Said. – Se a fila começar a andar e a gente não estiver no carro, aí seremos nós a provocar o engarrafamento.

– Morrer por envenenamento de monóxido de carbono é assim? – pergunta Mansur. Estão com as janelas fechadas. Said acende um cigarro. Mansur berra.

– Está louco? – grita Akbar, arrancando o cigarro da sua boca e apagando-o. – Quer nos envenenar ainda mais?

Um irascível sentimento de pânico se espalha pelo carro. Ainda estão totalmente parados. Então, algo acontece. Os carros da frente estão se movendo em marcha lenta. Os três rapazes saem do túnel com a cabeça estourando de dor. Assim que respiram ar puro, a dor some. Mas ainda não conseguem enxergar nada, a neblina parece uma massa flutuante acinzentada. Não há nada a fazer além de seguir as pegadas na neve e as lanternas dos automóveis à frente. Voltar é impossível. Estão unidos numa comunhão do destino. Todos os peregrinos seguem pelas mesmas trilhas de gelo. Até Mansur parou de mordiscar biscoitos. O silêncio no carro é sepulcral. É como dirigir no meio do nada, mas um nada cheio de penhascos, minas, avalanches de neve e outros perigos que podem atingi-los a qualquer momento.

Finalmente a neblina se dissipa, mas eles ainda estão na beira do penhasco. É pior agora que podem ver. Mansur oferece um refrigerante e acende um cigarro. O vigésimo do dia.

– Está aproveitando, não é? Se teu pai te visse fumar, não ia ficar nada contente – diz Akbar. Sultan não pode saber que Mansur fuma. Mas agora, na nevasca, na liberdade, ele acende um atrás do outro. Ali, ele é apenas um dos rapazes.

Começa a descida. O carro balança de um lado a outro. Derrapa de repente de lado, estrada abaixo. Said perde o controle e pragueja. Akbar e Mansur se seguram, como se isso ajudasse no caso de voarem precipício abaixo. O carro desliza de lado, se endireita e desliza de novo antes de continuar seguindo aos balanços. Eles passam por uma placa que os deixa com mais medo ainda. "Atenção! Perigo de minas!" Bem ao lado, ou talvez onde estão derrapando, há uma profusão de minas. Não existe neve no mundo que possa protegê-los das minas. Isto é loucura, Mansur pensa, mas nada diz. Ele não quer ser chamado de covarde; além do mais, ele é o mais novo. Ele olha os tanques espalhados lá embaixo, cobertos de neve, junto a destroços de carros que também não conseguiram terminar a viagem. Mansur faz uma oração. Ali não o chamou só para vê-lo sendo arremessado penhasco abaixo. Mesmo que muitos dos seus atos não estivessem de acordo com o Islã, ele veio para se purificar, deixar os pensamentos pecaminosos para trás e se tornar um bom muçulmano. Enquanto descem a montanha ele se sente como se estivesse num transe.

Após um tempo que parece uma eternidade, eles chegam às planícies sem neve, e as últimas horas antes de aportar em Mazar-i-Sharif passam depressa.

No caminho para a cidade, são ultrapassados por veículos com homens fortemente armados. Na traseira dos veículos estão soldados barbudos com os kalashnikovs apontados em todas as direções. Eles sacodem a 100 por hora na estrada esburacada. A paisagem é desértica, estepes e morros rochosos. Vez ou outra passam por pequenos oásis verdes e povoados com casinhas de barro. Na entrada da cidade são parados num posto de controle. Homens rudes os apressam a passar pela barreira, uma corda presa entre dois mísseis usados.

Entram na cidade, exaustos e tensos. Surpreendentemente, conseguiram fazer a viagem em 12 horas. Em todos os telhados veem soldados armados de prontidão. Eles temem tumultos na véspera do ano-novo, e ali nas montanhas não há nenhuma força de paz internacional, apenas dois ou três líderes em guerra. Os soldados nos telhados pertencem ao governador, um hazara. Os soldados nos veículos são homens do tadjique Atta Muhammad. Um uniforme específico é a marca que identifica aqueles que lutam pelo uzbeque Abdul Rashid Dostum. Todos apontam suas armas para a rua, onde milhares de peregrinos passeiam ou conversam em grupos, perto da mesquita, no parque, nas calçadas.

A mesquita azul parece uma revelação, iluminada no escuro. É a mais bela construção que Mansur já viu. A iluminação foi um presente da embaixada americana por ocasião da visita do embaixador à cidade. Lanternas vermelhas iluminam o parque ao redor da mesquita, agora lotada de peregrinos.

É ali que Mansur vai pedir perdão pelos seus pecados. É ali que ele vai se purificar. Ele fica trêmulo ao ver a imponente mesquita. A fome aperta. Refrigerantes e biscoitos são pouca comida para um viajante.

Os restaurantes estão lotados de peregrinos. Mansur, Said e Akbar encontram finalmente uma ponta de tapete para se sentar num restaurante escuro na rua dos *kebabs*.

O lugar cheira a carne de carneiro grelhada. Servida com pão e cebolas inteiras.

Mansur morde um pedaço da cebola e se sente como se estivesse bêbado. Eufórico, tem vontade de gritar novamente, mas fica em silêncio e devora a comida junto com os outros dois. Ele já não é mais criança e se esforça para manter a mesma expressão de Akbar e Said: relaxada e confiante.

NA MANHÃ SEGUINTE, Mansur é acordado pelos chamados para a oração dos mulás. "*Allahu akhbar* – Deus é grande" ouve, como se alguém tivesse amarrado enormes alto-falantes aos seus ouvidos. Ele olha pela janela e vê a mesquita azul reluzindo nos raios matinais. Centenas de pombas brancas sobrevoam o lugar sagrado. Elas vivem em duas torres no lado de fora da tumba, e reza a lenda que se uma pomba cinza porventura entra na revoada, ganha penas brancas em questão de quarenta dias, e que cada sétima pomba seria uma alma sagrada.

Por volta das sete e meia da manhã Mansur se acotovela junto a Akbar e Said para furar o cerco à mesquita. Mostrando o cartão de imprensa de Akbar, eles conseguem chegar até o palanque. Muitos dormiram ali a noite toda para conseguir ver de perto o momento em que a bandeira de Ali será hasteada por Hamid Karzai, o novo líder do Afeganistão. As mulheres estão sentadas num lado, algumas de burca, outras apenas com um véu branco. Os homens estão do outro lado. Enquanto as mulheres podem se sentar quietas no chão, os homens precisam se acotovelar para achar um lugar para ficar. As árvores do lado de fora estão apinhadas de gente. A polícia circula com chicotes, mas cada vez mais pessoas conseguem cruzar as barreiras. Elas pulam por cima dos cordões de isolamento, correndo dos chicotes. A segurança é rígida porque todos os ministros são esperados.

As autoridades do governo entram, lideradas por Hamid Karzai, vestido com sua capa de seda característica, com listras azuis e verdes. Ele sempre se veste de modo a representar o Afeganistão inteiro: boina de pele de carneiro de Kandahar do sul, capa das áreas do norte e túnica das províncias do oeste na divisa com o Irã.

Mansur estica o pescoço para tentar ver melhor. Ele nunca viu Karzai em pessoa. O homem que conseguiu tirar o Talibã do seu quartel-general em Kandahar e que quase foi morto quando um míssil americano errou o alvo e foi lançado em direção às suas tropas. Karzai, um pashtun de Kandahar, que por um curto período de tempo apoiou o Talibã, mas que depois usou de sua posição de líder da tribo Popolzai para conquistar seguidores na luta contra os talibãs. Quando os americanos começaram sua campanha de bombardeios, ele partiu numa viagem suicida de motocicleta pelo território talibã para convencer os oligarcas de que o Talibã estava acabado. Dizem que eles se convenceram mais por sua coragem do que por seus argumentos. Enquanto as batalhas assolavam a periferia de Kandahar, e Karzai conduzia a ofensiva contra a cidade, os delegados na conferência das Nações Unidas em Bonn elegeram-no o novo líder do país.

– Eles tentaram destruir a nossa cultura. Tentaram aniquilar as nossas tradições. Tentaram tirar-nos do Islã! – grita Karzai para a multidão. – O Talibã tentou manchar o Islã, arrastar todos nós para a lama, tornar-nos inimigos do mundo inteiro. Mas nós sabemos o que é o Islã: o Islã é a paz! O ano novo que começa hoje, o ano 1381, é o ano da renovação. É o ano em que vai ser seguro e tranquilo morar no Afeganistão, em que vamos consolidar a paz e desenvolver a nossa sociedade! Hoje recebemos ajuda do mundo todo, mas um dia, um dia, vamos nos tornar um país que pode ajudar o mundo inteiro – ele grita, e a multidão se enche de júbilo.

– Nós? – sussurra Mansur. – Ajudarmos o mundo?

É um pensamento absurdo para ele. Mansur viveu toda a sua vida em guerra, para ele o Afeganistão é um país que recebe tudo do exterior, de alimentos a armas.

Depois de Karzai, o ex-presidente Burhanuddin Rabbani toma a palavra. Um homem corpulento, mas de pouco poder. Teólogo e professor na Universidade do Cairo, ele fundou o partido Jamia-i-Islami, que reunia uma fração dos mujahedin. Trouxe consigo o estrategista militar Ahmed Shah Massoud, que viria a ser o grande herói da batalha contra a União Soviética, da guerra civil e da oposição ao Talibã. Massoud foi um líder carismático, profundamente religioso, mas pró-Ocidente. Falava francês fluentemente e queria modernizar o país. Acabou assassinado por dois homens-bomba tunisianos dois dias antes dos ataques terroristas aos EUA e ganhou um status místico. Os tunisianos tinham passaportes belgas e se apresentaram como jornalistas. "Comandante, o que faria com Osama bin Laden depois de conquistar todo o Afeganistão?" foi a última pergunta que Massoud ouviu. Ele teve tempo para uma última gargalhada antes de os terroristas detonarem a bomba na máquina fotográfica. Até mesmo os pashtun cultuam a imagem de Massoud – o leão de Panshir.

Rabbani dedica seu discurso a Massoud, mas o tempo de glória de Rabbani foi a guerra sagrada contra a União Soviética.

– Nós forçamos os comunistas a deixar o nosso país, nós podemos forçar todos os invasores a deixar o nosso sagrado Afeganistão! – ele grita.

As tropas russas se retiraram na primavera de 1989.
 O muro de Berlim caiu alguns meses mais tarde, pelo que

Rabbani gostaria de receber as honras, e houve ainda a dissolução da União Soviética.

– Não fosse a *jihad*, o mundo inteiro ainda estaria nas garras dos comunistas. O muro de Berlim caiu por causa dos ferimentos que nós infligimos à União Soviética, e da inspiração que demos a todos os povos oprimidos. Nós retalhamos a União Soviética em 15 partes. Nós libertamos o povo do comunismo! A *jihad* resultou num mundo mais livre! Nós salvamos o mundo porque o comunismo teve seu fim aqui no Afeganistão!

Mansur manuseia sua câmera fotográfica. Ele conseguiu chegar quase em frente ao palanque, para tirar fotos de perto de todos os oradores. Principalmente de Karzai. Ele bate uma foto atrás da outra do homem baixinho e magro. Isto vai ser algo para mostrar ao pai.

Os homens discursam, oram e novamente discursam no palanque, um atrás do outro. Um mulá agradece a Alá, enquanto o ministro da Educação diz que o Afeganistão precisa transformar-se em um país onde as armas sejam substituídas pela internet.

– Troquem os rifles por computadores – ele grita. Em seguida acrescenta que os afegãos precisam parar de discriminar os grupos étnicos. – Vejam a América, lá todos vivem em um só país, são todos americanos. Lá, eles vivem sem problemas!

Durante os discursos, as chicotadas continuam sendo administradas no público, mas isso de nada adianta, cada vez mais pessoas conseguem se espremer por sobre as barreiras para chegar ao lugar sagrado no interior. A gritaria da multidão é tanta que mal se podem ouvir os discursos. Parece mais um acontecimento do que uma cerimônia religiosa. Soldados armados estão nas escadarias e nos telhados ao redor da mesquita. Uns dez soldados das forças especiais americanas estão posicionados no telhado plano da mesquita para proteger o pálido embaixador americano. Outros estão em volta dele. Para muitos afegãos, é um sacrilégio deixar infiéis pisarem no telhado da mesquita. Guardas não permitem que nenhum não-muçulmano entre na mesquita. Mas não há muitos deles ali, os turistas ocidentais não estão exatamente fazendo peregrinação ao Afeganistão nesta primeira primavera após a queda do Talibã. Só um ou outro correspondente de guerra aparece para a festa do ano-novo.

Os líderes guerrilheiros em combate também ganharam lugar no palanque, Atta Muhammad e o general Abdul Rashid Dostum. O tadjique Atta Muhammad é quem governa a cidade, o uzbeque Dostum é quem pensa que devia estar governando. Os dois inimigos ferrenhos estão lado a lado ouvindo os discursos. Atta Muhammad de barba no estilo talibã. Dostum, corpulento como um boxeador precocemente aposentado. Eles se aliaram a contragosto durante a última ofensiva contra o Talibã. Agora há novamente uma barreira hostil entre eles. Dostum é o mais mal-afamado membro do novo governo e foi incorporado unicamente para que não caísse na tentação de sabotá-lo. O homem que agora pisca contra o sol, com as mãos pacificamente cruzadas diante do corpo volumoso, é um dos afegãos a respeito de quem correm histórias das mais cruéis. Como punição por uma ofensa podia amarrar seus soldados a um tanque de guerra e pô-lo em movimento, até os corpos virarem trapos sangrentos. Numa ocasião, milhares de soldados talibãs foram levados ao deserto e colocados em contêineres, que foram trancados e abandonados. Quando foram abertos dias depois, os prisioneiros estavam mortos e carbonizados pelo calor ardente. Dostum também é conhecido como um mestre na traição: já serviu a diversos líderes e traiu a todos. Lutou ao lado dos russos quando estes atacaram, dizia-se ateu e um grande bebedor de vodca. Hoje mostra-se reverente a Alá e prega o pacifismo:

– Em 1381, ninguém tem o direito de distribuir armas, porque levarão a batalhas e novos conflitos. Este é o ano de recolher as armas, não de distribuí-las!

Mansur ri. Dostum é um analfabeto funcional por excelência. Ele quase soletra o manuscrito, lendo hesitante como uma criança. Vez por outra para, recupera-se em seguida e grita ainda mais alto.

O último mulá incita a luta contra o terrorismo. No Afeganistão de hoje há campanhas contra tudo de que não se gosta, campanhas que variam conforme a pessoa que discursa.

– O Islã é a única religião cujo livro sagrado diz que devemos combater o terrorismo. Os terroristas se voltaram para o Afeganistão, é nosso dever combatê-los. Em nenhum outro livro sagrado está escrito coisa parecida. Deus disse a Maomé: "Não se deve rezar numa mesquita construída por terroristas." Verdadeiros muçulmanos não são terroristas, porque o Islã é a mais tolerante de todas as religiões. Quando Hitler matou os judeus na Europa, os judeus em terras muçulmanas estavam seguros. Os terroristas são falsos muçulmanos!

Depois de horas de discursos, a bandeira sagrada finalmente vai ser hasteada. A bandeira verde de Ali, *janda*, ficou sem ser hasteada por cinco anos. O mastro da bandeira está deitado, apontando para a mesquita. Karzai ergue o mastro, ao soar de tambores e do júbilo da multidão, e a bandeira religiosa é hasteada. Vai ficar ali por quarenta dias. Ouve-se uma salva de tiros e a barreira é retirada. As 10 mil pessoas que ficaram do lado de fora lançam-se rumo à mesquita, ao túmulo e à bandeira.

MANSUR JÁ CANSOU do empurra-empurra e da celebração, quer fazer compras. Kalif Ali pode esperar. Faz tempo que ele está pensando nisto, que todos de sua família vão ganhar um presente. Se todos ganharem um pedaço da viagem, seu pai tratará seus desejos no futuro com mais indulgência.

Primeiro, compra um tapete de orações, lenços e rosários. Depois, cristais de açúcar. Cristais grandes para quebrar e mordiscar com o chá. Ele sabe que sua avó, Bibi Gul, perdoará todos os seus pecados cometidos ou futuros se ele voltar com aqueles cristais que pesam quilos e que só são feitos em Mazar. Ele ainda compra vestidos e joias para as tias e óculos de sol para os irmãos e tios. Ele nunca viu venderem óculos de sol em Cabul. Carregando todas as compras em grandes sacos plásticos cor-de-rosa de cigarros Pleasure, ele volta para a tumba de Kalif Ali. Os presentes do ano-novo devem ser abençoados.

Ele os leva para dentro da cripta e se aproxima dos mulás que estão sentados perto da parede de ouro no interior da tumba. Ele coloca os presentes na frente de um deles, que lê o Alcorão enquanto respira sobre os presentes. Quando termina de ler a oração, Mansur põe os embrulhos de novo nos sacos plásticos e sai apressado.

Na parede de ouro pode-se fazer um pedido. Seguindo o espírito dos discursos patrióticos, ele encosta a cabeça na parede de ouro e faz uma prece: Que ele um dia tenha orgulho de ser afegão. Que ele um dia tenha orgulho de si mesmo e do seu país, e que o Afeganistão seja respeitado pelo mundo. Nem Hamid Karzai poderia ter se expressado melhor.

Embevecido com tudo que viu e ouviu, Mansur acaba se esquecendo de rezar por sua purificação e pelo perdão, o motivo de ter vindo a Mazar. Ele já se esqueceu da jovem mendiga, do seu corpo magro e infantil, dos grandes e pálidos olhos castanhos, do cabelo desgrenhado.

Ele sai da tumba e vai até a bandeira de Ali. Também lá os mulás recebem os sacos plásticos de Mansur. Mas eles não têm tempo de tirar os presentes dos sacos. A fila de pessoas querendo a bênção de tapetes, rosários, alimentos e lenços é interminável. Os mulás apenas pegam os sacos plásticos de Mansur, esfregam-nos no mastro da bandeira, dizem uma oração breve e os devolvem. Mansur joga-lhes algumas moedas, e os tapetes de orações e os cristais de açúcar estão abençoados outra vez.

Ele está ansioso para presentear a avó, Sultan, as tias e os tios. Mansur vai andando com um sorriso nos lábios. Está cheio de felicidade. Livre da livraria, livre das garras do pai. Ele anda pela calçada em frente à mesquita na companhia de Akbar e Said.

– Este é o melhor dia da minha vida! O melhor dia! – ele grita. Akbar e Said olham-no surpresos, um tanto constrangidos, mas tocados pela sua felicidade. – Eu amo Mazar, eu amo Ali, eu amo a liberdade! Eu amo vocês! – grita Mansur pulando pela rua. É a primeira viagem que faz por conta própria, o primeiro dia de sua vida em que não viu uma única pessoa da sua família.

Eles decidem ver uma luta de *buzkashi*. Os territórios do norte são conhecidos por ter os *buzkashis* mais violentos e mais rápidos. De longe podem ver que a luta já começou. Nuvens de poeira sobem do campo, onde duzentos homens a cavalo disputam um corpo de bezerro sem cabeça. Os cavalos mordem e esperneiam, dão coices e pulos, enquanto os cavaleiros, chicote entre os dentes, tentam agarrar a carcaça no chão. O bezerro troca de mãos com tanta rapidez que às vezes parece estar sendo jogado de um cavaleiro a outro. O objetivo é mover o bezerro de um lado do campo até o outro e depositá-lo num círculo desenhado no chão. Algumas lutas são tão violentas que o animal inteiro é despedaçado.

Para quem desconhece o jogo, parece que os cavalos estão apenas correndo uns atrás dos outros com os cavaleiros balançando na sela. Eles usam longas capas bordadas, botas de couro de salto alto enfeitadas, chegando ao meio da coxa, e chapéus de pele de carneiro.

– Karzai! – grita Mansur, ao reconhecer o líder afegão no campo. – E Dostum!

O líder da tribo e o líder guerrilheiro estão lutando entre si para pegar o bezerro. Para provar que é um líder forte, é preciso participar das lutas de *buzkashi*, e não só montar dando voltas na periferia do caos, mas ficar no centro, no calor da luta. Porém, tudo pode se arranjar com dinheiro. Frequentemente, homens poderosos pagam para serem ajudados a vencer.

Karzai está na periferia da luta e não consegue acompanhar o ritmo dos outros cavaleiros. O líder tribal do sul nunca aprendeu bem as regras brutas dos *buzkashis*. É uma luta das estepes. E é o grande filho das estepes, o general Dostum, quem ganha, ou que os *buzkashis* deixam ganhar. Deve valer a pena. Dostum recebe os aplausos montado em sua sela, como um comandante de guerra.

Às vezes, dois times disputam, outras vezes é uma disputa de todos contra todos. O *buzkashi* é um dos esportes mais selvagens do mundo, trazido para o Afeganistão pelos mongóis que assolavam o país sob o comando de Gengis Khan. É também um jogo de apostas, homens poderosos entre o público apostam milhões de afeganis em cada partida. Quanto mais dinheiro, mais selvagem será a luta. Além disto, o *buzkashi* é um jogo de grande importância política. Um líder local deve ser ele próprio um bom lutador de *buzkashi* ou possuir um estábulo com bons cavalos e cavaleiros. A vitória impõe respeito.

Desde os anos 1950, as autoridades afegãs tentam regulamentar as lutas. Os participantes fazem pouco caso, eles sabem que seria impossível seguir certas regras. Mesmo após a invasão russa, os torneios continuaram, apesar do caos reinante no país; muitos participantes não conseguiam chegar, pois tinham que atravessar zonas de combate. Os comunistas, que em geral tentavam acabar com a maioria das enraizadas tradições afegãs, nunca ousaram mexer com os *buzkashi*. Ao contrário, tentaram ganhar popularidade promovendo torneios, os ditadores se sucedendo nas tribunas. Mesmo assim acabaram com grande parte dos fundamentos do *buzkashi*. Quando a coletivização teve início, poucos podiam manter estábulos com cavalos bem treinados. Os cavalos dos *buzkashi* foram dispersos e usados na agricultura. Quando os donos de terras sumiram, cavaleiros e cavalos também se foram.

O Talibã proibiu as lutas e as classificou de não-islâmicas. Aquela era a primeira grande luta *buzkashi* após a queda do Talibã.

Mansur encontrou um lugar bem na frente; às vezes ele parecia recuar rapidamente para não ser atingido pelos cavalos. Ele tira várias fotos da barriga dos cavalos, quando parece que vão se arremessar por cima dele, da poeira levantada, do bezerro maltratado, de um pequeno Karzai a distância, de um Dostum vitorioso. Depois da luta tira uma foto dele mesmo ao lado de um dos *buzkashis*.

O sol está se pondo, lançando raios vermelhos sobre o campo poeirento. Os peregrinos também estão cobertos de poeira. Exaustos, encontram um lugar para comer fora da arena. Eles se sentam no tapete e comem em silêncio. Sopa, arroz, carne de carneiro e cebola crua. Mansur devora a comida e pede mais uma porção. Eles cumprimentam alguns homens sentados em círculo ao lado deles, fazendo queda de braço. Servido o chá, a conversa pode começar.

– De Cabul? – os homens perguntam.

Mansur confirma com a cabeça.

– Peregrinos?

Os homens hesitam um pouco.

– Bem, a princípio estamos viajando com as codornas – responde um velho, quase desdentado. – De Herat. Demos uma volta grande: Kandahar, Cabul, e depois viemos para cá. Aqui acontecem as melhores lutas de codorna.

O homem tira do bolso um saquinho de pano. Dele salta uma ave, uma pequena codorna.

– Ele ganhou todas as rinhas onde nós o colocamos – diz. – Nós ganhamos um montão de dinheiro com ele. – O velho dá de comer à codorna com seus dedos de garra de águia, tortos e macilentos. A codorna sacode as penas, despertando. É tão pequena que cabe nas mãos grandes e brutas do homem. São trabalhadores em férias. Após cinco anos de proibição, agora podem viver sua paixão: observar duas aves se bicando até morrer. Ou melhor, regozijar-se quando sua própria codorniz matar de bicadas uma outra.

– Venham amanhã cedo às sete. É quando começamos – diz o velho. Ao saírem, estende-lhes um pedaço grande de haxixe. – O melhor do mundo – ele diz. – De Herat.

No hotel, eles experimentam o haxixe, enrolando um baseado atrás do outro. Depois dormem feito pedra durante 12 horas.

MANSUR ACORDA ao segundo grito de oração dos mulás. É meio-dia e meia. A oração está começando na mesquita em frente. A de sexta-feira. Mansur sente que não pode continuar vivendo sem a oração de sexta-feira. Precisa ir até lá e chegar a tempo. Ele esqueceu seu *shalwar kameez* em Cabul, a túnica com as calças largas. Fica desesperado. Onde poderia comprar roupas próprias para oração? Todas as lojas estão fechadas. Ele se enraivece e diz palavrões.

– Alá não liga para o modo como você está vestido – resmunga Akbar bêbado de sono, na esperança de se livrar dele.

– Tenho que me lavar, e fecharam a água do hotel – queixa-se Mansur. Mas não há nenhuma Leila para xingar, e Akbar o manda sair quando ele começa a reclamar. Mas a água! Um muçulmano não pode orar sem lavar o rosto, as mãos e os pés. Mansur continua se queixando. – Não vou conseguir chegar a tempo.

– Tem água ao lado da mesquita – diz Akbar antes de fechar os olhos de novo.

Mansur sai correndo em suas roupas sujas da viagem. Como pôde esquecer da túnica numa viagem de peregrinação? E o capelo? Ele maldiz seu próprio descuido enquanto corre para a mesquita azul para chegar à oração a tempo. Na entrada, vê um mendigo com o pé disforme. A perna rija, inchada e manchada, terrivelmente infeccionada, fica no meio da passagem. Mansur arranca o capelo dele.

– Eu trago depois – ele grita, correndo e segurando o capelo branco-acinzentado, com uma camada de suor amarelo-escura na borda.

Ele coloca os sapatos perto da porta da entrada e segue descalço sobre as pedras de mármore lapidadas por milhares de pés descalços. Ele lava mãos e pés. Aperta o capelo na cabeça e anda com dignidade para as fileiras de homens deitados com a cabeça apontando em direção a Meca. Conseguiu. Em dezenas de fileiras, com pelo menos cem pessoas em cada, os peregrinos estão ajoelhados na enorme praça. Mansur senta-se atrás, seguindo as orações, logo está no meio da multidão, outras fileiras vão se formando atrás dele. Ele é o único com roupas ocidentais, mas faz como os outros, a testa no chão, a bunda no ar, quinze vezes. Ele recita as orações que conhece e ouve o discurso da sexta-feira de Rabbani, uma repetição do dia anterior.

A oração acontece perto das barreiras ao redor da mesquita onde os doentes desenganados ficam na esperança de cura. Eles ficam atrás de grades altas para que não contaminem quem tem saúde. Homens magros e pálidos pedem a Ali que lhes dê forças. Há também deficientes mentais entre eles. Um adolescente bate palmas febrilmente, enquanto um irmão mais velho tenta acalmá-lo. Mas a maioria só fica olhando por entre as barras de ferro com olhar apagado. Mansur nunca viu tantas pessoas perto da morte de uma só vez. Doenças e morte emanam do grupo. Apenas os mais doentes têm permissão de sentar e pedir que Ali os cure. Espremem-se contra a parede da tumba; quanto mais perto da parede de mosaico azul, mais perto da cura estarão.

Daqui a duas semanas estarão todos mortos, Mansur pensa. Ele cruza o olhar com o de um homem de olhos pretos, penetrantes, e cicatrizes vermelhas e profundas. Os longos braços ossudos têm erupções e feridas que foram coçadas até sangrar, as pernas por baixo da túnica estão na mesma condição lastimável. Mas tem lábios bonitos, finos, cor-de-rosa pálido. Lábios como pétalas de uma flor de abricó na primavera.

Mansur estremece e desvia o olhar, para ver a próxima grade. É onde estão mulheres e crianças doentes. Burcas azuis desbotadas com crianças doentes no colo. Uma mãe dorme enquanto a filha mongoloide tenta contar-lhe algo. Mas é como conversar com uma estátua coberta por um pano azul. Talvez a mãe tenha andado por dias, descalça, para chegar à mesquita e à tumba de Ali na véspera do ano-novo. Talvez tenha carregado a criança nos braços para curá-la. Nenhum médico pode ajudá-la; talvez Ali possa.

Uma outra criança bate com as mãos na cabeça ritmadamente. Algumas mulheres estão apáticas, outras dormem, outras ainda são mancas ou cegas. Mas a maioria veio com seus filhos. Na esperança dos milagres de Ali.

Mansur sente suas costas gelarem. Dominado pela poderosa atmosfera, ele decide tornar-se uma nova pessoa. Vai se tornar uma boa pessoa e um muçulmano devoto. Vai respeitar a hora das orações, vai dar esmolas, vai jejuar, vai frequentar a mesquita, não vai olhar uma moça antes de se casar, vai deixar crescer a barba e vai visitar Meca.

Assim que as orações acabam e Mansur faz suas promessas, a chuva começa. Chuva com sol. Os edifícios sagrados e as pedras brunidas resplandecem. Brilham nos pingos de chuva. Mansur corre, encontra seus sapatos e o mendigo dono do capelo. Lança-lhe algumas notas e atravessa a praça correndo na chuva refrescante.

– Estou abençoado – grita. – Fui perdoado! Estou purificado!

A água diz ao impuro: "Venha cá."
O impuro responde: "Tenho vergonha."
A água replica: "Como poderá se purificar dos seus pecados sem mim?"

13
Cheiro de poeira

O vapor exala dos corpos nus. Mãos se movimentam em ritmo acelerado. Raios de sol entram furtivamente por duas portinholas no teto, conferindo um tom pitoresco a bundas, peitos e coxas. Os corpos na sala de banho quente só podem ser vislumbrados através do vapor, até que os olhos se acostumem com a iluminação mágica. Os rostos estão concentrados. Aquilo não é um prazer, é trabalho duro.

Em dois salões grandes há mulheres deitadas, sentadas ou em pé, se esfregando. Esfregam os corpos, umas às outras ou aos filhos. Algumas são gordas, parecendo saídas de uma pintura de Rubens, outras são magérrimas, as costelas salientes. Com grandes luvas de cânhamo caseiras esfregam costas, braços e pernas umas às outras. Lixam a pele dura dos pés com pedras-pomes. Mães esfregam as filhas prontas para casar, examinando com atenção seus corpos. Não vai levar muito tempo para que as mocinhas com peitos de pomba tornem-se mães amamentando. Adolescentes magras ganham largas estrias após darem à luz precocemente. Quase todas as mulheres têm a pele estriada nas barrigas, por terem parido muito jovens ou com muita frequência.

As crianças berram, por agonia ou prazer. As que já foram esfregadas e lavadas brincam com as bacias de água. Outras gritam de dor, se retorcendo feito peixe na rede. Ali ninguém tem um paninho para proteger os olhos do sabão. As mães as esfregam com luvas de cânhamo até os corpos marrom-escuros, sujos, ficarem cor-de-rosa. Tomar banho e lavar-se é uma luta que as crianças estão condenadas a perder nas mãos firmes de suas mães.

Leila tira flocos de sujeira e pele velha do seu corpo. Manchas pretas são removidas com luva áspera, caindo no chão. Faz várias semanas que Leila se lavou direito e meses desde que esteve no *hammam*. É raro ter água em casa, e Leila não tem nenhum motivo para se lavar demais; fica suja de novo logo depois.

Mas neste dia veio com a mãe e as primas para o *hammam*. Meninas solteiras, ela e as primas são muito tímidas, estão de calcinha e sutiã. A luva é passada em volta. Mas os braços, coxas, pernas, costas e nuca recebem um tratamento duro. Pingos de suor e água se mesclam nos seus rostos, enquanto friccionam, esfregam e raspam; quanto mais força, mais limpas ficam.

A mãe de Leila, Bibi Gul, de 70 anos, está nua num poço no chão. O cabelo longo e branco desce pelas costas, em outras horas sempre coberto por um xale azul-claro. Só no *hammam* é que ela solta o cabelo. É tão comprido que as pontas flutuam em volta na poça no chão. Ela parece em transe com os olhos fechados, deleitando-se no calor. Vez por outra, faz tentativas preguiçosas de se lavar, mergulhando um pano molhado na bacia que Leila colocou na sua frente. Mas logo desiste, os braços são curtos demais para passar em volta da barriga e pesados demais para levantar. Seus peitos descansam pesadamente sobre a grande barriga. Ela continua no seu transe, rígida, como uma grande estátua cinza.

LEILA OLHA DE VEZ em quando para a mãe, para ver se ela está bem, enquanto se esfrega e tagarela com as primas. Aos 19 anos, tem um corpo infantil, meio menina, meio mulher. Toda a família Khan tende à obesidade, pelo menos em comparação com o padrão afegão. A gordura e o azeite que eles generosamente despejam em seus pratos ficam aparentes em seus corpos. Panquecas fritas, pedaços de batata pingando de óleo, carne de carneiro em molho de óleo temperado. A pele de Leila é alva e impecável, macia como bundinha de neném. A cor do rosto varia entre branco, amarelo e cinza-pálido. A vida que leva se espelha na pele de criança que nunca recebe sol, mas as mãos são ásperas e gastas como as de uma velha. Leila sentira-se tonta e fraca por muito tempo antes de ir ao médico. Ele lhe disse que precisava de sol, de vitamina D.

Paradoxalmente, Cabul é uma das cidades mais ensolaradas do mundo. O sol brilha praticamente todos os dias do ano, a 1,8 mil metros acima do nível do mar. O sol provoca rachaduras na terra seca, resseca o que outrora eram jardins úmidos, queima a pele das crianças. Mas Leila nunca o vê. O sol nunca alcança o apartamento no primeiro andar do Mikrorayon, nem atravessa sua burca. Nem um único raio de sol saudável consegue passar pela rede da burca. Somente quando visita sua irmã mais velha, Mariam, que tem um pátio interno em casa, ela deixa o sol esquentar a pele. Mas raramente tem tempo de ir até lá.

Leila é quem se levanta primeiro e deita por último. De manhã, acende o fogo na estufa da sala com gravetos, enquanto os outros ainda estão roncando. Depois, acende o fogo na estufa do banheiro e ferve água para cozinhar, lavar roupas e louças. Nunca há eletricidade nessa hora do dia e Leila já se acostumou a andar no escuro. Às vezes ela carrega uma lâmpada pequena. Depois ela prepara o chá. Deve estar pronto quando os homens acordarem lá pelas seis e meia, senão tem encrenca. Enquanto há água, ela fica enchendo as bacias, porque nunca sabe quanto tempo tem até o abastecimento ser interrompido, às vezes uma hora, às vezes duas.

Todos os dias, Eqbal guincha feito um porco. Os gritos são de cortar o coração. Ele fica esticado ou dobrado em seu tapete e se recusa a levantar. Todos os dias o menino de 14 anos encontra novas doenças para não ter que ficar 12 horas na livraria. Mas não há clemência. Todos os dias o menino acaba se levantando, mas no dia seguinte ouvem-se os mesmos guinchos cortantes.

– Feia! Preguiçosa! Minhas meias estão furadas – ele grita, jogando-as em Leila. Ele se vinga de quem pode. – Leila, a água esfriou! Não tem água quente! Onde estão minhas roupas, onde estão minhas meias? Pegue o chá! Café-da-manhã! Escove meus sapatos! Por que acordou tão tarde?

Há bater de portas e batidas nas paredes. Parecem estar em plena guerra nos poucos cômodos, no corredor e no banheiro. Os filhos de Sultan brigam, gritam e choram. Em geral, Sultan fica a sós com Sonya tomando chá e café-da-manhã. Sonya cuida dele, Leila faz o resto. Enche as bacias de água, pega as roupas, serve o chá, frita ovos, busca pão, escova sapatos. Os cinco homens da casa estão saindo para trabalhar.

Com grande resistência, ela ajuda os três sobrinhos, Mansur, Eqbal e Aimal, a se aprontarem para sair. Nunca ouve um obrigado, nunca a ajudam. "Crianças malcriadas", Leila resmunga consigo mesma quando os três rapazes, poucos anos mais jovens do que ela, lhe dão ordens.

– Não temos leite? Eu disse para você comprar! – rosna Mansur. – Sua parasita – acrescenta. Se ela retruca, ele tem sempre a mesma resposta mortal: – Cale a boca, sua velha. – Às vezes, até lhe dá socos na barriga ou nas costas. – Não é sua casa, é minha – ele diz com dureza. Leila tampouco sente que aquela é sua casa. É a casa de Sultan, de seus filhos e de sua segunda esposa. Ela, Bulbula, Bibi Gul e Yunus não se sentem bem-vindos na família. Mas se mudar não é uma alternativa. Desunir uma família é um escândalo. Além do mais, são boas empregadas. Pelo menos Leila.

Só após o caos matinal, depois que Sultan e seus filhos já se foram, Leila pode finalmente respirar aliviada e tomar seu chá e o café-da-manhã. Depois tem que varrer os quartos, pela primeira vez naquele dia. Ela se curva sobre uma pequena vassoura e vai varrendo, varrendo e varrendo a casa toda. A maior parte da poeira turbilhona, voa em círculos e cai de novo atrás dela. O cheiro de poeira nunca deixa o apartamento. Ela nunca fica livre da poeira, já está nos seus movimentos, no seu corpo, nos seus pensamentos. Mas ela consegue remover os farelos de pão, o papel, o lixo. Ela varre a casa toda, várias vezes por dia Tudo é feito no chão, que logo fica sujo novamente.

É esta poeira suja que ela agora tenta esfregar do seu corpo. É esta poeira que sai feito pequenas salsichas gordas. É a poeira que está se grudando à sua vida.

– Se eu pelo menos tivesse uma casa para limpar apenas uma vez por dia, que ficasse limpa um dia inteiro, para que não precisasse varrer mais até o dia seguinte – Leila suspira às suas primas. Elas concordam com a cabeça. A vida das jovens da família é exatamente como a dela.

Leila trouxe algumas roupas íntimas que quer lavar no *hammam*. Normalmente, lavam-se roupas à meia-luz num banquinho ao lado do buraco que serve de privada no banheiro. Ali ela tem várias bacias grandes na sua frente, uma com sabão, uma sem sabão, uma para roupas claras, outra para as escuras. Nas bacias são lavados lençóis, tapetes, toalhas de banho e as roupas da família. São escovados e torcidos antes de serem pendurados para secar. São difíceis de secar, principalmente durante o inverno. Há varais em frente aos prédios, mas as roupas são frequentemente roubadas, por isso ela não quer pendurá-las lá, a não ser que uma das crianças tome conta até secarem. Assim, são penduradas juntinhas em varais na pequena sacada, que tem apenas um metro quadrado e está cheia de comida e lixo, uma caixa de batatas, uma cesta com cebolas, uma outra com alho, um saco grande de arroz, caixas de papelão, sapatos velhos, alguns panos e outras coisas que ninguém ousa jogar fora porque talvez alguém possa vir a precisar delas.

Em casa, Leila anda vestida de pulôveres velhos, desfiados e puídos, camisas cheias de manchas e saias arrastando

 no chão. As saias acumulam a poeira que ela não consegue

limpar. Ela anda de sandálias plásticas gastas e um lenço na cabeça. A única coisa que brilha nela são grandes brincos dourados e pulseiras lisas.

– LEILA!

Uma voz chama baixinho, um pouco cansada entre berros de crianças e gritos. Mal consegue se fazer ouvir em meio ao som de água batendo no chão quando as mulheres despejam baldes, uma atrás da outra.

– Leilaaa!!!

É Bibi Gul saindo do transe. Ela está sentada com um pano na mão, olhando desamparada para Leila. Leila vai até a mãe carregando uma luva de cânhamo, sabonete, xampu e bacia.

– Deite-se de costas – ela diz.

Bibi Gul manobra as costas e deita no chão. Leila fricciona e massageia fazendo trepidar o corpo da mãe. Os peitos estão caindo cada um para um lado. A barriga, tão grande que cobre seu sexo ao sentar ou ficar em pé, fica espalhada como uma massa branca e disforme. Bibi Gul solta uma gargalhada, não está alheia ao cômico da situação. A doce filhinha e a grande mãe velha. A diferença de idade é de mais ou menos cinquenta anos. Quando elas riem, as outras também podem rir. De repente, estão todas rindo do esfrega-esfrega no chão.

– Você é tão gorda, mamãe, daqui a pouco vai morrer disso – Leila ralha enquanto passa o pano em todos os lugares que a mãe não alcança. Depois a vira de barriga para baixo com a ajuda das primas, cada uma esfregando uma parte do enorme corpo de Bibi Gul. Por fim, lavam seu cabelo comprido e macio. Despejam o xampu cor-de-rosa chinês no couro cabeludo. Leila massageia com cuidado, como se tivesse medo de que o cabelo fino que ainda resta pudesse desaparecer. Esvazia o frasco de xampu. É um sobrevivente dos tempos do Talibã. A figura de mulher estampada no frasco está rabiscada com caneta nanquim grossa, à prova d'água. Da mesma maneira que a polícia religiosa mutilava os livros de Sultan, ela censurava as embalagens. Quando havia um rosto de mulher num rótulo de xampu ou num sabonete de criança, passavam tinta neles. Imagens de seres vivos não podiam ser reproduzidas.

A água está esfriando. As crianças que ainda não foram lavadas berram mais alto do que antes. Daqui a pouco vai ter só água fria no *hammam*, de onde pouco antes saía vapor. As mulheres deixam o banheiro e ao saírem vê-se toda a sujeira que fizeram. Nos cantos, há casca de ovo e algumas maçãs podres. Rastros de sujeira ficaram no chão, as mulheres vestem no *hammam* as mesmas sandálias de plástico que usam pelas ruas sujas do povoado, nas privadas externas e nos quintais.

Bibi Gul sai com Leila e as primas a reboque. Ninguém trouxe roupas limpas para trocar, vestem-se com as mesmas roupas que estavam usando. Por fim, enfiam a burca por cima das cabeças recém-lavadas. A burca com o cheiro delas. Por ser pouco ventilada, cada burca tem seu próprio odor. Da burca de Bibi Gul emana uma fragrância indefinida que sempre está em volta dela, hálito velho mesclado com flores doces e algo azedo. A de Leila tem cheiro de suor jovem e de comida. Na realidade, todas as burcas da família Khan cheiram a comida, por ficarem sempre penduradas perto da cozinha. Agora, as mulheres estão imaculadamente limpas por baixo da burca e das roupas, mas o sabão líquido e o xampu rosa lutam contra forças maiores. As mulheres logo recobram seus próprios odores, forçadas pelas burcas. Cheiro de escrava velha e de escrava nova.

Bibi Gul segue na frente, as três jovens vêm logo atrás, dando risadinhas. Na rua vazia tiram a burca da cabeça. Por ali só há meninos e cachorros perambulando. O frescor do vento faz bem à pele ainda suando. Mas nem o vento cheira bem. As ruas e becos estreitos de Cabul fedem a lixo e esgoto. Uma vala suja segue a rua de terra entre as casas de barro. Mas as jovens não percebem o fedor da vala, ou a poeira que aos poucos se gruda à pele fechando os poros. Sentem o sol na pele, rindo. De repente, aparece um homem de bicicleta.

– Cubram-se, meninas, eu estou pegando fogo! – ele grita ao passar em disparada. Elas se entreolham, rindo do seu olhar engraçado, mas quando ele vem novamente na direção delas, elas se cobrem.

– Quando o rei voltar, nunca mais vou vestir minha burca – Leila diz de repente, séria.

– Aí teremos paz no nosso país.

– Acho que ele nunca vai voltar – objeta uma das primas, já coberta.

– Estão dizendo que vai voltar nesta primavera – comenta Leila.

Mas por enquanto é bom se cobrir, além do mais as três moças estão sozinhas.

Leila nunca anda totalmente sozinha. Não convém a uma mulher jovem andar desacompanhada. Quem sabe aonde poderia ir? Talvez encontre-se com alguém, talvez para pecar. Nem no mercado de hortaliças ela anda sozinha. Pelo menos leva um menino vizinho. Ou pede a ele que faça as compras para ela. Estar sozinha é uma ideia desconhecida para Leila. Ela nunca, em nenhum lugar, esteve sozinha. Nunca ficou sozinha no apartamento, nunca foi sozinha a lugar algum, nunca foi deixada sozinha em lugar algum, nunca dormiu sozinha. Todas as noites dorme no tapete ao lado da mãe. Leila não sabe o que é estar só e nem sente falta disto. A única coisa que poderia desejar seria mais sossego e menos tarefas a cumprir.

QUANDO ELA CHEGA, a casa está um caos. Caixas, sacolas e malas estão por toda parte.

– Sharifa chegou! Sharifa! – Bulbula aponta, felicíssima por Leila ter chegado para poder fazer o papel de anfitriã. A filha mais nova de Sultan e Sharifa, Shabnam, corre pela casa como um potro. Ela abraça Leila, que por sua vez abraça Sharifa. A segunda esposa de Sultan está em pé no meio da confusão, sorrindo, com Latifa nos braços. Sultan trouxe Sharifa e Shabnam do Paquistão sem avisar.

– Para passar o verão – diz Sultan.

– Para sempre – diz Sharifa baixinho.

Sultan já foi para a livraria, só as mulheres ficaram. Elas se sentam em círculo no chão. Sharifa distribui os presentes. Um vestido para Leila, um xale para Sonya, uma bolsa para Bulbula, uma blusa de tricô para Bibi Gul e roupas e acessórios para o resto da família. Para seus filhos trouxe vários conjuntos de roupas, comprados nos mercados paquistaneses, do tipo que não se encontra em Cabul. E trouxe também seus próprios objetos de estimação.

– Nunca mais volto para lá – diz. – Odeio o Paquistão.

Mas ela sabe que está nas mãos de Sultan. Se Sultan quiser que ela volte, ela terá que ir.

As duas esposas de Sultan tagarelam como duas velhas amigas. Elas olham tecidos, experimentam blusas e joias. Sonya acaricia as coisas que ganhou para si e para sua filhinha. Sultan raramente traz presentes para sua jovem mulher, por isso a chegada de Sharifa é uma mudança bem-vinda na sua vida monótona. Ela veste Latifa como uma boneca no vestidinho cor-de-rosa com saia rodada que ganhou.

Elas trocam notícias. As mulheres não se veem há mais de um ano. Sem telefone no apartamento, nem podiam se falar. O acontecimento mais importante para as mulheres de Cabul é o casamento de Shakila, que é relatado com todos os pormenores. Os presentes que ela ganhou, os vestidos das mulheres e os filhos, noivados, casamentos ou falecimentos de outros parentes.

Sharifa conta novidades da vida dos refugiados. Quem voltou para casa e quem ficou.

– Saliqa ficou noiva – ela conta. – Tinha de acontecer, mesmo com a família sendo contra. O rapaz não tem posses, além de ser preguiçoso e inútil.

Todas concordam com a cabeça. Todas lembram de Saliqa como uma moça louca para se enfeitar, mas mesmo assim elas têm pena dela por ser obrigada a casar-se com um rapaz pobre.

– Depois de se encontrarem no parque, ela ficou de castigo em casa durante um mês – Sharifa conta. – Um dia, a mãe e a tia do rapaz foram pedi-la em casamento. Os pais dela consentiram, não tinham escolha, o mal já estava feito. E a festa de noivado! Um escândalo!

As mulheres ouvem com os olhos arregalados. Especialmente Sonya. Aquela é uma história que ela entende muito bem. As histórias de Sharifa são as suas novelas.

– Um escândalo – repete Sharifa, para frisar o fato. É comum que o futuro noivo pague a festa, o vestido e as joias de noivado. Quando organizaram a festa, o pai do rapaz deixou alguns milhares de rupias na mão do pai de Saliqa, que veio da Europa para ajudar a solucionar a tragédia da família. Quando viu o dinheiro, jogou no chão. "Você pensa que pode fazer uma festa de noivado com essa ninharia de dinheiro?", ele gritou. Na hora, Sharifa estava na escada ouvindo tudo, então é a pura verdade. "Pega seu troco, a festa vai ser por nossa conta", ele disse.

O pai de Saliqa também não tinha lá tanto dinheiro, ele estava esperando ganhar asilo na Bélgica para depois ir buscar a família. Já tinha sido recusado na Holanda, e agora vivia do dinheiro que recebia do governo belga. Mas uma festa de noivado é um ato simbólico importante, e um noivado é praticamente impossível de se desfazer. Se isso acontece, a jovem tem sérios problemas para se casar de novo, independentemente do motivo da quebra do compromisso. Uma festa de noivado é também uma maneira de mostrar a situação econômica da família. Que tipo de decoração? Quanto custa? Que tipo de orquestra, quanto custa? A festa deve mostrar como a família do rapaz valoriza o futuro membro da família. Se a festa for pobre, significa que eles não valorizam a noiva e, consequentemente, toda a sua família. Que o pai tivesse que contrair dívidas para uma festa de noivado que não deixaria ninguém feliz além de Saliqa e o noivo não significava nada diante da vergonha que seria fazer uma festa barata.

– Ela já está começando a se arrepender – revela Sharifa. – Porque ele não tem dinheiro. Logo ela viu que ele é um imprestável. Mas agora é tarde demais. Se ela romper o noivado, ninguém mais vai querê-la. Ela anda por aí mostrando as seis pulseiras que ganhou dele. Ela diz que são de ouro, mas eu sei, e ela sabe, que são de metal pintado de dourado. Para a comemoração do ano-novo nem ganhou um vestido. Já ouviram falar de uma moça que não ganha um vestido novo do noivo para a festa de ano-novo? – Sharifa para para respirar e continua. – Ele passa o dia todo na casa deles, fica demais em casa. A mãe dela não tem nenhum controle sobre o que eles fazem. Terrível, terrível, uma vergonha, eu já disse a ela. – Sharifa suspira, antes que as três mulheres a sua volta a bombardeiem com novas perguntas.

Sobre este, aquele e aquela. Elas ainda têm muitos parentes que ficaram no Paquistão, tias, tios e primos que ainda acham que não é seguro voltar. Ou não lhes restou nada para que voltar, a casa foi bombardeada; a terra, minada; a loja, queimada. Mas todos têm saudades de casa, como Sharifa. Faz quase um ano que ela viu os filhos pela última vez.

Leila precisa ir à cozinha fazer comida. Ela está feliz por Sharifa ter voltado. Está certo assim. Mas ela receia as brigas que sempre a acompanham, as brigas com os filhos, com as cunhadas, com a sogra. E se lembra de Sharifa mandando todo mundo embora.

"Pegue suas filhas e vá embora", ela costumava dizer à sogra, Bibi Gul. "Não temos espaço para vocês aqui. Queremos morar sozinhos", ela gritava quando Sultan não estava em casa. Mas isso foi na época em que Sharifa reinava em casa e no coração de Sultan. Foi só nos últimos anos, depois que Sultan se casou pela segunda vez, que Sharifa adotou um tom mais brando no trato com os parentes de Sultan.

– Aqui vai ficar mais apertado ainda – Leila suspira.

Não são mais 11, mas 13 pessoas nos quartos pequenos. Ela está descascando cebola, lágrimas amargas rolando pelo rosto. Raramente ela solta lágrimas verdadeiras, ela já reprimiu desejos, anseios e desapontamentos. A fragrância de sabão do banho do *hammam* já sumiu faz tempo. O óleo da panela esguicha em seu cabelo, deixando um cheiro de gordura rançoso. Suas mãos ásperas ficam doídas do suco de pimenta malagueta que penetra a pele fina.

Ela faz um jantar simples, nada especial, mesmo com Sharifa voltando para casa. A família Khan não tem por costume celebrar as mulheres. Além do mais, ela tem que fazer o que Sultan gosta de comer. Carne, arroz, espinafre e feijão, tudo preparado com gordura de carneiro. Muitas vezes só há carne para Sultan e os filhos, e talvez um pedaço para Bibi Gul, enquanto os outros comem arroz e feijão. "Vocês não trabalharam para merecer. Vocês vivem do meu dinheiro", ele diz.

Todas as noites, ele volta com pilhas de dinheiro das suas livrarias. Todas as noites, ele tranca o dinheiro no armário. Muitas vezes traz sacos grandes cheios de romãs suculentas, bananas doces, tangerinas e maçãs. Mas todas as frutas são trancadas num armário. Só Sultan e Sonya podem comê-las. Só eles têm a chave. Frutas são caras, especialmente fora da estação.

Leila vê algumas laranjas pequenas e duras no parapeito da janela. Estavam começando a secar e Sonya as deixou na cozinha – para compartilhar com todos. Nem passava pela cabeça dela comê-las. Já que estava destinada a comer feijão, era feijão que ia comer. As laranjas podiam ficar ali apodrecendo e secando. Leila dá de ombros e coloca a panela pesada de arroz no fogo. Despeja a cebola picada na panela com óleo pela metade, junta tomates, temperos e batatas. Leila cozinha bem. Faz quase tudo bem. É por isso que a maior parte das tarefas é dada a ela. Durante as refeições, ela normalmente fica no canto perto da porta e pula da cadeira assim que alguém precisa de algo, ou para pôr mais comida nas travessas. Só quando todos se serviram é que ela faz o seu prato com o que sobrou. Um pouco de arroz cheio de azeite e feijão.

Ela foi educada para servir e virou uma criada. Todos mandam nela. O respeito por ela diminui a cada nova ordem que recebe. Quando alguém está de mau humor, é Leila quem tem de aguentar. Uma mancha que não saiu da blusa, a carne que não está bem frita; há muito o que inventar quando se precisa de alguém para descarregar a raiva.

Quando os parentes vão dar uma festa, é Leila que se apresenta cedinho pela manhã, depois de preparar o café-da-manhã para sua própria família, para descascar batatas, picar legumes. E quando os convidados chegam, ela mal tem tempo para botar uma roupa bonita antes de continuar servindo, e depois passa o resto da festa na cozinha com a louça para lavar. É como Cinderela, só que no mundo de Leila não há príncipe.

Sultan volta com Mansur, Eqbal e Aimal. Ele beija Sonya na entrada e cumprimenta Sharifa na sala rapidamente. Eles passaram o dia inteiro no carro de Peshawar para Cabul, e não têm mais necessidade de conversar. Sultan e seus filhos se sentam. Leila vem com a bacia de estanho e uma caneca para eles se lavarem. Ela coloca a bacia na frente de cada um, eles lavam as mãos antes que ela lhes estenda uma toalha. A toalha de plástico foi posta no chão e a refeição pode ser servida.

Yunus, o irmão mais novo de Sultan, chega e cumprimenta Sharifa afetuosamente. Ele quer saber das últimas novidades dos parentes antes de calar-se de novo. Ele raramente fala durante as refeições. É calmo e contido e quase nunca participa das conversas da família. Parece indiferente e guarda sua infelicidade para si. Tem 28 anos e está profundamente descontente com a vida. "Uma vida de cão", ele diz. Trabalha da manhã à noite e come migalhas na mesa do irmão.

Yunus é o único a quem Leila gosta de agradar. De todos os irmãos, é ele quem ela realmente ama. Às vezes ele traz presentinhos para ela, como uma presilha de plástico ou um pente.

Nesta noite Yunus está especialmente preocupado. Mas ele espera para perguntar. Sharifa o antecede e deixa escapar:

– Complicou-se para o lado da Belqisa – ela diz. – O pai quer, mas a mãe não. No início a mãe queria, mas aí conversou com um parente que também tem um filho, um filho mais novo, que gostaria de se casar com Belqisa. Eles ofereceram dinheiro e a mãe começou a ter dúvidas. Esse parente também espalhou boatos sobre a nossa família. Por isso não tenho uma resposta para você.

Yunus enrubesce e olha ao redor com raiva. É uma situação embaraçosa. Mansur sorri com ar zombeteiro.

– A neta não quer se casar com o avô – ele diz em voz baixa, para Yunus ouvir, mas não Sultan. É como se a última esperança de Yunus lhe tivesse sido arrancada. Ele se sente cansado, cansado de esperar, cansado de procurar, cansado de morar numa caixa.

– Chá! – ele pede para cortar o fluxo de palavras de Sharifa sobre o porquê de a família de Belqisa não querer que ela se case com ele. Leila se levanta. Ela está desapontada, porque parece que o casamento de Yunus vai levar tempo. Ela tinha esperanças de que, quando Yunus se casasse, ele levasse tanto ela quanto a mãe. Eles poderiam morar juntos, Leila seria tão boazinha, tão gentil. Ela iria ensinar Belqisa e ela mesma faria todas as tarefas pesadas. Belqisa poderia até continuar na escola se quisesse. Iria ser tão bom. Tudo para sair da casa de Sultan, onde ninguém a aprecia. Sultan reclama que ela não faz a comida do jeito que ele quer, que come demais, que não faz tudo que Sonya pede. Mansur está sempre implicando com ela, cheio de reprimendas. Muitas vezes a manda para o inferno. "Eu não ligo para quem não tem importância para o meu futuro", ele diz. "E você, você não significa nada para mim. Você está vivendo à custa do meu pai, é uma parasita." E ri com desprezo, sabendo que ela não tem para onde ir.

Leila traz o chá. Chá verde, fraco. Ela pergunta a Yunus se deve passar suas calças para o dia seguinte. Ela acabou de lavá-las, e Yunus só tem duas calças, por isto precisa saber se ele quer usar aquela que lavou. Yunus consente calado.

"A minha tia é tão estúpida", Mansur sempre repete "Toda vez que abre a boca eu sei o que vai dizer. Ela é a pessoa mais sem-graça que conheço", ele diz zombeteiro, imitando sua voz. Ele cresceu com a tia três anos mais velha; não como um irmão, mas como um patrão.

Leila é o tipo de pessoa que sempre diz tudo duas vezes, por acreditar que ninguém a ouve. A maior parte do tempo fala sobre o cotidiano, que é o seu universo. Mas ela também pode rir e brilhar, com suas primas, irmãs e sobrinhas, pode surpreender e contar histórias divertidas, cair na gargalhada. Mas não durante o jantar. Aí ela fica calada. Vez ou outra ri das piadas vulgares do sobrinho, mas como diz a suas primas: ri com a boca, não com o coração.

Depois da história decepcionante de Belqisa, ninguém diz mais nada neste primeiro jantar de Sharifa. Aimal brinca com Latifa, Shabnam brinca com suas bonecas, Eqbal briga com Mansur e Sultan flerta com Sonya. Os outros comem em silêncio antes de irem para a cama. Sharifa e Shabnam estão instaladas no quarto onde Bibi Gul, Leila, Bulbula, Eqbal, Aimal e Fazil dormem. Sultan e Sonya mantêm seu quarto. À meia-noite estão todos deitados nos seus tapetes, com uma exceção.

Leila está fazendo comida à luz de vela. Sultan quer comida feita em casa para levar para o trabalho. Ela frita frango, faz arroz e molho de legumes. Ao mesmo tempo lava a louça. A luz da vela ilumina seu rosto. Ela tem grandes olheiras escuras. Quando a comida está pronta, ela retira as panelas do fogão, envolve-as em panos e dá um nó forte para segurar as tampas, para Sultan e os filhos as levarem na manhã seguinte. Então limpa as mãos gordurosas e vai se deitar, com as mesmas roupas com que andou o dia todo.

Ela estende seu tapete, cobre-se com um manto e dorme, até ser acordada pelo mulá poucas horas mais tarde, e começa outro dia acompanhada de *Allahu akhbar* (Deus é grande).

Um novo dia com o mesmo cheiro e gosto de todos os outros dias: de poeira.

14
Tentativas

Uma tarde, Leila veste sua burca e sapatos de salto alto e sai furtivamente do apartamento. Passa pela porta de entrada quebrada, pelas roupas no varal e chega ao quintal. Ela chama um menino vizinho que a segue a distância. Eles passam pela ponte sobre o rio Cabul, escuro e ressecado, e desaparecem por baixo das árvores numa das poucas avenidas de Cabul. Cruzam o caminho de engraxates, vendedores de melão e padeiros. E homens à toa. São estes que Leila mais detesta, os que têm tempo de sobra.

As folhas das árvores estão verdes pela primeira vez em muito tempo. Durante os três últimos anos, pouco choveu em Cabul, e os brotos ficaram queimados pelo sol antes de terem tempo de virar folhas. Nesta primavera, a primeira após a queda do Talibã, choveu muito, chuva abençoada, chuva deliciosa. Não o suficiente para que as águas do rio Cabul subissem novamente, mas bastante para que brotassem folhas nas poucas árvores que sobreviveram. O bastante para que a poeira entre elas assentasse. A poeira, a poeira fina de areia, a praga de Cabul. Quando chove, a poeira vira barro, quando o tempo está seco, a poeira levanta em redemoinhos, entope o nariz, deixa remela nos olhos, instala-se na garganta, virando lama nos pulmões. Nesta manhã choveu e o calor diminuiu, porém o ar úmido não penetra na burca. Leila só sente o cheiro de sua própria respiração nervosa e o pulsar nas têmporas.

NO BLOCO 4 do conjunto Mikrorayon há uma placa com a inscrição "Cursos". Em frente formam-se longas filas para os cursos de alfabetização, de informática e de redação. Leila quer se inscrever num curso de inglês. Em frente à entrada há dois homens sentados atrás de uma mesa fazendo as inscrições. Leila paga a taxa e entra na fila com centenas de outros alunos à procura de suas salas. Eles descem uma escada e entram num porão que parece um abrigo antiaéreo. Furos de balas formam desenhos na parede. O local foi depósito de armamentos durante a guerra civil, bem embaixo das casas das pessoas. As várias "salas de aula" foram separadas por tábuas de madeira. Cada cubículo tem um quadro-negro e alguns bancos. Alguns deles têm carteiras escolares. Pode-se ouvir um zunzum baixo de vozes e o calor está começando a se espalhar pela sala.

Leila encontra seu cubículo. Inglês para alunos um pouco mais adiantados. Ela chegou cedo, junto com uns rapazes altos e desajeitados.

Será possível? Rapazes na sala de aula?, ela pensa. Ela quer dar meia-volta e sair dali, mas toma coragem e senta no último banco. Duas jovens estão quietas no outro canto da sala. As vozes dos outros cubículos se misturam num único e enorme zunzum. Às vezes pode-se distinguir a voz penetrante de um professor. Demora um pouco para o professor chegar. Os rapazes começam a rabiscar no quadro-negro. "*Pussy*", eles escrevem. "*Dick*", "*fuck*". Leila olha para as palavras sem interesse. Ela trouxe um dicionário inglêspersa e procura as palavras por baixo da mesa, para os rapazes não perceberem. Mas não as encontra. Ela sente um grande desconforto. Sozinha, ou quase sozinha, com um monte de rapazes da sua idade, alguns até mais velhos. Ela não devia ter vindo, está arrependida. E se algum dos rapazes lhe dirigisse a palavra. Que vergonha. E ela até tirou a burca. Não dá para sentar de burca numa sala de aula, ela pensa. E agora já tinha se exposto.

O professor chega e os rapazes apagam rapidamente as palavras do quadro. A aula vai ser um sofrimento. Todos têm que se apresentar, dizer a idade e contar alguma coisa em inglês. O professor, um jovem magro, aponta para ela e pede que fale. Ela sente que sua alma está virando do avesso perante o professor e os rapazes. Ela se sente suja, envergonhada por ter se mostrado, sente que está destruindo sua honra. Onde estava com a cabeça quando decidiu frequentar aquele curso? Ela nunca podia imaginar que haveria rapazes e moças na mesma sala de aula. Nunca. Não foi culpa dela.

Ela não tem coragem de ir embora. O professor poderia querer saber o porquê. Mas assim que a aula acaba, ela sai correndo. Joga a burca por cima da cabeça e corre. Em casa, segura, pendura a burca no prego do corredor.

– Horrível! Havia rapazes na sala de aula!

Os outros a olham boquiabertos.

– Isto não é bom – diz a mãe. – Não deve mais voltar lá.

Leila nem sonha em voltar. Mesmo que o Talibã tenha sumido, sua influência ainda estava presente na cabeça de Leila. E nas cabeças de Bibi Gul, de Sharifa e de Sonya. As mulheres do Mikrorayon estavam felizes por ter acabado o tempo do Talibã, elas podiam ouvir música, dançar, pintar as unhas do pé – desde que ninguém as visse – e ainda podiam ficar em segurança embaixo da burca. Leila nasceu durante a guerra civil, sob o regime dos mulás e do Talibã. Era filha do medo. Chorava por dentro. A tentativa de romper as amarras, de fazer algo por si própria, tinha dado errado. Durante cinco anos, as mulheres estiveram proibidas de aprender qualquer coisa. Agora que era permitido, quem a impedia era ela mesma. Se Sultan tivesse permitido que frequentasse o colégio, não haveria problema. Lá havia salas de aula só para moças.

Ela se sentou no chão da cozinha para picar cebola e batatas. Sonya estava lá, comendo ovo frito e amamentando Latifa. Leila não queria falar com ela. Menina ignorante, não havia aprendido o alfabeto. E nem tentava. Sultan tinha chamado um professor particular para ela aprender a ler e escrever. Mas ela não conseguia gravar nada, cada aula era como a primeira. Depois de ter aprendido cinco letras em alguns meses, desistiu e pediu a Sultan que a desobrigasse dos estudos. Mansur zombou dela já no início do curso particular de alfabetização. "Quando um homem tem tudo e não sabe mais o que fazer, ele tenta ensinar sua mula a falar", ele dissera em voz alta, às gargalhadas. Até Leila, que normalmente desgostava de tudo que Mansur dizia, teve que rir da piada.

Leila tentava se pôr acima de Sonya da melhor forma que podia e a corrigia quando dizia alguma bobagem ou não conseguia fazer alguma coisa, mas só quando Sultan não estava em casa. Para Leila, Sonya era uma menina pobre do interior que tinha alcançado uma riqueza relativa só porque era bonita. Ela não gostava de Sonya por todos os privilégios que Sultan concedia à jovem esposa, e porque as tarefas das duas jovens da mesma idade eram tão desiguais. Mas na verdade, ela não tinha nada de pessoal contra Sonya, que na maior parte do tempo ficava com uma expressão meiga, distante, olhando o que acontecia em volta. Na verdade, ela nem era tão preguiçosa, tinha sido uma menina trabalhadora quando cuidava dos pais no vilarejo. Era Sultan que não a deixava trabalhar. Quando ele não estava em casa, ela bem que ajudava. Mesmo assim, ela deixava Leila irritada, pois ficava o dia inteiro esperando Sultan e pulava da cadeira quando ele chegava. Quando ele viajava a negócios, ela não se lavava e andava de roupas sujas. Quando ele estava em casa, ela passava pó-de-arroz na pele escura, pintava os olhos e passava batom.

Sonya era uma menina de 16 anos quando tornou-se esposa. Ela chorava antes do casamento, mas sendo a menina bem-comportada que era, logo se acostumou com a ideia. Havia crescido sem esperanças na vida e Sultan soube aproveitar bem os dois meses de noivado. Ele subornara os pais dela para que pudesse passar um tempo a sós com Sonya antes do casamento. Na verdade, os noivos não deviam se ver entre a festa de noivado e o dia do casamento, algo a que as pessoas apenas raramente obedeciam. Mas uma coisa é fazer compras juntos, outra é passar as noites juntos. Isto era inadmissível. O irmão mais velho quis defender a honra da irmã à faca quando soube que Sultan dera dinheiro aos pais para dormir com Sonya antes da noite de núpcias. Mas até o revoltado irmão de Sonya fora silenciado com o vil metal, e Sultan conseguiu o que queria. Para Sultan, ele estava fazendo um favor a ela.

"Ela precisa se preparar para a noite de núpcias, pois é muito jovem e eu sou um homem experiente", ele disse aos pais. "Se passarmos um tempo juntos agora, a noite de núpcias não será tão chocante. Mas eu prometo não forçá-la a nada." Passo a passo, ele preparou a menina de 16 anos para a noite nupcial.

Dois anos depois, Sonya está contente com sua vida monótona. Não quer nada além de ficar em casa, vez ou outra fazer visitas ou receber visitas de parentes, às vezes ganhar um vestido novo e a cada cinco anos uma pulseira de ouro. Uma vez, Sultan a levou numa viagem de negócios para Teerã. Ficaram viajando um mês, e as outras mulheres do Mikrorayon ficaram curiosas para saber o que tinha feito no exterior. Mas, quando voltaram, Sonya não tinha nada para contar. Eles tinham ficado em casa de parentes, ela brincando com Latifa no chão, como sempre. Ela mal conheceu Teerã, e nem teve vontade de explorar a cidade melhor. A única coisa que conseguiu dizer foi que havia coisas mais bonitas no bazar de Teerã do que no de Cabul.

O importante para Sonya era ter mais filhos. Ou melhor, filhos homens. Agora, está grávida de novo, e morre de medo de ter outra filha. Quando Latifa retira seu xale e começa a brincar com ele, Sonya lhe dá uma palmada e segura o xale de novo. É que, segundo a lenda, quando o filho mais novo brinca com o xale da mãe, isso significa que o próximo filho será uma menina.

– Se eu tiver uma menina, Sultan vai arrumar uma terceira esposa – ela disse, depois de as duas cunhadas ficarem um tempo em silêncio no chão da cozinha.

– É o que ele disse? – Leila pergunta surpresa.

– Ele disse ontem.

– Ele diz isso só para te assustar.

Sonya não a ouve.

– Eu não posso ter uma filha, eu não posso ter uma filha – ela murmura enquanto a filha de um ano dorme embalada com a voz monótona da mãe.

Menina burra, Leila pensa. Ela não está com vontade de falar. Precisa sair. Sabe que não vai aguentar ficar em casa o dia todo com Sonya, Sharifa, Bulbula e a mãe. Vou enlouquecer, não aguento mais ficar aqui, ela pensa. Não pertenço a este lugar.

Ela pensa em Fazil e na maneira como Sultan o trata. Foi isto que a fez perceber que estava na hora de andar com as próprias pernas e tentar o curso de inglês.

O menino de 11 anos trabalhava duro todos os dias carregando caixas na livraria, todas as noites jantava com eles e todas as noites ficava encolhido no tapete ao lado de Leila. Fazil é o filho mais velho de Mariam, e sobrinho de Sultan e Leila. Mariam e o marido não tinham dinheiro para cuidar de todas as crianças, e quando Sultan estava precisando de ajuda na livraria, eles aceitaram de bom grado a oferta de Sultan de casa e comida para o filho. O pagamento era trabalhar 12 horas por dia. Só nas sextas-feiras ficava livre e podia ir visitar os pais no vilarejo.

Fazil estava contente. Ele arrumava e carregava caixas na livraria de dia e brincava e brigava com Aimal à noite. Ele só não gostava de Mansur, que dava tapas na sua cabeça e nas costas quando ele cometia algum erro. Mas Mansur sabia ser gentil também, às vezes o levava até uma loja e comprava roupas novas para ele. Ou o levava a um restaurante para almoçar. Além de tudo, Fazil gostava da vida longe das ruas enlameadas do vilarejo onde nasceu. Mas um dia Sultan disse: "Estou farto de você. Volte para sua casa. Não apareça mais na loja."

A família ficou chocada. Ele tinha prometido a Mariam que cuidaria do menino durante um ano. Ninguém disse nada. Nem Fazil. Só quando estava deitado no seu tapete começou a chorar. Leila tentou confortá-lo, mas não havia o que dizer, a palavra de Sultan era lei.

Na manhã seguinte, ela arrumou as poucas coisas dele e mandou-o para casa. Ele mesmo tinha que contar à mãe por que fora mandado de volta. Sultan tinha se cansado dele.

Leila estava revoltada. Como Sultan pudera tratar Fazil daquele jeito? Ela poderia ser a próxima a ser expulsa. Tinha que pensar em alguma coisa.

LEILA ARQUITETOU um novo plano. Um dia depois que Sultan e os filhos viajaram, ela vestiu de novo a burca e desapareceu porta afora. Novamente chamou um menino para acompanhá-la. Neste dia, tomou outro rumo e saiu do Mikrorayon, da selva de concreto bombardeado. Na periferia da cidade as casas foram tão destruídas que ficaram inabitáveis. Ainda assim, algumas poucas famílias tinham encontrado abrigo nas ruínas e viviam pedindo esmolas para os vizinhos, quase tão pobres quanto eles, mas que pelo menos tinham um teto sobre a cabeça. Leila atravessou um campo, onde um rebanho de cabritos comia dos esparsos tufos de grama enquanto o menino-pastor tirava uma soneca à sombra de uma árvore sobrevivente. Ali era a divisa entre a cidade e o vilarejo. Do outro lado do campo já era o vilarejo de Deh Khudaidad. Leila passou primeiro na casa da irmã mais velha, Shakila.

Said, o filho mais velho de Wakil, com quem Shakila recentemente tinha se casado, abriu o portão. Said não tinha dois dedos em uma das mãos. Ele os perdera quando consertava uma bateria de carro que explodiu, mas disse a todos que tinha pisado numa mina. Dava mais status ser ferido por uma mina, era quase como ter sido ferido na guerra. Leila não gostava dele, achava-o simplório e grosso. Ele não sabia ler ou escrever e falava como um caipira. Como Wakil. Ela sentiu arrepios por baixo da burca ao vê-lo. Ele deu um sorriso torto e tocou de leve a burca dela quando passou por ele para entrar. Arrepiou-se de novo. Morria de medo de ser prometida a ele em casamento. Muitos na família tentavam juntá-los. Shakila e Wakil já haviam perguntado a Bibi Gul sobre Leila.

– Cedo demais – Bibi Gul respondera, mesmo estando na hora de casá-la.

– Está na hora – Sultan replicara. Ninguém havia perguntado a Leila, e ela tampouco teria dado uma resposta. Uma moça educada não responde a perguntas sobre gostar ou não gostar desse ou daquele pretendente. Mas tinha esperanças, esperanças de escapar.

Shakila veio balançando os quadris. Sorrindo, radiante. Todos os receios a respeito do casamento de Shakila e Wakil tinham desaparecido. Ela podia continuar lecionando biologia. Os filhos dele a adoravam, ela limpava seus narizes e lavava suas roupas. Ela fez o marido consertar a casa e dar-lhe dinheiro para cortinas e almofadas novas. E ela mandava seus filhos à escola, o que Wakil e a primeira mulher não tinham feito. Quando os filhos mais velhos resmungaram porque acharam vergonhoso sentar na sala de aula com criancinhas, ela apenas disse: "Vai ficar ainda pior se vocês não forem agora."

Shakila estava felicíssima por finalmente ter um marido. Seus olhos ganharam um brilho novo. Ela parecia apaixonada. Depois de 35 anos como solteirona, o papel de dona de casa caía-lhe como uma luva. As duas irmãs se beijaram nas faces. Jogaram as burcas por cima da cabeça e saíram pelo portão. Leila com sapatos pretos de salto alto, Shakila com escarpins brancos de saltos altíssimos com fivela dourada – os sapatos do casamento. Sapatos se tornam importantes quando não se pode mostrar o corpo, as roupas, o cabelo ou o rosto.

Elas saltavam por cima de poças de lama, evitando as beiradas de barro endurecido e os sulcos fundos de rodas, o cascalho penetrando as solas finas. Pegaram a rua para a escola. Leila ia tentar um emprego como professora. Era este o seu plano secreto.

Shakila tinha perguntado na escola do vilarejo onde trabalhava. Eles não tinham professor de inglês. Mesmo que Leila só tivesse ficado nove anos na escola, ela achava que daria conta de ensinar iniciantes. Quando morava no Paquistão, fez um curso noturno de inglês.

A ESCOLA É CERCADA por um muro de cimento, tão alto que não dá para ver nada por cima dele. Um homem já velho guarda o portão de entrada. Ele cuida para que não entre nenhum indesejado, especialmente homens, porque ali é uma escola para moças, e só há professoras. O pátio da escola já fora um gramado, mas agora era usado para plantar batatas em áreas cercadas junto ao muro. As salas de aula tinham três paredes: atrás e nas laterais, a frente era aberta para o pátio. Assim, a diretora podia ver o que se passava em todas as salas o tempo todo. Os cubículos tinham espaço para alguns bancos, mesas e um quadro-negro. Só as meninas maiores usavam cadeiras e mesas, as outras sentavam no chão para acompanhar o que se escrevia no quadro. Muitas alunas não tinham dinheiro para comprar cadernos, mas escreviam num quadro pequeno ou num pedaço de papel catado em algum lugar.

A confusão ali impera, pois diariamente aparecem novas alunas querendo começar na escola e as salas de aula estão superlotadas. A campanha escolar nacional foi bem-sucedida. No país inteiro há cartazes com fotos de crianças felizes carregando livros. "De volta à escola", diz o único texto, as fotos dizem o resto.

Quando Shakila e Leila chegam, a inspetora está ocupada com uma jovem que quer se matricular. Ela diz que estudou três anos e quer cursar a quarta série.

– Não estou encontrando seu nome nas nossas listas – a inspetora diz enquanto procura nos registros da escola, que por acaso ficaram guardados num armário durante o tempo do Talibã.

A mulher não diz nada.

– Sabe ler e escrever? – a inspetora pergunta.

A mulher hesita. Por fim, confessa que nunca foi à escola.

– Mas seria bom começar na quarta série – ela fala baixinho. – Na primeira elas são tão novas, tenho vergonha de sentar com elas.

A inspetora diz que se ela quer aprender algo, tem que começar do princípio, na primeira série. Uma turma com crianças de cinco anos a adolescentes. Ela seria a mais velha da turma. A jovem agradece e vai embora.

É a vez de Leila. A inspetora lembra dela de antes do Talibã. Leila tinha estudado naquela escola, e a inspetora a aceita de bom grado como professora.

– Mas primeiro você tem que se registrar – ela diz. – Você precisa ir ao Ministério da Educação com seus documentos e fazer um requerimento para trabalhar aqui.

– Mas vocês não têm professoras de inglês, vocês podiam fazer o requerimento por mim. Ou posso começar agora e me registrar depois – sugere Leila.

– Não, primeiro tem que ter uma permissão oficial. São as regras.

Os gritos de mocinhas barulhentas invadem o escritório apertado. Uma professora as cutuca com um galhinho de árvore para que fiquem quietas, e elas vão aos trambolhões para suas salas de aula.

Leila sai abatida pelo portão da escola e o som das alunas agitadas se esvaece. Ela se arrasta pelo caminho até sua casa e chega a esquecer que está andando sozinha nos seus sapatos de salto alto. Como conseguiria ir ao Ministério da Educação sem ninguém notar? O plano era primeiro conseguir o emprego e só depois contar a Sultan. Se ele ficasse sabendo de antemão, ia proibir, mas se ela já tivesse o emprego, ele talvez a deixasse continuar. Lecionar só levaria algumas horas por dia, ela só teria que acordar mais cedo e trabalhar mais duro ainda.

O seu diploma está no Paquistão. Ela quase quer desistir. Mas pensa no apartamento escuro e no chão empoeirado do Mikrorayon e procura um posto de telégrafo por perto. Liga para alguns parentes em Peshawar e lhes pede que enviem seus documentos. Eles prometem ajudá-la e enviá-los por alguém indo para Cabul. O correio afegão não funciona, a maior parte das correspondências é enviada por pessoas que viajam.

Os documentos chegam após algumas semanas. O próximo passo é ir ao Ministério da Educação. Mas como pode ir até lá? Sozinha é impossível. Ela pergunta a Yunus, mas ele não acha que ela deva trabalhar. "Você nunca sabe que tipo de trabalho vão lhe dar", ele diz. "Fique aqui em casa e cuide da sua velha mãe."

O irmão preferido é de pouca ajuda. O sobrinho Mansur se irrita quando ela pede ajuda a ele. Não consegue nada. O ano letivo começou faz tempo. "É tarde demais", diz a mãe. "Espera o ano que vem."

Leila fica desconsolada. "Talvez eu nem queira lecionar", pensa, para ser mais fácil desistir do plano.

Leila vive um impasse. Entre a lama da sociedade e a poeira das tradições. Ela quer enfrentar um sistema fundamentado em séculos de tradição e que paralisa metade da população. Leva meia hora de ônibus até o Ministério da Educação. Uma meia hora impossível. Leila não está acostumada a lutar por algo, ao contrário, está acostumada a desistir. Mas tem que haver uma saída. Só resta encontrá-la.

15
Deus pode morrer?

A eterna chatice dos deveres de casa está deixando Fazil enlouquecido. Ele tem vontade de pular e gritar, mas se contém, como um menino de 11 anos que deve aceitar seu castigo porque não aprendeu o dever de casa. A mão passa devagar sobre a folha de papel. Ele escreve com letras miúdas para não usar muito espaço, os cadernos são caros. A luz da lâmpada a gás deixa um brilho avermelhado na folha, é como escrever em chamas, ele pensa.

Do canto da sala, a avó o observa com seu único olho. O outro queimou quando ela caiu num forno que estava sendo construído no chão. A sua mãe, Mariam, está amamentando Osip, de 2 anos. Quanto mais cansado fica, mais freneticamente vai escrevendo. Ele tem que terminar, mesmo que leve a noite inteira. Não iria suportar que o professor batesse nos dedos dele com a régua outra vez. Não aguentaria a vergonha.

Dez vezes deve escrever o que Deus é: Deus é o criador, Deus é eterno, Deus é todo-poderoso, Deus é bom, Deus é sabedoria, Deus é vida, Deus vê tudo, Deus ouve tudo, Deus governa tudo, Deus julga tudo, Deus...

O motivo do castigo é ele ter dado uma resposta errada a uma pergunta na aula de religião. "Sempre respondo errado", ele se queixa com a mãe. "Porque quando vejo o professor, fico com tanto medo que esqueço. Ele está sempre zangado, e quando você comete um pequeno erro, ele te odeia."

Deu tudo errado quando Fazil teve que ir ao quadro-negro para responder sobre Deus. Ele tinha estudado a matéria, mas quando chegou lá na frente era como se estivesse pensando em outra coisa enquanto lia, e ele não se lembrava de nada. O professor de religião, com a barba longa, turbante, túnica e calças largas, fixou seus olhos pretos e penetrantes nele e perguntou:

– Deus pode morrer?

– Não – diz Fazil, tremendo sob seu olhar, com medo de dar a resposta errada.

– Por que não?

Fazil fica calado. Por que Deus não pode morrer? Nenhuma faca pode atravessá-lo? Nenhuma bala pode feri-lo? Um furor de pensamentos passa pela sua cabeça.

– Então? – pergunta o professor. Fazil enrubesce e gagueja, mas não tem coragem de dizer nada. Um outro menino responde:

– Porque é eterno – ele diz rapidamente.

– Certo. Deus pode falar? – o professor continua.

– Não – diz Fazil. – Ou melhor, sim.

– Se está querendo dizer que ele pode falar, como é que ele fala? – o professor insiste.

Fazil emudece de novo. Como ele fala? Com voz trovejante? Com voz baixa? De novo não consegue responder.

– Então, você diz que ele pode falar, ele tem uma língua? – o professor pergunta.

Será que Deus tem língua?

Fazil tenta pensar no que poderia ser a resposta certa. Ele não acredita que Deus tenha língua, mas não tem coragem de dizer. É melhor não dizer nada do que dizer algo errado e deixar os outros alunos zombarem dele, pensa. De novo um outro menino responde.

– Ele fala por meio do Alcorão. O Alcorão é sua língua.

– Correto. Deus pode ver? – continua o professor.

Fazil percebe que o professor bate de leve com a régua na palma da mão, como se treinasse para os golpes que em breve aplicará nos dedos de Fazil.

– Sim – responde Fazil.

– Como ele vê? Ele tem olhos?

Fazil fica quieto antes de dizer:

– Eu não vi Deus, como posso saber?

O professor bate nos dedos dele com a régua até jorrarem as lágrimas. Ele se sente o mais estúpido da sala, a dor nos dedos não é nada comparada à vergonha de ficar assim. Por fim, recebe uma lição de casa como castigo.

O professor parecia um talibã. Meio ano atrás, todos andavam vestidos como ele. "Se você não aprender isto, não pode continuar nesta série", ele disse por fim. Talvez o professor fosse mesmo um talibã, pensou Fazil. Ele sabia que eram severos.

Depois de escrever o que Deus é, dez vezes, ele tem que decorar tudo. Ele lê de novo antes de repetir em voz alta para a mãe. Finalmente aprendeu. A avó tem pena do neto. Ela também nunca foi à escola, e acha que os deveres são difíceis demais para o menino. Ela segura uma xícara de chá com os tocos de dedos que ainda sobraram em suas mãos e sorve a bebida.

– Quando o profeta Maomé bebia, ele não fazia nenhum barulho – diz Fazil com severidade. – Todas as vezes que tomava um gole, ele afastava a xícara três vezes dos lábios e agradecia a Deus.

A avó lança um olhar com seu único olho:

– É mesmo?

A vida do profeta Maomé é a próxima parte do dever. Ele está no capítulo que trata de seus hábitos e o lê em voz alta, enquanto passa o dedo sobre as letras, da direita para a esquerda.

– "O profeta Maomé, que a paz esteja com ele, sempre sentava no chão. Ele não tinha móveis em casa, porque achava que um homem devia passar pela vida como um viajante, que só descansa na sombra antes de continuar a viagem. Uma casa devia ser apenas um lugar de descanso e proteção do frio, do calor e dos animais selvagens, e para a preservação da privacidade

"Maomé, que a paz esteja com ele, costumava descansar no seu braço esquerdo. Quando pensava profundamente, gostava de cavar a terra com uma pá ou um graveto, ou se sentava com os braços em volta das pernas. Quando dormia, dormia sobre o lado direito com a palma da mão direita sob o rosto. Às vezes dormia de costas, às vezes botava uma perna por cima da outra, mas sempre cuidava para que todas as partes do corpo ficassem cobertas. Não gostava de deitar com o rosto virado para baixo e proibiu os outros de fazerem o mesmo. Não gostava de dormir em quartos escuros ou no telhado. Sempre se lavava antes de deitar e fazia as orações até cair no sono. Roncava baixinho quando dormia. Quando acordava no meio da noite para urinar, lavava as mãos e o rosto ao voltar. Dormia de calção, mas em geral tirava a túnica. Como não havia latrinas nas casas nesta época, o profeta costumava andar por vários quilômetros, saindo da cidade, para não ser visto. Escolhia terra fofa para evitar respingos no seu corpo. Sempre fazia as necessidades atrás de uma pedra ou de uma colina. Sempre tomava banho atrás de um manto ou usava um calção quando tomava banho na chuva. Assoava o nariz sempre usando um lenço."

Fazil continuava a ler em voz alta sobre os hábitos alimentares do profeta. Que ele gostava de tâmara, de misturá-la com leite ou manteiga. Que tinha uma preferência especial pelo pescoço e os lados dos animais, mas que nunca comia cebola ou alho porque não gostava do mau hálito que provocavam. Antes de se sentar para comer, sempre tirava os sapatos e lavava as mãos. Só usava a mão direita para comer, e só comia do seu lado da travessa, nunca botava a mão no meio. Nunca usava talheres, e sim três dedos para comer. Para cada pedaço de comida que levava à boca, agradecia a Deus.

E, quando bebia, não fazia barulho.

Ele fecha o livro.

– Agora vá se deitar, Fazil.

Mariam já fez sua cama no quarto onde eles estavam comendo. Os três irmãos já estão roncando. Mas Fazil ainda tem que ler as orações em árabe. Ele decora as palavras incompreensíveis do Alcorão antes de cair no seu tapete sem se despir. Às sete da manhã tem que estar na escola. Ele estremece. Islã na primeira aula. Ele cai no sono, exausto, e dorme inquieto sonhando que está sendo testado de novo e que não consegue acertar nenhuma resposta. Que sabe as respostas certas, mas não consegue dizê-las.

Lá no alto, nuvens grandes e pesadas se aproximam do vilarejo. Ele adormece e a chuva cai torrencialmente. Penetra no teto de barro e tamborila nos muros lá fora. As gotas se assentam no plástico que cobre as janelas. Uma brisa fria entra no quarto, a avó acorda e vira de lado. "Deus seja louvado", ela diz ao ver a chuva. Ela passa os tocos da mão sobre o rosto como numa prece, vira-se e continua dormindo. As quatro crianças respiram tranquilas à sua volta.

Quando Fazil é acordado, às cinco e meia no dia seguinte, a chuva já amainou e o sol lança os primeiros raios sobre as colinas ao redor de Cabul. Depois de se lavar com a água que a mãe trouxe para ele, de vestir-se e preparar a mochila, o sol já está secando as poças deixadas pela chuva noturna. Fazil toma chá e o café-da-manhã antes de sair correndo. Está de mau humor e implica com a mãe. Ele se zanga quando ela não faz de imediato o que ele pede. Só está pensando no professor de religião.

Mariam não sabe mais o que pode fazer por seu primogênito. Dos quatro filhos, é ele quem recebe a melhor comida e os melhores cuidados. Ela vive preocupada com sua alimentação, que talvez não seja suficiente para seu cérebro. É para ele que compra roupas novas quando porventura tem algum dinheiro extra. É nele que ela deposita suas maiores expectativas. Ela lembra de como ficou feliz quando ele nasceu. Ela gostava do casamento com Karimullah; lembra do parto e da felicidade por ter um menino. Houve uma grande festa e ela e o filho ganharam presentes lindos. Ela recebeu muitas visitas e cuidados. Dois anos depois teve uma filha. Não houve festa nem presentes.

Ela viveu poucos anos com Karimullah. Quando Fazil fez 3 anos, o pai foi morto num tiroteio. Mariam ficou viúva e pensou que a vida havia acabado. A sogra caolha e sua mãe, Bibi Gul, decidiram casá-la com o irmão mais novo de Karimullah, Hazim. Mas ele não era como seu irmão, não tinha as mesmas habilidades, nem era tão forte. A guerra civil destruiu a loja de Karimullah e eles tinham que viver com o que Hazim ganhava como inspetor de alfândega.

Mas Fazil vai estudar e ser um homem famoso, ela sonha. Primeiro pensou que ele ia trabalhar na loja do seu irmão Sultan. Ela achava que uma livraria seria um lugar bom para o desenvolvimento do filho. Sultan tinha assumido a responsabilidade de alimentá-lo, e Fazil comia muito melhor lá do que em casa. Ela chorou no dia em que Sultan mandou-o de volta para casa. Temia que ele tivesse feito algo de errado, mas conhecia os humores de Sultan, e entendeu, aos poucos, que ele simplesmente não precisava mais de um carregador de caixas.

Foi quando o seu irmão caçula, Yunus, veio oferecer-se para matriculá-lo na Esteqlal, uma das melhores escolas de Cabul. Fazil teve sorte e pôde começar na quarta série. Na verdade, tudo tinha se resolvido para melhor, Mariam pensou. Ela pensava com horror no primo de Fazil da mesma idade, Aimal, o filho de Sultan, que mal via o sol e trabalhava de manhã bem cedo até altas horas da noite numa das livrarias do pai.

Ela passa a mão pela cabeça de Fazil antes de ele sair correndo pela rua lamacenta. Ele tenta evitar as poças d'água, pulando em ziguezague entre elas. Fazil tem que atravessar o vilarejo inteiro para chegar ao ponto de ônibus. Ele entra pela frente, onde sentam os homens, e, aos solavancos, viaja até Cabul.

Fazil é um dos primeiros a chegar em sala de aula e senta-se no seu lugar na terceira fileira. Os meninos vêm chegando um a um. A maioria deles é magra e malvestida. Muitos usam roupas largas demais, provavelmente herdadas dos irmãos maiores. Há uma mistura engraçada de estilos. Alguns ainda andam nos trajes que o Talibã obrigou todos os meninos e homens a usar. Algumas calças foram remendadas embaixo, à medida que os meninos cresciam. Outros acharam calças e blusas dos anos 1970 no porão ou no sótão, roupas que os irmãos mais velhos usavam antes de o Talibã chegar ao poder. Um menino vestia uma calça jeans parecendo um balão, amarrada com um cinto na cintura, outros usavam calças boca-de-sino. Outros, por sua vez, usam roupas apertadas demais, a cueca aparecendo por cima do pulôver curto. Dois meninos estavam com o zíper aberto, desacostumados com o novo hábito após tantos anos usando túnica. Alguns usam as mesmas túnicas xadrez puídas usadas pelos meninos órfãos russos. Parecem ter também o mesmo olhar arredio de fome. Um veste um casaco enorme e gasto, dobrado até os cotovelos.

Os meninos brincam e gritam, jogando coisas pela sala e arrastando as carteiras escolares.

Ao soar o sinal, o professor chega e todos os cinquenta alunos estão nos seus lugares. Sentam em altos bancos de madeira fixados às mesas. Os bancos são feitos para dois alunos, mas em muitos há três, para que caibam todos.

Quando o professor entra, todos os alunos se levantam rapidamente e o cumprimentam.

– *Salaam alaikum.* – Que a paz de Deus esteja convosco.

O professor passa devagar entre as fileiras de carteiras vendo se todos trouxeram os livros certos e se fizeram o dever de casa. Ele verifica se unhas, roupas e sapatos estão limpos. Podem não estar totalmente limpos, mas pelo menos não devem estar totalmente sujos. Se não, vão direto para casa.

Então o professor verifica se aprenderam as lições, e, nesta manhã, todos os alunos escolhidos sabem a lição.

– Então vamos continuar. *Haram!* – ele diz em voz alta enquanto escreve a estranha palavra no quadro. – Alguém sabe o que significa?

Um menino levanta a mão.

– Uma ação ruim é *haram*.

Ele está certo.

– Uma ação ruim, que não é típica do muçulmano, é *haram* – diz o professor. – Por exemplo, matar sem motivo. Ou castigar sem motivo. Beber álcool é *haram*, usar drogas e pecar é *haram*. Comer carne de porco é *haram*. Os infiéis não se importam com o que é *haram*. Muitas das coisas que para os muçulmanos são *haram*, para eles são coisas boas. Isto é ruim.

O professor olha para os alunos. Ele desenha um gráfico com os três conceitos, *haram*, *halal* e *mubah*. *Haram* é o que é ruim, proibido, *halal* é o que é bom e permitido, *mubah* são os casos de dúvida.

– *Mubah* é o que não é bom, mas não é pecado. Por exemplo, comer carne de porco para não morrer de fome. Ou caçar, matar para sobreviver.

Os meninos escrevem sem parar. Por fim, o professor faz suas perguntas de praxe para ver se entenderam.

– Se um homem acha que *haram* é uma coisa boa, o que ele é então? – Ninguém consegue responder. – Um infiel – o professor de religião finalmente conclui. – E *haram* é bom ou ruim?

Agora quase todas as mãos estão levantadas. Fazil não tem coragem de levantar a mão, ele morre de medo de não acertar a resposta, e se encolhe como pode na terceira fileira. O professor aponta para um dos meninos, que se coloca em pé ao lado da carteira e responde:

– Ruim!

Era o que Fazil também teria respondido. Um infiel é ruim.

16
O quarto triste

Aimal é o filho mais novo de Sultan, ele tem 12 anos e trabalha 12 horas por dia. Todos os dias, sete dias por semana, é acordado ao nascer do sol. Ele se encolhe novamente antes que Leila ou a mãe o forcem a se levantar. Lava o rosto pálido, veste-se, come um ovo frito com os dedos, molhando pedaços de pão na gema, e bebe chá.

Às oito, Aimal abre a porta da lojinha no saguão escuro de um dos hotéis de Cabul. Ali ele vende chocolate, biscoito, refrigerante e chiclete, conta dinheiro e se entedia. Ele chama a loja de "o quarto triste", e sente uma pontada no coração e no estômago todas as vezes que abre a porta. Ali tem que ficar até que o busquem às oito da noite. Já está escuro e ele vai direto para casa jantar e dormir.

Bem em frente à porta há três baldes. Aimal tenta em vão juntar a água que fica pingando do teto. Não importa quantos baldes ele coloque, há sempre poças em frente a sua porta, e as pessoas desviam tanto dos baldes como da lojinha. Muitas vezes o saguão fica no escuro. As cortinas pesadas são abertas de dia, mas a luz do dia não consegue alcançar os cantos escuros. De noite, quando há energia elétrica, eles acendem as lâmpadas. Quando não há, colocam grandes lâmpadas a gás no balcão da recepção.

Quando o hotel foi construído, nos anos 1960, era o mais moderno de Cabul. O saguão ficava cheio de homens em ternos elegantes e mulheres de saia curta e penteado da moda. Serviam bebidas alcoólicas e havia música ocidental. Até o rei gostava de vir para participar de reuniões ou para jantar.

Os anos 1960 e 1970 foram caracterizados pelos regimes mais liberais de Cabul. Primeiro com o governo "civilizado" de Zahir Shah, seguido pelo de seu primo Daoud, que endureceu politicamente e encheu as cadeias de prisioneiros políticos, mas que deixou a superfície parecer alegre, ocidental e moderna. O prédio abrigava bares e boates. Mas a decadência chegou ao hotel, como no resto do país. Durante a guerra civil foi totalmente destruído. Os quartos de frente para a cidade foram perfurados por balas, granadas caíram nos balcões e mísseis arrasaram o telhado.

Depois da guerra civil, quando o Talibã tomou o poder, o trabalho de reconstrução se arrastou. Havia poucos hóspedes e ninguém precisava dos quartos bombardeados. Os mulás no poder não estavam interessados em desenvolver o turismo, ao contrário, queriam o menor número possível de estrangeiros no país. O teto desabou e os corredores ficaram tortos, com as paredes bombardeadas pela metade e sem firmeza.

Agora que outro regime quer cunhar sua marca em Cabul, já iniciaram obras para tapar os furos nas paredes e trocar as janelas quebradas. Aimal muitas vezes fica observando as tentativas de se consertar o teto, os eletricistas que desesperadamente se esforçam para fazer o gerador funcionar quando uma reunião importante é programada e precisam de microfones e alto-falantes. O saguão é o playground de Aimal. Ali pode deslizar na água e ficar passeando. Mas é só. Ele se sente terrivelmente entediado. Terrivelmente só.

Às vezes conversa com os outros naquele saguão de tristeza. Os homens que limpam e varrem, os recepcionistas, os porteiros, o pessoal da segurança, um ou outro hóspede e os demais vendedores. É raro algum deles receber um comprador. Um homem fica atrás de um balcão vendendo joias afegãs. Também ele passa o dia todo sem fazer nada. Não há uma grande demanda de joias entre os hóspedes do hotel. Um outro vende lembranças, a preços impraticáveis, o que afasta a freguesia.

Muitas vitrines estão empoeiradas e cobertas de cortinas ou papelão. "Ariana Airlines" está escrito numa placa quebrada. No passado, a companhia já teve uma frota de aviões de grande porte. Aeromoças cheias de classe serviam os passageiros, que podiam beber uísque e conhaque. A guerra civil acabou com muitos aviões, o resto foi destruído pelas bombas dos americanos na sua busca por Osama bin Laden e pelo mulá Omar. Um único avião escapou das bombas, estava no aeroporto de Nova Délhi em 11 de setembro. É este avião que vai salvar a Ariana, que ainda faz o percurso de ida e volta Cabul-Nova Délhi. Mas não é o suficiente para reabrir os escritórios da Ariana no hotel.

Num canto do saguão fica o restaurante que serve a pior comida de Cabul, mas que tem os garçons mais afáveis da cidade. Parece que precisam compensar pelo arroz insípido, o frango ressecado e as cenouras insossas.

No meio do saguão há uma divisória baixa de madeira separando o piso externo do interior coberto com um tapete verde. O tempo todo veem-se hóspedes, ministros, auxiliares e garçons sobre tapetinhos dispostos sobre o tapete verde. Na oração são todos iguais. No subsolo há uma sala de orações mais ampla, mas a maioria se contenta com alguns minutos no tapete em meio a dois grupos de sofás.

Numa mesa bamba há uma TV sempre ligada. Fica bem em frente à loja de Aimal, mas ele raramente para para olhar. A TV Cabul, o único canal dos afegãos, não tem uma programação muito interessante. Há um monte de programas religiosos, alguns longos programas de debates, alguns noticiários e muita música tradicional acompanhando fotografias da paisagem afegã. O canal contrata apresentadoras, mas não cantoras e dançarinas. "O povo ainda não está pronto", os governantes dizem. De vez em quando passa um desenho animado polonês ou tcheco. Aí Aimal vai correndo ver. Mas muitas vezes ele se decepciona, já viu a maioria deles.

Em frente ao hotel fica o que uma vez foi seu orgulho – uma piscina. Foi inaugurada com toda a pompa num lindo dia de verão, e todos os habitantes de Cabul, pelo menos os homens, foram convidados. A piscina teve um triste fim. Não demorou para a água ficar marrom, pois ninguém tinha pensado em instalar um sistema de filtragem. A água foi se tornando cada vez mais suja, até a piscina ser fechada.

Alguns frequentadores garantiram que tiveram erupções e outras doenças de pele por terem entrado na água. Rumores circulavam de que várias pessoas até morreram. A piscina foi esvaziada e nunca mais viu uma gota de água.

Agora, o fundo azul-claro está coberto por uma grossa camada de poeira, enquanto roseiras ressecadas ao longo da cerca fazem uma vã tentativa de esconder a monstruosidade. Ao lado fica uma quadra de tênis, que também não está sendo usada. O hotel ainda mantém o instrutor de tênis na sua lista telefônica. Mas ele tem sorte, pois já encontrou outro trabalho, e a demanda por seus serviços não é lá grande coisa nesta primavera de uma nova Cabul.

Os dias de Aimal consistem de passeios irrequietos entre a lojinha, o restaurante e os sofás puídos. Ele é responsável e vigia a loja caso alguém apareça. Já houve tempos de muita procura, as mercadorias sendo arrancadas das prateleiras. Quando o Talibã caiu, a cidade fervia de jornalistas, que durante meses acompanharam os soldados da Aliança do Norte, comendo arroz estragado e bebendo chá verde, empanturrando-se com as guloseimas contrabandeadas do Paquistão que Aimal vendia. Eles compravam água por 3 libras a garrafa, queijos cremosos por 9 libras a caixa e vidros de azeitona a uma fortuna em cada azeitona.

Os jornalistas não se importavam com os preços, porque tinham conquistado Cabul e acabado com o Talibã. Estavam sujos e barbudos, mais parecendo guerrilheiros, e as mulheres se vestiam como homens e calçavam botas imundas. Muitas tinham cabelo claro e pele cor-de-rosa.

Aimal às vezes subia escondido para o terraço onde ficavam os repórteres com microfones falando para câmeras enormes. Não pareciam mais guerrilheiros, já haviam se lavado e penteado o cabelo. O saguão vivia cheio de figuras engraçadas que brincavam e batiam papo com ele. Aimal tinha aprendido um pouco de inglês no Paquistão, onde morou como refugiado a maior parte da sua vida.

Ninguém perguntava por que ele não estava na escola. Não havia escolas funcionando ainda. Ele contava os dólares, usava a calculadora e sonhava em se tornar um grande homem de negócios. Fazil trabalhava com ele na época, e os dois meninos acompanhavam com olhos arregalados o mundo esquisito que havia invadido o hotel, enquanto enchiam a caixa de dinheiro. Mas, após algumas semanas, os jornalistas sumiram do hotel, onde muitos tinham quartos sem água, energia elétrica ou janelas. A guerra havia acabado, um novo líder fora nomeado e o Afeganistão não era mais interessante.

Quando os jornalistas desapareceram, os novos ministros afegãos, seus secretários e auxiliares se mudaram para o hotel: pashtun escuros de Kandahar, afegãos voltando do exílio em ternos sob medida e líderes guerrilheiros das estepes, agora sem barba, enchiam os sofás do saguão.

O hotel tinha se tornado o lar dos governantes do país, que não tinham onde morar em Cabul. Ninguém ligava para Aimal ou comprava algo em sua loja. Nunca tinham provado os chocolates que vendia e tomavam água da torneira. Nem em sonho gastariam dinheiro nas guloseimas importadas de Aimal. Azeitonas italianas e queijo cremoso francês Kiri fora da data de validade não apeteciam.

De vez em quando, um jornalista ou outro aparecia no Afeganistão, no hotel e na loja.

– Ainda aqui? Por que não está na escola? – costumavam perguntar.

– Vou à escola à tarde – Aimal respondia se fosse de manhã. – Vou à escola de manhã – respondia se fosse à tarde.

Não tinha coragem de admitir que, como um menino de rua qualquer, não frequentava a escola. Porque Aimal é um rapazinho rico. O seu pai é um livreiro rico, um pai que ama as palavras e as histórias, um pai com grandes sonhos e grandes planos para o seu império de livros. Um pai que não confia em ninguém além dos próprios filhos para gerenciar suas livrarias. Um pai que não se preocupou em matricular os filhos quando as escolas de Cabul reabriram após a comemoração do ano-novo. Aimal pediu repetidamente, mas Sultan sempre dizia: "Você vai ser um homem de negócios, e isto pode aprender melhor ficando na loja."

A cada dia que passava, Aimal ficava mais desanimado e insatisfeito, cada vez mais pálido. Seu corpo de menino ficou curvo e sem vigor. Falavam dele como "o menino triste". Quando voltava para casa, brigava com os irmãos, a única maneira de gastar um pouco de energia. Aimal olhava seu primo Fazil com inveja, por ter sido admitido na Esteqlal, uma escola mantida pelo governo francês. Fazil voltava com cadernos, caneta, régua, compasso, apontador, lama subindo pelas calças e um monte de histórias divertidas.

– O pobre órfão Fazil pode ir à escola – Aimal se queixava com Mansur, seu irmão mais velho. – Mas eu, eu que tenho um pai que já leu todos os livros do mundo, tenho que trabalhar 12 horas por dia. Eu deveria estar jogando futebol, fazendo amigos, saindo por aí.

Mansur concordava, ele não gostava que Aimal tivesse que ficar naquela loja escura o dia todo. Ele também pediu a Sultan para mandar o caçula para a escola. "Mais tarde", o pai dizia. "Mais tarde, agora temos que ficar juntos. É agora que estamos construindo as bases do nosso império."

O que Aimal podia fazer? Fugir? Se recusar a levantar de manhã?

Quando o pai viaja, Aimal ousa sair do saguão. Ele fecha a loja e dá uma volta no estacionamento. Talvez encontre alguém para jogar conversa fora. Um dia, conheceu um voluntário britânico. Seu carro havia sido roubado pelo Talibã e ele entrara no hotel para pedir informações. Descobriu que o novo dono do carro era um ministro, que alegou ter comprado o carro de maneira legal. O inglês agora passava na loja de Aimal de vez em quando. Aimal sempre perguntava como ia o caso do seu carro.

– Ah, você pode imaginar, sumiu de vez – ele respondia. – Novos ladrões sempre assumem o lugar dos velhos!

Raramente acontecia algo para quebrar a monotonia, e o saguão ficava tão lotado de pessoas que o eco dos seus passos não era audível quando ele saia às escondidas para ir ao toalete. Como quando o ministro da Força Aérea foi assassinado. Como outros ministros estrangeiros, Abdur Rahman também morava no hotel. Durante a Conferência das Nações Unidas em Bonn, depois da queda do Talibã e quando o novo regime do Afeganistão teve que ser constituído às pressas, ele teve apoio suficiente para ser nomeado ministro. "Um playboy e um charlatão", assim os opositores o chamavam.

O drama aconteceu quando milhares de *hadji* – peregrinos a caminho de Meca – foram deixados no aeroporto de Cabul, ludibriados por uma companhia aérea que vendera passagens sem ter avião. A Ariana então fretou um avião para Meca, mas não havia lugares para todos.

Os peregrinos de repente avistaram um avião da Ariana taxiando na pista e correram até ele. Mas o avião não ia para Meca, mas para Nova Délhi, com o ministro da Força Aérea a bordo. Os *hadji*, em seus trajes brancos, tiveram o acesso ao avião negado. Furiosos, golpearam os comissários de bordo, subiram as escadas correndo, entrando no avião.

Encontraram o ministro que acabara de se instalar confortavelmente ao lado de dois secretários. Os peregrinos o arrastaram para o corredor, onde foi surrado até a morte.

Aimal foi um dos primeiros a saber do caso. O saguão do hotel fervia, as pessoas queriam detalhes. "Um ministro morto a pancadas por peregrinos? Quem estava por trás disso?"

Uma após a outra, várias teorias conspiratórias alcançaram os ouvidos de Aimal. "Será o começo de uma rebelião armada? É uma rebelião étnica? São os tadjiques que querem matar os pashtun? É uma vingança pessoal? Ou são apenas peregrinos desesperados?"

De repente, o saguão ficou ainda mais medonho. O zunzum de vozes, rostos sérios, rostos nervosos – Aimal sentiu vontade de chorar.

Ele voltou ao quarto triste. Sentou-se atrás da mesa. Comeu uma barra de chocolate. Faltavam quatro horas para ele voltar para casa.

O faxineiro veio varrer o chão, esvaziando a cesta de lixo.

– Parece triste, Aimal.

– *Jigar khoon* – disse o menino. "Meu coração está sangrando", falou em persa, expressando profunda tristeza.

– Você o conhecia? – o faxineiro perguntou.

– Quem?

– O ministro.

– Não – respondeu Aimal. – Ou melhor, um pouco.

Sentia-se melhor tendo um coração sangrando pelo ministro do que por sua própria infância perdida.

17
O carpinteiro

Mansur entra arfando na livraria do pai. Na mão segura um pequeno embrulho.

– Duzentos cartões-postais! – ele diz ofegante. – Ele tentou roubar duzentos cartões-postais!

Mansur tem suor no rosto. Ele correu muito.

– Quem? – pergunta o pai. Ele deixa a calculadora de lado no balcão, anota um número no livro de contas e olha para o filho.

– O carpinteiro!

– O carpinteiro? – o pai pergunta surpreso. – Tem certeza?

Orgulhoso, como se tivesse salvado os negócios do pai de um grupo de perigosos mafiosos, o filho entrega-lhe o envelope pardo.

– Duzentos cartões-postais – ele repete. – Quando ele estava saindo, achei que estava meio constrangido. Mas como era seu último dia, pensei que fosse por isso. Ele perguntou se podia fazer mais alguma coisa. Disse que precisava de trabalho. Eu disse que ia perguntar a você, já que as prateleiras estavam prontas. Aí vi alguma coisa no bolso do colete dele. "O que é isso?", perguntei. "O quê", ele disse desnorteado. "No bolso", falei. "É algo que trouxe comigo", ele respondeu. "Me mostra", pedi. Ele se recusou. Por fim tirei o embrulho do seu bolso. E aqui está! Ele tentou roubar nossos cartões-postais! Mas não conseguiu, porque eu estava de olho!

Mansur enfeitou um pouco a história. Como sempre, estava dormindo quando Jalaluddin estava para sair. Foi o faxineiro Abdur que flagrou o carpinteiro. Abdur o viu pegando os cartões. "Não vai mostrar ao Mansur o que tem aí no bolso?", ele disse Jalaluddin continuou andando.

O faxineiro era um pobre hazara, do grupo étnico mais baixo na hierarquia social de Cabul. Raramente falava "Mostra seus bolsos ao Mansur", ele gritou atrás do carpinteiro. Só então Mansur reagiu e tirou os cartões do bolso de Jalaluddin. Agora aguarda ansioso o apreço do pai. Mas o pai apenas olha a pilha com calma e pergunta:

– Hum. Onde ele está agora?

– Eu o mandei para a casa, mas disse que não ia deixar barato!

SULTAN FICA em silêncio. Lembra-se de quando o carpinteiro o procurou na livraria. Eles eram do mesmo vilarejo e foram quase vizinhos. Jalaluddin não tinha mudado desde menino, continuava magrelo, com olhos grandes, medrosos e esbugalhados. Talvez estivesse até um pouco mais magro do que antes. Embora tivesse só 40 anos, suas costas já se curvavam. Ele veio de uma família pobre, mas de boa índole. O pai também era carpinteiro, até ter problemas com a vista alguns anos atrás, tendo que parar de trabalhar.

Sultan tinha ficado contente por poder lhe oferecer trabalho, Jalaluddin era um bom artesão e Sultan estava precisando de novas prateleiras. Até então, tinha prateleiras comuns nas suas livrarias, onde os livros ficavam em pé, as lombadas à mostra. As prateleiras cobriam as paredes, e outras ficavam no meio da livraria. Mas ele estava precisando de prateleiras onde pudesse expor os livros. Agora que tinha mandado imprimir tantos títulos, queria prateleiras inclinadas, com uma pequena barra na frente para poder exibir a capa inteira. Dessa maneira, teria uma livraria como no Ocidente. Combinaram um pagamento de 3 libras por dia e, no dia seguinte, Jalaluddin voltou com martelo, serrote, trena, pregos e as primeiras tábuas.

O depósito no fundo da livraria foi transformado numa oficina de marcenaria. Jalaluddin martelava todos os dias, entre prateleiras cheias de cartões-postais. Os cartões eram um dos artigos mais rentáveis de Sultan. Ele os imprimia barato no Paquistão e os vendia bem caro. Normalmente, Sultan escolhia as ilustrações a seu critério, sem pensar em dar o crédito ao fotógrafo ou desenhista. Ele encontrava uma foto, levava para o Paquistão e mandava imprimir. Alguns fotógrafos também tinham dado suas fotos a ele de graça. E os cartões vendiam bem. O maior grupo de compradores eram os soldados da força de paz internacional. Quando estavam patrulhando Cabul, paravam em frente à livraria de Sultan para comprar cartões. Cartões de mulheres de burca, crianças brincando em cima de tanques de guerra, antigas rainhas com vestidos ousados, budas do Bamiyan antes e depois das explosões do Talibã, cavalos *buzkashi*, crianças em roupas tradicionais, paisagens selvagens, a Cabul de antes e de agora. Sultan escolhia bem as ilustrações e não era raro os soldados saírem da livraria com uns dez cartões cada.

A diária de Jalaluddin valia exatamente nove cartões. Eles ficavam no fundo da loja em pilhas, centenas de cada motivo. Guardados em sacos e fora de sacos, com elástico e sem elástico, em caixas, embrulhos e nas prateleiras.

– Duzentos, você disse. – Sultan ficou pensativo. – Você acha que foi a primeira vez?

– Não sei, ele disse que ia pagar por eles, mas que tinha se esquecido.

– Sim, e quer que acreditemos nisso.

– Alguém deve ter pedido para ele roubá-los – disse Mansur, convicto. – Ele não é esperto o bastante para conseguir revender os cartões. E não deve ser para colocá-los na parede que ele os roubou.

Sultan pragueja palavrões. Ele não tinha tempo para resolver isto. Dali a dois dias ia viajar para o Irã, pela primeira vez em muitos anos. Tinha muitas coisas pendentes, mas primeiro teria que cuidar deste caso. Ninguém podia roubá-lo e depois fugir.

– Cuide da livraria, vou até a casa dele. Temos que esclarecer isto direitinho – disse Sultan. Ele levou Rasul, que conhecia bem o carpinteiro, e foram até o vilarejo de Deh Khudaidad.

Uma nuvem de poeira acompanhou o carro ao atravessarem o povoado até chegarem ao caminho que levava à casa de Jalaluddin.

– Lembre-se, ninguém deve saber disso, não há necessidade de a família toda sentir vergonha – Sultan disse a Rasul.

Na vendinha da esquina, onde começava a rua, havia um grupo de homens, entre eles o pai de Jalaluddin, Faiz. Ele sorriu para eles, apertou a mão de Sultan e o abraçou.

– Entre para tomar chá – ele disse convidativo, ficando claro que não sabia de nada sobre os cartões roubados. Os outros homens também queriam trocar palavras com Sultan, um exemplo de homem que conseguira subir na vida.

– Nós apenas queríamos falar com o seu filho – disse Sultan. – Você pode chamá-lo?

O velho saiu correndo e voltou com o filho dois passos atrás. Jalaluddin olhou para Sultan com medo.

– Estamos precisando de você na livraria, poderia vir conosco? – disse Sultan. Jalaluddin acenou com a cabeça.

– Voltem para tomar chá outro dia – falou o pai atrás deles.

– VOCÊ SABE do que se trata – diz Sultan secamente no banco de trás do carro, ao saírem do povoado com Rasul ao volante. Estavam se dirigindo para a casa do irmão de Wakil, Mirdzjan, que é policial.

– Eu apenas queria olhá-los, eu ia devolvê-los, só queria mostrá-los a meus filhos. São tão bonitos.

O carpinteiro está encolhido, de ombros caídos, como se tentasse ocupar o menor espaço possível.

Ele mantém as mãos entre as pernas. Vez ou outra enfia as unhas nos ossos magros. Lança para Sultan um olhar furtivo e nervoso ao falar, parecendo um passarinho depenado e arisco. Confiante, Sultan encosta-se no banco e o interroga com calma.

– Preciso saber quantos cartões você pegou.

– Só peguei aqueles que viram...

– Não acredito.

– É verdade.

– Se não confessar que roubou outros, vou fazer queixa na polícia.

O carpinteiro tenta agarrar a mão de Sultan no ar, cobrindo-a de beijos. Sultan a puxa de volta.

– Deixe disto, não seja idiota.

– Em nome de Alá, pela honra da família, não roubei outros. Não me ponha na cadeia, por favor, vou pagar tudo, sou um homem honesto, me perdoe, foi uma estupidez, me perdoe. Tenho sete filhos, duas das minhas filhas têm pólio. Minha mulher está esperando outro filho, não temos nada para comer. Meus filhos estão definhando, minha mulher chora todo dia porque o que ganho não dá para alimentar a todos. Comemos batatas e legumes cozidos, nem temos dinheiro para o arroz. Minha mãe vai até hospitais e restaurantes para pegar restos de comida. Às vezes tem arroz cozido sobrando. Às vezes eles vendem as sobras no mercado. Nos últimos dias nem tivemos pão. Além disto estou cuidando dos cinco filhos da minha irmã, o marido dela está desempregado e ainda moro junto com a minha velha mãe, pai e avó.

– A escolha é sua, confesse que roubou outros cartões e não irá preso – diz Sultan.

A conversa gira em círculos, o carpinteiro se queixa de ser pobre e Sultan insiste para que confesse um roubo maior e conte para quem vendeu os cartões.

Já atravessaram Cabul inteira e estão novamente fora da cidade. Rasul os leva por ruas lamacentas. Pessoas voltam para casa antes de escurecer. Alguns vira-latas brigam por um osso. Crianças correm sem sapatos. Um homem de bicicleta carrega sua mulher de burca na garupa. Um velho de sandálias debate-se com uma carroça de laranjas, seus pés afundam nos sulcos fundos deixados pelos carros na lama, surgida na chuva forte dos últimos dias. A rua de terra outrora sólida agora torna-se uma via coberta de lixo, restos de comida e excrementos de animais trazidos dos becos para a estrada pela chuva torrencial.

Rasul para em frente a um portão. Sultan pede para ele ir bater na porta. Mirdzjan abre, cumprimenta a todos e convida-os para subir.

Quando os homens sobem a escada, ouve-se o sibilar de saias leves. As mulheres da casa estão se escondendo. Algumas ficam atrás de portas semicerradas, outras atrás de cortinas. Uma jovem espreita por uma fresta na porta para ver quem chega tão tarde para uma visita. Nenhum homem com exceção dos parentes pode vê-las. São os filhos maiores que servem o chá que as irmãs e a mãe prepararam na cozinha.

– Então? – diz Mirdzjan. Ele está sentado no chão, vestindo sua túnica tradicional com calças largas, o traje que o Talibã obrigou todos os homens a usar. Mirdzjan adora usar esta roupa, ele é baixinho e rechonchudo e fica confortável na vestimenta larga. Mas agora tem que usar roupas de que não gosta muito, aquelas usadas pela polícia antes do regime talibã. Ficaram muito apertadas depois de cinco anos no armário. Além de serem muito quentes, só o uniforme de inverno de lã grossa sobreviveu ao tempo. Os uniformes foram feitos de acordo com o modelo dos uniformes russos, mais indicados para a Sibéria do que para Cabul, e Mirdzjan passa os dias suando no calor que pode chegar a 30 graus.

Sultan faz um breve relato do caso para ele. Como num interrogatório, Mirdzjan deixa todos se explicarem. Sultan está ao seu lado, Jalaluddin na sua frente. Ele balança a cabeça compreensivo diante do que ouve, mantendo um tom de voz leve e suave. A Sultan e Jalaluddin são oferecidos chá e balas de caramelo, e falam cada um por si.

– É para o seu bem solucionarmos o caso aqui em vez de levá-lo para a delegacia de polícia – diz Mirdzjan.

Jalaluddin olha para o chão, esfrega as mãos e gagueja por fim uma confissão, não para Sultan, mas para Mirdzjan:

– Peguei talvez uns quinhentos. Mas estão todos em casa, vão tê-los de volta. Não mexi neles.

– Ora, muito bem – diz o policial.

Mas para Sultan a confissão do carpinteiro não basta.

– Tenho certeza de que você roubou muito mais. Confesse! A quem você os vendeu?

– Seria melhor você confessar tudo agora – diz Mirdzjan. – Caso seja interrogado na delegacia, vai ser de forma bem diferente do que aqui, sem chá ou balas de caramelo – ele diz enigmaticamente, olhando Jalaluddin de frente.

– Mas é verdade, não vendi nenhum. Por Alá, eu juro – ele diz olhando de um para outro. Sultan insiste, repetem-se as palavras, está na hora de ir embora. São quase dez horas, hora do toque de recolher, e Sultan tem que deixar o carpinteiro em casa antes de voltar para a sua. Quem estiver de carro depois dessa hora vai preso. Algumas pessoas foram até mortas porque os soldados se sentiram ameaçados pelos carros que insistiam em trafegar.

Eles se sentam no carro em silêncio. Rasul pede insistentemente que o carpinteiro diga toda a verdade.

– Senão nunca verá o fim desse caso, Jalaluddin – ele diz. Ao chegarem, o carpinteiro corre até sua casa para pegar os cartões-postais. Ele volta logo, com uma pequena trouxa. Os cartões estão embrulhados num lenço com estampas laranja e verde. Sultan, cheio de admiração, olha seus cartões, de volta ao seu verdadeiro dono, os cartões que logo estarão nas prateleiras novamente. Mas primeiro vai usá-los como prova. Rasul liga o carro, precisa levar Sultan para casa. O carpinteiro fica cabisbaixo na esquina da rua.

QUATROCENTOS E OITENTA cartões. Eqbal e Aimal estão contando os cartões no chão. Sultan calcula quantos cartões o carpinteiro poderia ter roubado. Os cartões têm ilustrações variadas. Ficam em pacotes com cem cartões cada.

– Caso tenham sumido pacotes inteiros, fica difícil de saber, mas se sumiram uns dez de cada pacote é possível que ele só tenha aberto alguns, pegando alguns cartões de cada – raciocina Sultan. – Vamos contá-los amanhã.

NA MANHÃ seguinte, enquanto estão contando, aparece de repente o carpinteiro na porta. Ele fica parado, mais encurvado do que antes. De repente, corre até Sultan e beija seus pés. Sultan o levanta do chão, gritando entre os dentes:

– Comporte-se, homem! Não quero suas orações!

– Me perdoe, me perdoe, vou pagar tudo, vou pagar, mas tenho filhos passando fome em casa.

– Vou repetir o que disse ontem. Não preciso do seu dinheiro, mas quero saber a quem você vendeu. Quantos pegou?

O velho pai de Jalaluddin, Faiz, também veio. Ele quer se abaixar para beijar os pés de Sultan, mas Sultan o levanta antes de ele alcançar o chão, não fica bem alguém beijar seus sapatos, pior ainda um velho vizinho.

– Quero que saiba que bati nele a noite toda. Tenho tanta vergonha. Sempre o eduquei para ser um trabalhador honesto, e agora! Agora tenho um filho ladrão – ele diz enquanto lança um olhar ao filho, que treme num canto. O encurvado carpinteiro parece uma criança que roubou e mentiu e agora vai apanhar.

Sultan conta ao pai do carpinteiro, com calma, o que aconteceu, que Jalaluddin levou os cartões para casa e que eles agora têm que saber quantos e a quem ele os vendeu.

– Dê-me um dia e vou fazer ele confessar tudo, caso haja mais a confessar – pede Faiz. Seus sapatos estão abrindo na costura. Não tem meias e as calças estão amarradas com um barbante. O casaco está puído nas mangas. Ele tem o mesmo rosto que o filho, apenas um pouco mais moreno, mais fechado e mais caído. Os dois são frágeis e magros. O pai fica em frente a Sultan sem saber o que fazer. Sultan tampouco sabe o que fazer, ele se sente constrangido pela presença do velho, um homem que poderia ser seu próprio pai.

Por fim, Faiz se decide. Ele dá uns passos firmes até a estante onde está o filho. Lá, como um raio, seu braço dispara. E lá, no meio da livraria, dá uma surra no filho.

– Seu desgraçado, seu cafajeste, você é uma vergonha para toda a família, nunca devia ter nascido, é um fracassado, um patife – o pai grita, batendo e chutando. Ele enfia o joelho na barriga do filho, o pé na coxa, e dá socos nas costas. Jalaluddin se deixa bater, fica curvado para a frente protegendo o peito com os braços, enquanto o pai o surra. Por fim, se desprende e sai correndo da livraria, desce a escada e some na rua.

O chapéu de pele de carneiro de Faiz está no chão. Ele o apanha e sacode antes de pô-lo na cabeça. Endireita-se, cumprimenta Sultan e sai. Pela janela, Sultan o vê subir na bicicleta cambaleando, olhar à direita e à esquerda e sair pedalando, inflexível e tranquilo, de volta ao seu vilarejo.

Quando a poeira se assenta depois do incidente embaraçoso, Sultan continua com suas contas como se nada houvesse acontecido.

– Ele trabalhou aqui por quarenta dias. Vamos supor que tenha pego duzentos cartões todo dia, são oito mil cartões. Tenho certeza de que ele roubou pelo menos oito mil cartões – ele diz fitando Mansur, que apenas dá de ombros. Foi um sofrimento ver o pobre carpinteiro levar uma surra do pai. Mansur não dá a mínima para os cartões. Ele acha que deveriam esquecer tudo, agora que os cartões foram devolvidos.

– Ele não tem cabeça para revendê-los, esquece isto – pede.

– Pode ter sido um roubo encomendado. Você conhece todos aqueles donos de lojas que vieram comprar cartões conosco, faz tempo que não os vejo. Pensei que tivessem muitos cartões em estoque, mas, pense bem, eles podem ter comprado cartões baratos do carpinteiro. E ele é estúpido o bastante para tê-los vendido muito barato. O que você acha?

Mansur dá de ombros de novo. Ele conhece o pai e sabe que ele quer esclarecer tudo. Também já sabe que vai sobrar para ele, porque o pai vai para o Irã e ficará fora por um mês.

– Que tal você e Mirdzjan continuarem com as investigações enquanto eu estiver fora? Assim, vão descobrir a verdade. Ninguém pode roubar Sultan – ele diz com olhar fixo. – Ele podia ter me arruinado. Imagine se ele rouba milhares de cartões e os revende para bancas e livrarias em toda Cabul. Elas os vendem bem mais barato do que eu, as pessoas vão começar a comprar com elas e não comigo. Perco todos os clientes, soldados que compram cartões-postais e todos que também compram livros. Vão falar que sou mais careiro que os outros. No fim posso ir à falência.

Mansur escuta as hipotéticas desgraças do pai sem prestar muita atenção. Ele está com raiva e irritado por ter ainda mais problemas para resolver na ausência dele. Além de registrar todos os livros, sempre buscar novas caixas enviadas pelas gráficas do Paquistão, cuidar de toda a papelada da livraria, ser motorista para os irmãos e cuidar da sua própria livraria, agora seria também um investigador policial.

– Vou cuidar disso – ele diz seco. Não havia outra coisa a dizer.

"Não amoleça, não amoleça", foram as últimas palavras de Sultan antes de embarcar no avião para Teerã.

DEPOIS QUE O PAI se foi, Mansur se esqueceu do problema. O período de devoção por que passou após sua peregrinação acabara há um bom tempo. Durara uma semana. Não viu nenhum retorno por rezar cinco vezes ao dia. A barba começou a coçar e todos diziam que ele parecia desleixado. Ele não gostava de usar a túnica larga. "Se não consigo ter pensamentos permitidos é melhor deixar o resto para lá", disse a si mesmo, e desistiu da devoção tão rápido quanto a tinha adotado. A peregrinação de Mansur não passou de uma viagem de férias.

Na primeira noite em que o pai estava fora, planejou uma festa com dois amigos. Eles gastaram fortunas em vodca do Uzbequistão, conhaque da Armênia e vinho tinto do mercado paralelo. "Isto é o melhor que há, tudo com 40%, e o vinho tem 42%", o vendedor dizia. Os rapazes pagaram 40 dólares por garrafa. Não sabiam que o vendedor havia alterado o rótulo da garrafa de vinho francês, que passara de 12% para 42% de teor alcoólico. A bebida tinha que ser forte. A maioria dos clientes era de rapazes jovens, que longe do olhar rígido dos pais bebiam para ficarem bêbados.

Mansur nunca tinha bebido álcool, uma das coisas mais proibidas pelo Islã. Bem cedo à noite, os dois amigos começaram a beber. Misturaram conhaque com vodca num copo e depois de uns dois drinques cambalearam no quarto lúgubre de hotel que haviam alugado para que os pais não os vissem. Mansur ainda não estava lá porque tinha que levar os irmãos mais novos para casa, e, quando chegou, seus amigos estavam gritando, querendo pular da sacada. Depois correram para vomitar.

Mansur mudou de ideia, o álcool não o tentava mais. Beber para passar mal não valia a pena.

NA CASA DE JALALUDDIN ninguém consegue dormir. As crianças estão deitadas no chão, chorando quietas. O último dia fora o pior que já tiveram: ver seu pai amável levar uma surra do avô e ser chamado de ladrão. Parecia que a vida inteira virara pelo avesso. O pai de Jalaluddin está dando voltas no quintal. "Como pude ter um filho desses, que envergonha a família. O que fiz de errado?"

O primogênito, o ladrão, está sentado num tapete no único quarto. Ele não pode deitar porque as costas estão cheias de marcas vermelhas depois que o pai o espancou com um galho grosso. Os dois voltaram para casa depois da surra na livraria. O pai veio de bicicleta e depois o filho chegou a pé da cidade. O pai recomeçou de onde parou na livraria e o filho não opôs nenhuma resistência. Enquanto o açoite ardia em suas costas e as pragas o metralhavam feito granizo, a família os olhava apavorada. As mulheres tentaram tirar as crianças dali, mas não havia para aonde ir.

A casa fora construída em volta de um pátio, uma das paredes era a cerca que dava para a rua. Ao longo de duas das paredes havia plataformas onde ficavam os quartos com janelões virados para o pátio, cobertos de plástico – um quarto para o carpinteiro, a mulher e os sete filhos, um quarto para a mãe, o pai e a avó, um quarto para a irmã, seu marido e os cinco filhos, uma sala para as refeições e uma cozinha com fogão a lenha, fogareiro e algumas prateleiras.

Os tapetes onde os filhos do carpinteiro estavam encolhidos eram uma confusão de trapos e retalhos. Espalhados no chão, havia pedaços de papelão, plástico e várias camadas de sacos de farinha. As duas meninas com pólio tinham talas de metal numa das pernas e muletas ao lado. Duas outras tinham um tipo virulento de eczema pelo corpo todo, com crostas que coçavam até sangrar.

Enquanto os amigos de Mansur vomitavam pela segunda vez, as crianças do carpinteiro adormeciam do outro lado da cidade.

Quando Mansur acordou, foi tomado por uma sensação de liberdade embriagadora. Ele estava livre! Sultan estava longe. O carpinteiro fora esquecido. Mansur colocou seus óculos de sol e dirigiu a 100 quilômetros por hora pelas ruas de Cabul, passando por jumentos carregados e cabritos sujos, mendigos e soldados disciplinados da Alemanha. Deu uma banana para os alemães enquanto o carro ia tropeçando nos inúmeros buracos do asfalto; gritou, xingou e fez os pedestres pularem para o lado Mansur deixou para trás o confuso mosaico de escombros e casas desmoronando.

"Ele precisa ter responsabilidade, é bom para o seu caráter", Sultan dissera. Mansur faz caretas no carro. De agora em diante será Rasul quem irá arrumar as caixas e enviar a correspondência, agora Mansur só vai se divertir, até o pai voltar. Além da carona para a livraria toda manhã, para que nenhum dos irmãos o denuncie, não vai fazer absolutamente nada. O pai é o único de quem Mansur tem medo. Ele nunca ousa contestar Sultan, ele é o único a quem respeita, pelo menos na sua presença.

Mansur quer conhecer mulheres. Isto não é tão fácil em Cabul, onde a maioria das famílias guarda suas filhas como se fossem um tesouro. Ele tem uma boa ideia e se matricula em um curso de inglês para iniciantes. Mansur já estudara inglês na escola no Paquistão, mas acha que será nas turmas de iniciantes que encontrará as moças mais novas e bonitas. E ele não está errado.

Depois da primeira aula encontrou sua preferida. Tentou conversar com ela com muito tato. Uma vez ela deixou que a levasse para casa. Ele pede para ela visitar a livraria, mas ela nunca vai. Ele só a vê no curso. Ele compra um telefone celular para poderem se falar e a ensina como colocá-lo para vibrar em vez de tocar, para que ninguém em casa perceba que ela tem um celular. Ele promete casamento e presentes finos. Uma vez, diz a ela que não pode encontrá-la porque vai servir de motorista para um dos amigos estrangeiros do pai. Inventa a história para se fazer de importante. Na mesma tarde ela o vê passeando de carro pela cidade com outra moça. Não tem perdão. Ela o chama de canalha e malandro e diz que nunca mais quer vê-lo. A moça nunca volta ao curso. Mansur não consegue encontrá-la porque não sabe onde mora. Ela não atende mais o telefone. Ele sente falta dela, mas principalmente acha uma pena ela deixar de ir ao curso, ela que tanto queria aprender inglês.

Os estudos de inglês são logo esquecidos, porque nesta primavera nada é para sempre e nada é real para Mansur. Uma vez é convidado para uma festa na periferia da cidade. Alguns conhecidos alugaram uma casa, e o dono fica de guarda no jardim. Para lá levam caixas de bebidas e algumas prostitutas. Mansur fica longe das mulheres.

– Fumamos escorpião seco – Mansur conta animado a um amigo no dia seguinte. – Nós o esfarelamos até virar pó e misturamos com tabaco. Fiquei totalmente doido. Um pouco com raiva também. Fui o último a dormir. Festa bacana – ele diz se gabando.

O faxineiro, Abdur, já entendeu que Mansur está caçando mulheres e pergunta se quer conhecer uma parenta. No dia seguinte, uma moça hazara com olhos enviesados senta-se no sofá da livraria. Mas antes que Mansur tenha tempo de conhecê-la, o pai manda avisar que está voltando no dia seguinte. Mansur acorda imediatamente de sua embriaguez. Ele não fez nada daquilo que o pai pediu. Não registrou os livros, não arrumou a sala dos fundos, não fez novas listas de pedidos, não arrumou os pacotes de livros que estão abarrotando o depósito. O caso do carpinteiro e a investigação que ele ia começar sequer passaram pela sua cabeça.

Sharifa fica em torno dele.

– O que há, meu filho? Está doente?

– Não é nada! – ele responde sibilando.

Ela insiste.

– Por que você não volta para o Paquistão? Depois que chegou, só vive se lamuriando – Mansur grita.

Sharifa começa a chorar.

– Como posso ter filhos assim? O que fiz de errado para nem quererem a mãe por perto?!

Sharifa grita e xinga todos os seus filhos, Latifa começa a chorar. Bibi Gul está sentada balançando o corpo. Bulbula olha o vazio. Sonya tenta confortar Latifa enquanto Leila lava a louça.

Mansur bate a porta do quarto que divide com Yunus, que já está na cama roncando. Ele pegou hepatite B e está de cama o dia todo tomando remédios. Os olhos estão amarelos e o seu olhar está ainda mais embotado e triste do que antes.

Quando Sultan volta no dia seguinte, Mansur está tão nervoso que evita encará-lo. Mas nem precisava ficar tão nervoso, porque o pai está mais interessado em Sonya. Só no dia seguinte, na livraria, ele pergunta se Mansur fez tudo o que ele pediu. Antes de ter tempo de responder, o pai já está dando novas ordens. Sultan fez uma viagem bem-sucedida ao Irã, reencontrou antigos parceiros de negócios e logo vai ter caixas e mais caixas de livros persas. Só havia uma coisa que ele não havia esquecido. Do carpinteiro.

– Você não descobriu nada? – Sultan olha o filho, interrogativo. – Você está boicotando meus negócios? Amanhã você vai à polícia para dar queixa. O pai dele me pediu 24 horas, e já se passou um mês! E se ele não estiver atrás das grades quando eu voltar do Paquistão, você não é meu filho – ele ameaça. – Quem come do que é meu nunca será feliz – ele diz enfático.

Sultan ia para o Paquistão já no dia seguinte. Mansur respira aliviado. Ele estava receoso de que uma de suas amigas o visitasse enquanto o pai estava na livraria. Ele tinha que descrever seu pai para elas. Assim elas podiam olhar um pouco as prateleiras e sair tranquilamente caso ele estivesse lá. De qualquer maneira, o pai nunca falava com clientes vestindo burca.

No dia seguinte, Mansur foi ao Ministério do Interior para dar queixa do carpinteiro, e, com a ajuda de Mirdzjan, em poucas horas conseguiu os carimbos de que precisava. Eles levaram a queixa para a delegacia de polícia local de Deh Khudaidad, um barraco com alguns policiais do lado de fora. De lá saíram com um policial à paisana para mostrar-lhe a casa do carpinteiro. Iriam prendê-lo na mesma noite.

NA MANHÃ SEGUINTE, ainda escuro, aparecem duas mulheres com duas crianças batendo na porta da casa dos Khan. Leila abre a porta sonolenta. As mulheres choram e se queixam, e leva tempo para Leila entender que são a avó e a tia do carpinteiro com os filhos dele.

– Por favor, perdoem, perdoem – elas imploram. – Por favor, pelo amor de Deus. – A velha avó deve ter perto de 90 anos, pequena e ressecada, com um rosto que mais lembra um ratinho. Tem um queixo pontudo com muitos pelos. Ela é mãe do pai do carpinteiro, que passou as últimas semanas tentando arrancar a verdade dele.

– Não temos nada para comer, estamos passando fome, olhe as crianças. Mas vamos pagar os cartões.

Não resta a Leila outra coisa a fazer senão convidá-las para entrar. A avó se joga aos pés das mulheres da casa que acordaram com a choradeira. Todas parecem constrangidas pela miséria profunda que de uma lufada enche a sala. Junto às mulheres há um menino de 2 anos e uma das meninas que sofre de pólio. A menina se senta com dificuldade no chão. A perna com a tala metálica fica esticada, inflexível. Ela escuta a conversa com expressão séria.

Jalaluddin não estava em casa quando a polícia chegou, então levaram o pai e o tio dele. Disseram que voltariam para pegá-lo no dia seguinte. Ninguém dormiu nesta noite. Bem cedinho de manhã, antes de a polícia chegar, as duas mulheres saíram para rogar piedade e perdão a Sultan por seu parente.

Se ele roubou alguma coisa, foi para salvar a família dele. Vejam as crianças, magras como varas de pescar. Não têm roupas próprias, nada para comer.

Os corações em Mikrorayon amolecem, mas a visita não leva a nada além de compaixão. Não há nada que as mulheres da família Khan possam fazer quando Sultan enfia uma ideia na cabeça. Especialmente no que diz respeito à livraria.

– Gostaríamos muito de ajudar, mas não há nada que possamos fazer. É Sultan quem manda – elas dizem. – E Sultan não está em casa.

As mulheres continuam chorando e gritando. Sabem que é verdade, mas não podem perder as esperanças. Leila entra com ovos fritos e pão fresco. Para as duas crianças trouxe leite quente. Quando Mansur entra na sala, as duas mulheres correm para beijar-lhe os pés. Ele as afasta com chutes. Elas sabem que ele, como primogênito, é quem tem o poder na ausência do pai. Mas Mansur decidiu fazer como o pai pediu.

– Depois que Sultan confiscou suas ferramentas, ele não pôde mais trabalhar. Passamos várias semanas sem comer direito. Esquecemos do gosto do açúcar – a avó diz chorando. – O arroz que compramos está quase podre. As crianças estão ficando cada vez mais magras. Olhem, são apenas pele e osso. Todo dia Jalaluddin leva uma surra do pai. Nunca pensei que ia educar um ladrão. – As mulheres de Mikrorayon prometem fazer o melhor que podem para persuadir Sultan, mesmo sabendo que será em vão.

Quando a avó e a tia voltaram para o seu povoado com as duas crianças, a polícia já tinha vindo buscar Jalaluddin

À tarde, Mansur é convocado para testemunhar. Ele está sentado de pernas cruzadas numa cadeira na mesa do chefe de polícia. Sete homens acompanham o interrogatório. Faltam cadeiras. O carpinteiro está de cócoras no chão. É uma confusa reunião de policiais, uns estão de uniformes cinza de inverno, outros de roupas tradicionais, outros de uniformes policiais verdes. Não acontece muita coisa nessa delegacia, por isso o roubo dos cartões é um caso importante. Um dos policiais fica perto da porta sem conseguir se decidir se vai acompanhar o caso ou não.

– Você precisa dizer para quem vendeu os cartões, senão vai acabar indo para a prisão central – diz o chefe de polícia Uma lufada fria segue a expressão "prisão central", é para lá que criminosos de verdade vão. O carpinteiro se encolhe no chão, desamparado. Ele fica abrindo e fechando suas mãos de carpinteiro. Elas têm milhares de pequenos e grandes cortes, as cicatrizes compõem desenhos em ziguezague nas palmas das mãos. Sob a luz do sol forte que entra pela janela pode-se ver como facas, serrotes e furadeiras entalharam sua pele. As mãos parecem ser ele, o carpinteiro, não seu rosto, que agora lança um olhar frouxo para os sete homens na delegacia, como se o caso não lhe dissesse respeito. Mais tarde eles o mandam sair de novo – de volta para a cela de um metro quadrado, onde não pode se esticar deitado, tem que ficar em pé, sentar ou deitar-se encolhido.

O destino de Jalaluddin depende da família de Mansur. Podem desistir ou manter a queixa. Caso decidam mantê-la, o caso será levado adiante e depois será tarde demais para inocentá-lo. Nesse caso é a polícia quem vai decidir.

– Podemos mantê-lo aqui por 72 horas, depois vão ter que se decidir – diz o chefe de polícia. Ele é de opinião que Jalaluddin deve ser punido. Para ele, pobreza não é motivo para roubar.

– Muitas pessoas são pobres. Se não forem punidas quando roubarem, teremos uma sociedade totalmente imoral. É importante dar o exemplo quando as regras são violadas. – O policial fala em voz alta com Mansur, que por sua vez está começando a duvidar do caso. Ao compreender que Jalaluddin poderá pegar seis anos de cadeia, ele pensa nos filhos do carpinteiro, nos seus olhares de fome, nas suas roupas surradas. E pensa na sua própria vida, em como é simples, em como ele, em poucos dias, pode gastar o dinheiro que a família do carpinteiro gasta num mês.

Um enorme buquê de flores de plástico ocupa quase metade da mesa. As flores já ganharam uma grossa camada de poeira, mas mesmo assim avivam a sala. Os policiais da delegacia de Deh Khudaidad parecem gostar de cores; as paredes são verde-menta e a lâmpada é vermelha, bem vermelha. Nas paredes há uma foto do líder guerrilheiro Massoud, como em todos os escritórios oficiais de Cabul.

– Não se esqueça! Durante o Talibã, ele teria a mão decepada – o chefe de polícia diz com ênfase. – É o que acontecia com pessoas que cometiam delitos menos graves do que este. – O chefe de polícia então conta a história de uma mulher do vilarejo que precisou criar os filhos sozinha depois que o marido morreu. – Ela era muito pobre. O caçula não tinha sapatos e sentia frio nos pés. Era inverno e ele não podia sair. O filho mais velho, que nem tinha 12 anos, roubou um par de sapatos para o irmãozinho. Ele foi pego em flagrante e cortaram-lhe a mão direita. Assim também é demais – disse o chefe de polícia. – Mas este carpinteiro já mostrou que é malandro, pois roubou várias vezes. Se você rouba para dar de comer a seus filhos, você só rouba uma vez – diz com firmeza.

O chefe de polícia mostra a Mansur todas as provas confiscadas no armário atrás dele. Canivetes automáticos, facas de cozinha, canivetes de bolso, facões, pistolas, lanternas de mão e até um jogo de baralho. Jogar por dinheiro dá seis meses de cadeia.

– Este jogo de baralho foi confiscado porque o jogador que estava perdendo nocauteou o ganhador e o esfaqueou com esta faca aqui. Eles tinham bebido, então ele foi punido por esfaquear, beber e jogar cartas – o chefe de polícia conta rindo. – O outro jogador escapou de ser punido, pois ficou fisicamente incapacitado, o que já é punição bastante!

– Qual é a punição por beber? – Mansur pergunta, um pouco nervoso. Ele sabe que, de acordo com as leis da Sharia, é uma ofensa grave com punição severa. De acordo com o Alcorão, a punição é de oito chibatadas.

– Para ser franco, costumo fechar os olhos para casos desse tipo. Quando há casamento, eu digo que é feriado, mas que tudo tem de acontecer com moderação e só em família – diz o chefe de polícia.

– E infidelidade?

– Se forem casados, são mortos por apedrejamento. Se forem solteiros, a punição é de cem chibatadas, e eles terão de se casar. Se o homem for casado e a mulher for solteira, ele terá que tomá-la como sua segunda esposa. Caso ela seja casada e ele solteiro, a mulher será morta e o homem chicoteado e preso – diz o chefe de polícia. – Mas costumo fazer vista grossa para isso também. Podem ser mulheres viúvas que precisam de dinheiro. Aí tento ajudá-las. Recolocá-las no caminho certo.

– O senhor está falando das prostitutas, mas o que acontece às pessoas comuns?

– Uma vez pegamos dois num carro. Nós, ou melhor, os pais, os forçaram a se casar. O que parece justo, não acha? Afinal, não somos talibãs, temos que evitar o apedrejamento de pessoas. Os afegãos já sofreram bastante.

O CHEFE DE polícia dá um prazo de três dias para Mansur. Eles ainda podem perdoar o pecador, mas caso levem adiante o processo, será tarde demais.

Mansur sai pensativo da delegacia. Ele não está com vontade de voltar à livraria, e segue direto para almoçar em casa, o que raramente costuma fazer. Ele se deixa cair num tapete e, felizmente, para a paz da casa, a comida está pronta.

– Tire os sapatos, Mansur – pede a mãe.

– Vá pro inferno – responde Mansur.

– Mansur, deve obedecer a sua mãe – continua Sharifa.

Mansur não responde e se acomoda no chão, com uma perna cruzada sobre a outra. Ele continua de sapatos. A mãe aperta os lábios.

– Até amanhã temos que decidir o que fazer com o carpinteiro – diz Mansur. Ele acende um cigarro. O que faz a mãe começar a chorar. Mansur nunca acenderia um cigarro na frente do pai, nunca. Mas sempre que este viaja, ele se deleita, irritando a mãe por fumar antes, durante e depois das refeições. A fumaça fica pairando na pequena sala de estar. Bibi Gul costuma reclamar que ele é muito rude com a mãe, que ele deve lhe obedecer e não fumar. Mas, neste dia, a vontade fala mais alto e ela estende a mão quase sussurrando:

– Posso fumar um?

Todos ficam em silêncio. A avó vai começar a fumar?

– Mamãe – grita Leila, arrancando-lhe o cigarro dos dedos. Mansur estende-lhe outro e Leila sai da sala. Bibi Gul dá baforadas, feliz da vida, rindo baixinho. Ela até para de se balançar quando fica assim com o cigarro no ar, inalando o fumo com baforadas profundas.

– Assim não como tanto – Bibi Gul explica. – Solta ele – ela diz depois de fumar. – Ele já teve sua punição, as surras do pai, a vergonha e, além disso, já entregou os cartões.

– Você viu os filhos dele, como vão viver sem a renda do pai? – Sharifa apoia a sogra.

– Podemos ser responsáveis pela morte dos filhos dele – diz Leila, que está de volta à sala depois que a mãe apagou o cigarro. – Imagine se eles ficam doentes. Como não têm dinheiro bastante para o médico, vão morrer por nossa causa, ou podem morrer por não ter o que comer. Além disso, o carpinteiro pode morrer na prisão. Muitos não conseguem sobreviver nem seis anos lá, o lugar está cheio de doenças contagiosas, tuberculose e muitas outras.

– Precisa mostrar compaixão – diz Bibi Gul.

Mansur liga para Sultan no Paquistão do seu recém-adquirido telefone celular. Ele pede permissão para libertar o carpinteiro. Todos ficam quietos, todos acompanham a conversa. Eles escutam a voz de Sultan gritar do Paquistão:

– Ele queria arruinar os meus negócios, minar os preços. Eu o pagava bem. Ele não precisava roubar. É um ladrão. É culpado e a verdade tem que ser arrancada dele. Ninguém pode acabar com os meus negócios.

– Ele pode pegar seis anos de prisão! Os filhos podem estar mortos quando ele sair – Mansur grita de volta.

– Ele pode pegar sessenta anos de prisão! Não me importo. Ele vai ser espancado até contar a quem vendeu os cartões.

– Você diz isto porque está de barriga cheia! – Mansur grita. – Eu choro pensando nos filhos dele magros de doer. A família dele está acabada.

– Como ousa contradizer seu pai! – Sultan grita no celular. Todos na sala reconhecem a voz dele, e sabem que seu rosto está vermelho e o corpo inteiro está tremendo. – Que tipo de filho é você? Você deve fazer tudo que eu digo, tudo! O que é que há com você? Por que está tratando seu pai assim?

A luta interior de Mansur transparece em seu rosto. Ele nunca fez outra coisa além de obedecer ao pai, pelo menos quando ele estava presente. Nunca o enfrentou diretamente, não ousaria, não tem coragem de arriscar ser alvo da cólera dele.

– Está bem, pai – Mansur diz finalmente e desliga. A família toda fica em silêncio. Mansur solta palavrões.

– Ele tem um coração de pedra – Sharifa suspira. Sonya se cala.

A FAMÍLIA DO CARPINTEIRO volta todas as manhãs e todas as noites. Às vezes a avó, outras vezes a mãe, a tia ou a esposa. Elas sempre trazem alguns dos filhos. Todas as vezes recebem a mesma resposta. É Sultan quem manda. Quando ele voltar, tudo vai se resolver. Mas sabem que não é verdade, porque Sultan já se pronunciou.

Por fim, não aguentam mais abrir a porta quando a pobre família aparece. Eles ficam quietos, fingindo não haver ninguém em casa. Mansur vai à delegacia local e pede um adiamento, ele quer esperar seu pai voltar para que ele mesmo cuide do caso. Mas o chefe de polícia não pode mais esperar. A cela de um metro quadrado não pode manter prisioneiros por mais de alguns dias. Eles pedem mais uma vez que o carpinteiro confesse ter roubado mais cartões e que diga a quem os vendeu, mas ele se recusa como antes. Jalaluddin é algemado e levado para fora da delegacia local.

Como a delegacia local não tem carro, é Mansur quem tem de levar o carpinteiro para a delegacia central de Cabul.

Na frente da delegacia estão o pai, o filho e a avó do carpinteiro. Quando Mansur chega, eles se aproximam hesitantes. É uma situação terrível para Mansur. Na ausência de Sultan, o papel de vilão sobrou para ele.

– Tenho que fazer o que meu pai mandou – ele se desculpa, colocando os óculos de sol ao entrar no carro. A avó e o filho pequeno vão andando para casa. O pai se senta na sua bicicleta enferrujada e segue o carro de Mansur. Ele não desiste e quer seguir o filho até onde puder. Sua silhueta magra desaparece aos poucos.

Mansur anda mais devagar do que de costume. Pode ser a última vez em muitos anos que o carpinteiro veja essas ruas.

Chegam à delegacia central. Em Cabul, aquele era um dos prédios mais odiados durante o regime talibã. Era a sede da polícia religiosa no Ministério da Moralidade. Para ali iam homens que tinham barba ou calças curtas demais, mulheres que haviam circulado nas ruas com homens que não eram seus parentes, mulheres que andavam sozinhas, mulheres que usavam maquiagem por baixo da burca. Passavam semanas trancafiados nos porões antes de serem transferidos para outras prisões ou libertados. Quando o Talibã caiu e os prisioneiros foram soltos, cabos e paus usados como instrumentos de tortura foram encontrados nas celas. Homens foram espancados despidos, enquanto as mulheres podiam se envolver num lençol durante a tortura. Antes do Talibã, o prédio fora ocupado pelo cruel serviço secreto do regime soviético, e depois pelas forças políticas do caótico regime dos mujahedin.

O carpinteiro sobe pelas escadas até o quinto andar. Ele tenta ficar ao lado de Mansur e parece suplicar com seu olhar trêmulo. Seus olhos parecem ter crescido durante a semana que passou na prisão. Os olhos suplicantes parecem querer saltar do rosto: "Me perdoe, me perdoe. Vou trabalhar de graça para você pelo resto da minha vida. Me perdoe!"

Mansur olha em frente, ele não pode esmorecer agora. Sultan fez sua escolha e ele não pode contradizer o pai. Ele pode ser deserdado e expulso de casa. Ele sente que foi o irmão quem se tornou o filho favorito de Sultan. É Eqbal que pode fazer o curso de informática, foi para Eqbal que Sultan prometeu uma bicicleta. Se ele o contrariasse agora, Sultan poderia cortar todos os laços com ele. E ele não quer se arriscar por causa do carpinteiro, mesmo sentindo muita pena dele.

Eles esperam pelo interrogatório e o registro da queixa. Pela lei, o acusado fica preso até que seja provada sua inocência ou culpa. Qualquer um pode dar queixa de alguém, que será imediatamente preso.

Mansur expõe o caso. O carpinteiro fica de novo de cócoras no chão. Os dedos do pé são compridos e tortos. As unhas têm uma larga borda preta. Seu colete e blusão estão em farrapos. A calça, larga na cintura.

O interrogador atrás da mesa anota o testemunho dos dois com esmero numa folha de papel com papel-carbono embaixo.

– Por que gosta tanto de cartões-postais do Afeganistão? – O policial ri e acha o caso um tanto cômico. Antes de o carpinteiro ter tempo de responder, ele continua. – Agora me conte para quem você os vendeu, estamos todos sabendo que você não os roubou para enviá-los a parentes.

– Só peguei duzentos, e Rasul me deu alguns – o carpinteiro tenta se defender.

– Rasul não te deu cartão nenhum, é mentira – diz Mansur.

– Você vai se lembrar dessa sala como o lugar onde teve a chance de falar a verdade – diz o policial. Jalaluddin engole em seco, estala os dedos e respira aliviado quando o policial interroga Mansur sobre quando, onde e como tudo aconteceu. Atrás do interrogador vê-se pela janela uma das colinas de Cabul. É coberta de casinhas agarrando-se à encosta. As ruas descem em ziguezague pela montanha. O carpinteiro pode ver as pessoas, como pequenas formigas, subindo e descendo. As casas são feitas de materiais que se podem encontrar numa Cabul arrasada pela guerra: chapas corrugadas, pedaços de sacos de algodão, de plástico, alguns tijolos, restos de escombros.

De repente o interrogador se senta ao seu lado, também de cócoras.

– Sei que tem filhos passando fome, e sei que não é um criminoso. Dou-lhe agora uma última chance. Você não deve desperdiçá-la. Se você contar para quem vendeu os cartões, será solto. Se não disser, ficará preso por anos.

Mansur escuta sem muito interesse, é a centésima vez que o carpinteiro é incitado a confessar a quem ele vendeu os cartões. Talvez esteja dizendo a verdade, talvez não tenha vendido para ninguém. Mansur olha o relógio, bocejando.

De repente, um nome escapa dos lábios de Jalaluddin. Tão baixinho que é quase inaudível.

Mansur pula da cadeira.

O homem que Jalaluddin mencionou tem uma banca no mercado onde vende calendários, canetas e cartões. Cartões para festas religiosas, casamentos, noivados e aniversários – e cartões com imagens do Afeganistão. Cartões que ele sempre costumava comprar na livraria de Sultan, mas já fazia tempo que não aparecia. Mansur se lembrava bem dele, porque ele sempre reclamava muito dos preços.

É como um dique que se rompeu, mas Jalaluddin ainda treme ao falar.

– Ele veio me procurar um dia quando eu estava saindo do trabalho. Conversamos um pouco e ele me perguntou se eu precisava de dinheiro. Claro que precisava. Então me perguntou se eu podia pegar alguns cartões para ele. No início recusei, mas aí ele me falou do dinheiro que eu ia receber por eles. Pensei nos meus filhos em casa. Não consigo alimentar a minha família com o que ganho como carpinteiro. Pensei na minha mulher que está começando a perder os dentes, ela só tem 30 anos. Pensei em todos os olhares acusadores que recebia em casa por não conseguir ganhar o suficiente. Pensei nas roupas e nos sapatos que nunca podia dar aos meus filhos, no médico que não podemos pagar, na comida ruim que comemos. Então pensei que se eu só pegasse alguns enquanto trabalhava na livraria, eu poderia resolver alguns dos meus problemas. Sultan não ia perceber. Ele tem tantos cartões e tanto dinheiro. Então peguei alguns cartões, que vendi.

– Temos que ir lá para garantir as provas – diz o policial ao se levantar, dando ordens para que o carpinteiro, Mansur e outro policial o acompanhem. Eles vão de carro até o mercado e a banca dos cartões. Um jovem está no pequeno guichê.

– Onde está Mahmoud? – o policial pergunta. Mahmoud está no almoço. O policial mostra seu distintivo e diz que quer ver os cartões. O rapaz os conduz por uma entrada lateral até um corredor estreito entre a parede e pilhas de mercadorias. Mansur e um policial arrancam os cartões das prateleiras e todos os que foram impressos por Sultan são colocados num saco. São milhares de cartões. Mas quais deles Mahmoud comprou legalmente e quais comprou de Jalaluddin é difícil de dizer. Eles levam o rapaz e os cartões para a delegacia.

Um policial fica para aguardar Mahmoud. A banca é fechada. Ninguém pode comprar de Mahmoud cartões de agradecimento ou imagens de heróis e soldados neste dia.

Quando Mahmoud finalmente é conduzido à delegacia, ainda com cheiro de *kebab* nas mãos, começam novos interrogatórios. A princípio, Mahmoud nega que alguma vez tenha visto o carpinteiro. Ele diz que com-
 prou tudo de forma legal de Sultan, de Yunus, de Eqbal e

de Mansur. Depois muda seu depoimento e diz que sim, um dia o carpinteiro veio procurá-lo, mas que ele não queria comprar nada.

O dono da banca também tem que passar a noite na cadeia. Mansur pode finalmente ir embora. No corredor estão o pai, o tio, o sobrinho e o filho do carpinteiro. Eles vêm na sua direção, tentam agarrá-lo e o olham com pavor ao passar. Ele não os aguenta mais. Jalaluddin já confessou, Sultan vai ficar contente, o caso está resolvido. Agora que o roubo e a revenda estão provados, o processo pode começar.

Mansur sente-se mal e se apressa para sair. Lembra das últimas palavras de Sultan antes de viajar. "Arrisquei a vida para construir as minhas livrarias, fui preso, fui espancado. Trabalho feito um louco para criar algo para o Afeganistão e de repente vem um malandro de um carpinteiro e quer usurpar todo o meu trabalho. Por isto será punido. Não amoleça, Mansur, não amoleça."

Em Deh Khudaidad, numa casa caindo aos pedaços, está uma mulher com o olhar vazio. Os filhos pequenos estão chorando, eles ainda não comeram nada e esperam o avô voltar da cidade. Talvez ele tenha comprado algo para comer. Eles vão correndo ao encontro do avô quando ele entra pelo portão com sua bicicleta. Ele não tem nada nas mãos. Não há nada na cesta da bicicleta. Eles param ao ver sua expressão sombria. Ficam quietos, antes de começar a chorar, agarrando-se a ele:

– Onde está o papai? Quando ele volta?

18
Minha mãe, Osama

Tajmir segura o Alcorão, beija-o e lê um verso qualquer. Ele o beija de novo, coloca-o no bolso e olha pela janela. O carro está saindo de Cabul. Vai para o leste, para as zonas turbulentas da divisa entre o Afeganistão e o Paquistão, onde o Talibã e a al-Qaeda ainda têm forte apoio e onde os americanos alegam haver terroristas escondidos, na paisagem inacessível da montanha. Eles vasculham a região, interrogam os habitantes locais, explodem cavernas, procuram arsenais de armas, encontram esconderijos, bombardeiam e matam alguns civis na procura de terroristas e do grande troféu com o qual sonham: Osama bin Laden.

Foi nesta região que houve a grande ofensiva da primavera contra a al-Qaeda, a "Operação Anaconda", quando forças especiais sob comando americano lutaram duramente contra os discípulos sobreviventes de Osama no Afeganistão. Muitos soldados da al-Qaeda ainda devem estar nestas áreas da divisa, onde os líderes nunca reconheceram uma autoridade central, fazendo imperar as leis tribais. Na área pashtun de ambos os lados da divisa, é muito difícil para os americanos e as autoridades centrais se infiltrarem nos povoados. Os agentes da inteligência acreditam que, se Osama bin Laden e o líder talibã mulá Omar ainda estiverem vivos e no Afeganistão, devem estar ali.

São eles que Tajmir tenta encontrar. Ou pelo menos achar alguém que os tenha visto ou alguém que pense ter visto alguém parecido com eles. Ao contrário de seu companheiro de viagem, Tajmir espera que não achem nada nem ninguém. Tajmir não gosta de perigo. Não gosta de viajar para as regiões tribais onde os combates podem começar a qualquer hora. No banco de trás do carro há coletes à prova de balas e capacetes.

– O que você estava lendo, Tajmir?

– O Alcorão sagrado.

– Sim, eu vi, mas algo em especial? Quer dizer, um conselho para viajantes ou algo parecido?

– Não, nunca procuro algo específico, eu o abro aleatoriamente. Agora estou lendo a parte que fala que aquele que obedecer a Deus e a seu enviado será levado para os jardins do Paraíso, onde há córregos, enquanto aquele que der as costas sofrerá uma punição dolorosa. Eu sempre leio um pouco do Alcorão quando estou com medo de alguma coisa ou quando estou triste.

– Ah, sim – diz Bob, encostando a cabeça na janela. De longe ele vê desaparecer as ruas fuliginosas de Cabul. Estão dirigindo ao encontro do sol da manhã, que brilha tanto que Bob tem que fechar os olhos.

TAJMIR ESTÁ pensando na sua missão. Ele foi contratado como intérprete por uma grande revista americana. Antes, sob o Talibã, ele trabalhava para uma organização de ajuda humanitária. Era responsável pela distribuição de farinha e arroz para os pobres. Quando os estrangeiros da organização deixaram o país, depois do 11 de Setembro, ele ficou sozinho com toda a responsabilidade. O Talibã bloqueava todas as suas iniciativas. A distribuição foi interrompida e, um dia, caiu uma bomba no local onde normalmente era feita. Tajmir agradeceu a Deus. Imagine se o lugar estivesse cheio de mulheres e crianças numa desesperada fila de comida.

Mas para ele parece distante o tempo em que trabalhava com assistência humanitária. Quando os jornalistas chegaram em bandos a Cabul, ele foi procurado pela revista americana, que lhe ofereceu por dia o que ele normalmente ganhava em duas semanas. Ele pensou na família, que estava precisando de dinheiro, largou o trabalho assistencial e começou a trabalhar como intérprete, num inglês imaginativo e cheio de invencionices.

Tajmir é o único provedor da família, pequena segundo os padrões afegãos. Ele mora com a mãe, o pai, a irmã, a esposa e o pequeno Bahar, de 1 ano, num apartamento no Mikrorayon, não muito longe de Sultan e sua família. Sultan é irmão de sua mãe, tio de Tajmir.

Feroza, sua mãe, é a filha mais velha de Bibi Gul, cinco anos mais velha que Sultan. Ela nunca pôde ir à escola porque a família era pobre e ela foi prometida em casamento para um homem de negócios bem-sucedido. Depois do casamento, Feroza se mudou para a casa do marido vinte anos mais velho.

Os anos se passaram e ela nunca teve filhos. Ela tentou de tudo, escutou todo tipo de conselhos, tomou remédios, pediu a Deus, desesperou-se. Enquanto estava tentando engravidar, a mãe continuava a parir filhos. Teve três, um atrás do outro, e várias filhas depois que Feroza se casou. Uma mulher é valorizada ao se tornar mãe, principalmente se gera filhos homens. Não conseguir ter filhos significa não ter valor. Quando Feroza havia tentado durante 15 anos e Bibi Gul estava esperando seu décimo filho, Feroza o pediu para si.

Bibi Gul se recusou.

– Não posso dar meu filho.

 Feroza continuou pedindo, queixando-se e ameaçando.

– Tenha piedade, você já tem um bando de filhos e eu não tenho nenhum. Dê-me apenas este – ela chorava. – Não posso viver sem um filho.

Por fim, Bibi Gul prometeu seu filho a ela. Quando Tajmir nasceu, Bibi Gul ficou com ele durante vinte dias. Ela o amamentou, cuidou dele e chorava por saber que não ficaria com a criança. Bibi Gul tinha se tornado uma mulher importante devido a seus filhos e queria ter o maior número possível. Além deles não tinha nada, sem eles não era nada. Depois dos vinte dias combinados, ela deu o bebê para Feroza, e mesmo com o leite derramando, Feroza se negou a deixá-la continuar amamentando-o. Não era para ele ter laços com a mãe, de agora em diante ela seria sua avó.

Feroza tornou-se uma mãe das mais severas. Desde que Tajmir era pequeno, ele não podia sair para brincar com as outras crianças. Devia brincar quietinho e tranquilamente sob o olhar vigilante de Feroza, e quando cresceu tinha que fazer seus deveres. Sempre tinha que voltar diretamente da escola para casa e nunca pôde visitar amigos ou trazê-los em casa. Tajmir jamais contestava, não havia como contestar Feroza, porque Feroza batia e batia com força.

"Minha mãe é pior que Osama bin Laden", Tajmir explica a Bob, quando tem que se justificar por chegar atrasado ou porque de repente precisa interromper um trabalho. Ele conta histórias de terror de "Osama" para seus novos amigos americanos. Eles imaginam uma fúria sob a burca. Mas quando conheceram Feroza, numa visita a Tajmir, só viram uma mulher baixinha, sorridente, com olhos indagadores e penetrantes. No peito usava um grande medalhão dourado com a profissão da fé islâmica. Ela o comprara assim que Tajmir voltou para casa com seu primeiro salário americano. Feroza sabe exatamente quanto ele ganha, Tajmir tem que entregar tudo que recebe à mãe, e, quando ele precisa, ela lhe dá dinheiro para pequenos gastos. Tajmir mostra todas as marcas nas paredes, feitas quando ela jogava sapatos ou outros objetos na sua direção. Agora ele ri, a tirana Feroza tornou-se uma divertida peça de folclore.

Feroza sempre almejou que Tajmir se tornasse alguém importante, e, todas as vezes que conseguia um dinheiro extra, ela o matriculava em cursos: de inglês, matemática, informática. A analfabeta que foi dada em casamento para trazer dinheiro para a família ia se tornar uma mãe honrada e respeitada. Um filho bem-sucedido era a solução.

Tajmir raramente via o pai. Ele era um homem gentil e um tanto retraído, mas bebia e sumia por longos períodos. Nos seus melhores dias viajava como comerciante para a Índia e o Paquistão, às vezes voltava com dinheiro, outras vezes não. Ficava a maior parte do tempo bebendo. Mesmo durante o Talibã ele se embebedava, sempre acabava arranjando aquilo por que seu corpo ansiava, de álcool medicinal a lustrador de móveis. Com Feroza por perto, sentindo-se envergonhada e desesperada pelo péssimo marido que Deus lhe havia dado. Ela tinha vontade de surrá-lo, mas nunca bateu no marido, mesmo porque não havia dúvida de quem era o mais forte. Com o passar dos anos, Feroza se tornou uma mulher robusta, roliça feito um pão doce, com óculos de vidro grosso balançando no nariz ou pendurados em volta do pescoço. Em contraste, o marido já estava de cabelo branco e era magro, fraco e ressequido como um galho seco.

Feroza foi ocupando o lugar de chefe da família ao passo que o marido murchava. Quando Bibi Gul ficou grávida de outro filho, Feroza exigiu este também. Bibi Gul recusou. Feroza insistiu. Bibi Gul negou de novo. Feroza insistiu mais uma vez. "Não é bom para Tajmir ser filho único, por favor, a senhora tem tantos", ela pediu, de novo alternando entre lágrimas e ameaças. Mas desta vez Bibi Gul recusou e ficou com Leila quando ela nasceu.

Leila às vezes sente amargura por não ter sido dada. "Já pensou se eu fosse a irmã de Tajmir?", ela pensa. Faria cursos de informática e inglês e estaria na universidade. Teria roupas bonitas e não precisaria trabalhar feito uma escrava. Leila adora a mãe, mas sente que ninguém se importa com *ela*. Sempre se sentiu a última em tudo. Então, em vez de ser a irmã de Tajmir, ela é sua tia cinco anos mais nova.

Mesmo assim, Feroza não desistiu do desejo de ter outros filhos. Depois de desistir da mãe, foi a um dos orfanatos de Cabul. Lá encontrou Kheshmesh, que alguém havia largado em frente ao orfanato embrulhada numa fronha suja. Ela a adotou e a educou como a irmã de Tajmir. Embora não haja dúvida de que Feroza seja a mãe de Tajmir – ele parece uma cópia dela, o mesmo rosto redondo, a barriga volumosa, o mesmo jeito de andar –, com Kheshmesh é tudo diferente.

Kheshmesh é uma menina tensa e indomável, magricela e com a pele bem mais morena do que os outros membros da família. Kheshmesh tem um quê de selvagem no olhar, como se a vida na sua cabeça fosse mais excitante do que qualquer coisa que acontecesse no mundo real. Kheshmesh corre por aí como uma potranca cheia de vida em comemorações da família, para grande desespero de Feroza. Enquanto o obediente Tajmir fazia todas as vontades da mãe quando era criança, Kheshmesh está sempre suja, desgrenhada e arranhada. Mas ninguém é mais afetuosa do que Kheshmesh quando está tranqüila, ninguém beija ou abraça a mãe como ela. Por onde Feroza vai, Kheshmesh a acompanha. Uma pequena sombra fina ao lado da mãe volumosa.

Como outras crianças, Kheshmesh aprendeu cedo o que era o Talibã. Um dia, Kheshmesh e um amigo foram surrados por um talibã na escada do seu prédio. Eles brincavam com o filho dele, que caiu e se machucou feio. O pai foi tomar satisfação com os dois e bateu neles para valer com um pedaço de pau. O resultado foi que eles nunca mais quiseram brincar com o menino. Era o Talibã que não a deixava ir à escola junto com os meninos do mesmo prédio, era o Talibã que não deixava ninguém cantar ou bater palmas, que não os deixava dançar, era o Talibã que não permitia que ela levasse suas bonecas para brincar lá fora. Bonecas e bichos de pelúcia foram banidos porque eram imagens de seres vivos. Quando a polícia religiosa fazia batidas na casa das pessoas, quebrando os aparelhos de TV e toca-fitas, também levava os brinquedos que achava. Arrancavam os braços e cabeças dos bonecos e os quebravam, na frente das crianças petrificadas.

A primeira coisa que Kheshmesh fez quando Feroza contou que o Talibã havia caído foi levar sua boneca favorita para a rua para mostrá-la a todo mundo. Tajmir raspou a barba. Feroza conseguiu achar uma fita empoeirada e um velho toca-fitas e dançava pelo apartamento cantando: "Agora vamos festejar pelos cinco anos perdidos!"

Feroza não teve mais filhos. Logo após adotar Kheshmesh, a guerra civil começou e Feroza fugiu para o Paquistão com a família de Sultan. Quando voltou do exílio, estava na hora de procurar uma mulher para Tajmir, e não havia tempo para bebês abandonados nos hospitais.

Como tudo na vida de Tajmir, encontrar uma esposa também era prerrogativa da mãe. Tajmir estava apaixonado por uma moça do curso de inglês no Paquistão. Eles eram uma espécie de namorados, mesmo sem nunca se darem as mãos ou se beijarem. Quase nunca estavam a sós, mas eram namorados mesmo assim, trocavam bilhetes e longas cartas de amor. Tajmir não teve coragem de contar a Feroza sobre a moça com quem sonhava casar. Ela era uma parenta do herói guerrilheiro Massoud e Tajmir sabia que a mãe teria medo dos possíveis dissabores em que podiam se envolver por conta disso. Mas independentemente de quem se tratava, Tajmir nunca teria coragem de contar a sua mãe sobre essa paixão. Ele não fora educado para pedir as coisas e nunca contava a Feroza o que sentia. Considerava sua submissão um sinal de respeito.

– Já encontrei a mulher com quem você vai se casar – disse Feroza um dia.

– Está bem – disse Tajmir. Ele ficou com um nó na garganta, mas nem uma palavra de protesto passou por seus lábios. Ele sabia que teria que escrever uma carta para a namorada rompendo o namoro.

– Quem é? – perguntou.

– Ela é sua prima em segundo grau, Khadija, você não a vê desde que eram pequenos. Ela é esperta, trabalhadora e de boa família.

Tajmir apenas acenou com a cabeça. Dois meses depois encontrou Khadija pela primeira vez, na festa de noivado. Eles se sentaram lado a lado durante a festa toda sem trocar uma palavra sequer. Posso amá-la, ele pensou.

Khadija parece uma cantora de jazz parisiense dos anos 1920. Tem cabelos compridos e ondulados, repartidos do lado e cortados logo acima dos ombros. Tem a pele branca, empoada, e está sempre de *kajal* preto e batom vermelho. Rosto magro e lábios grossos, parece que a vida inteira esteve sentada, posando, com um cigarro na mão. Mas, pelos padrões afegãos, ela não é considerada bonita por ser magra demais, esbelta demais. A mulher ideal no Afeganistão é roliça, com bochechas roliças, quadris roliços e barriga roliça.

– Eu a amo agora – conta Tajmir. Estão se aproximando de Gardes e Tajmir já contou a história de sua vida a Bob, o jornalista americano.

– Nossa – diz ele. – Que história. Então realmente ama sua mulher agora? E a outra garota?

Tajmir não tem a mínima ideia do que aconteceu com a ex-namorada. Nem pensa no assunto. Agora vive para a sua pequena família. Ele e Khadija tiveram uma filha um ano atrás.

– Khadija teve muito medo de ter uma filha – ele conta a Bob. – Khadija sempre tem medo de alguma coisa e desta vez foi de ter uma filha. Eu dizia a ela e a todo mundo que queria uma filha. Que era uma filha o que eu mais queria. Assim, se tivéssemos uma filha, ninguém lastimaria, porque era isto que eu queria. Se tivéssemos um menino, ninguém diria nada, porque todos estariam felizes de qualquer maneira.

– Hum – diz Bob, tentando entender a lógica.

– Agora, Khadija está com medo de não poder mais engravidar, porque estamos tentando, mas sem resultado. Então digo a ela que um filho é suficiente, é bom ter apenas um. No Ocidente, muitos têm apenas um filho. Então, caso não tenhamos outro, todos vão dizer que não quisemos ter mais filhos, e caso tenhamos outro, todos ficarão felizes de qualquer maneira.

– Hum.

Eles param em Gardes para comprar bebidas e cigarros. Quando Tajmir está trabalhando, fuma o tempo todo. Um maço, dois maços. Mas ele precisa tomar muito cuidado para a mãe não notar, ele nunca poderia fumar na frente dela. Seria impossível. Eles compram um pacote de cigarros, um quilo de pepinos, vinte ovos e pão. Estão descascando os pepinos e quebrando os ovos quando Bob grita para pararem.

Na beira da estrada há uns trinta homens sentados em círculo. Estão com kalashnikovs no chão à sua frente e cinturões de balas cruzados sobre o peito.

– São os homens de Padsha Khan! – Bob grita. – Pare o carro!

Bob agarra Tajmir e se aproxima dos homens. No meio do círculo está Padsha Khan em pessoa, o maior líder guerrilheiro das províncias do leste e um dos opositores mais ferrenhos de Hamid Karzai.

Quando o Talibã caiu, Padsha Khan foi nomeado governador da província de Paktia, conhecida como uma das áreas mais turbulentas do país. Como governador de áreas onde a rede da al-Qaeda ainda tinha apoio, Padsha Khan tornou-se um homem importante para a inteligência americana. Eles dependiam de ter colaboradores em terra, e um líder guerrilheiro não era pior que outro. A tarefa de Padsha Khan era descobrir onde os soldados do Talibã e da al-Qaeda estavam. Depois apontaria os lugares para os americanos. Para isto fora equipado com um telefone via satélite que usava frequentemente. Ele sempre ligava para contar aos americanos sobre os deslocamentos da al-Qaeda dentro da área. Os americanos atiravam – num povoado aqui, em outro acolá, nos líderes tribais a caminho de Cabul para a cerimônia de posse de Karzai, em festas de casamento, em um grupo de homens discutindo numa casa, e nos próprios aliados dos americanos. Ninguém tinha qualquer ligação com a al-Qaeda, mas eles tinham em comum o fato de serem inimigos de Padsha Khan. Os protestos locais contra o governador obstinado, que de repente estava de posse de bombardeiros B-52 e de caças F-16 para seus acertos de contas tribais, ficaram tão violentos que Karzai não encontrou outra solução senão destituí-lo.

Padsha Khan então achou por bem começar sua pequena guerra particular. Ele mandava mísseis contra os povoados onde se encontravam seus inimigos, o que gerava combates diretos entre diferentes facções. Muitos inocentes foram mortos enquanto ele tentava recuperar o poder perdido. Por fim, teve de desistir. Bob procurava por ele fazia tempo, e ali estava ele na areia, cercado por um bando de homens barbudos.

Padsha se levanta ao vê-los. Ele cumprimenta Bob com frieza, mas abraça Tajmir calorosamente e o faz sentar-se ao seu lado.

– Como está, meu amigo? Tudo bem?

Eles sempre se encontravam durante a Operação Anaconda, a grande ofensiva americana contra a al-Qaeda, onde Tajmir trabalhava como intérprete, e só. Nunca fora amigo de Padsha Khan.

Padsha Khan está acostumado a governar a região como se fosse seu próprio quintal, junto com seus três irmãos. Há apenas uma semana ele fez chover mísseis sobre a cidade de Gardes, agora é a vez de Khost, que tem um novo governador, um sociólogo que durante os últimos dez anos morou na Austrália, mas que hoje vive escondido com medo dos homens de Padsha Khan.

– Meus homens estão prontos – diz Padsha Khan a Tajmir, que traduz para Bob, que anota tudo febrilmente. – Agora estamos discutindo o que vamos fazer – ele continua e olha para os seus homens. – Vamos pegá-lo agora ou vamos esperar? E vocês? Estão indo para Khost? Então precisam dizer ao meu irmão que ele tem que se livrar do governador já. Digam a ele para embrulhá-lo e mandá-lo de volta para Karzai!

Padsha Khan faz gestos de embrulhar e enviar. Todos os homens olham para o seu líder, depois para Tajmir e o louro Bob, que continua anotando febrilmente

– Escutem – diz Padsha Khan. Não há dúvida de quem ele considera ser o senhor legítimo das três províncias que os americanos vigiam com olhar de falcão. O líder guerrilheiro usa a perna de Tajmir para enfatizar suas opiniões, desenhando mapas, estradas e frentes de combate na sua coxa. Para cada afirmação, Tajmir recebe um tapa na coxa e traduz mecanicamente. As maiores formigas que ele já viu estão passando por cima dos seus pés.

– Karzai está ameaçando enviar o exército na semana que vem. O que pretende fazer a respeito? – Bob pergunta.

– Que exército? Karzai não tem exército! Ele tem uns duzentos guarda-costas treinados pelos ingleses. Ninguém pode comigo no meu próprio território – diz Padsha Khan olhando seus homens. Eles estão de sandálias gastas e roupas velhas; a única coisa recém-polida e brilhante são as armas. Alguns dos cabos são cobertos por fileiras de pérolas coloridas, outros têm faixas de bordados elaborados. Alguns dos mais jovens enfeitaram os kalashnikovs com pequenos adesivos. Num deles está escrito "kiss me" em letras vermelhas.

Muitos desses homens lutaram do lado do Talibã apenas um ano antes. "Ninguém pode nos possuir, apenas nos alugar", dizem os afegãos sobre suas frequentes mudanças de lado durante as guerras. Agora são os homens de Padsha Khan que às vezes são alugados pelos americanos. Mas, o mais importante para eles, é a luta contra os inimigos de Padsha Khan no momento. A caçada americana à al-Qaeda pode esperar.

– Ele é louco – diz Tajmir de volta ao carro. – São homens como ele que fazem com que nunca haja paz no Afeganistão. Para ele, o poder é mais importante do que a paz. Ele é louco o bastante para arriscar a vida de milhares de pessoas só para manter-se no poder. E os americanos ainda colaboram com um homem desses.

– Se fossem trabalhar apenas com pessoas que não tenham sangue nas mãos, não iriam encontrar muitas nestas províncias – diz Bob. – Eles não têm escolha.

– Mas agora nem se importam mais em encontrar os talibãs para os EUA, agora estão apontando as armas um para o outro – argumenta Tajmir.

– Hum – murmura Bob. – Será que vai haver mais combates sérios? – ele pergunta, mais para si mesmo do que para Tajmir.

Tajmir e Bob têm ideias totalmente diferentes sobre o que seja uma viagem bem-sucedida. Bob quer ação; quanto mais, melhor. Tajmir quer voltar para casa o mais rápido possível. Daqui a alguns dias, ele e Khadija comemoram dois anos de casamento e até lá espera já estar de volta. Ele quer surpreender Khadija com um belo presente. Bob quer acontecimentos mais dramáticos estampados nos jornais. Como algumas semanas atrás, quando ele e Tajmir quase foram mortos por uma granada. Eles escaparam, mas o carro atrás deles não. Ou quando tiveram que correr para se esconder no escuro porque podiam ser confundidos com o inimigo entrando em Gardes, as balas zunindo em volta deles.

Estas coisas divertem Bob, como passar a noite numa trincheira, enquanto Tajmir pragueja por ter trocado de emprego. A única coisa boa nessas viagens é o extra que recebe devido à guerra: Feroza não sabe disto, Tajmir pode ficar com este dinheiro para si.

Para Tajmir e a maioria dos habitantes de Cabul, esta é a região do Afeganistão com que menos se identificam. Estas regiões são consideradas selvagens e violentas. Os habitantes ali não querem se subordinar a um regime nacional. Padsha Khan e seus irmãos podem governar uma região inteira. Sempre foi assim. A lei do mais forte.

Eles passam por paisagens áridas do deserto, veem alguns nômades e camelos balançando tranquilos sobre as dunas de areia. Em alguns lugares, os nômades ergueram suas grandes barracas cor de areia. Mulheres em saias esvoaçantes e coloridas passam por entre as barracas. As mulheres da tribo kuchi são conhecidas como as mais liberais do Afeganistão. Nem o Talibã tentou fazê-las vestir a burca, contanto que se mantivessem longe das cidades. Também este povo nômade sofreu muito durante os últimos anos. Devido à guerra e ao solo minado, tiveram que retraçar suas rotas centenárias e se movimentam em áreas mais restritas do que antes. A seca dos últimos anos fez com que grande parte dos seus cabritos e camelos morresse de fome.

A paisagem fica cada vez mais árida. Embaixo há o deserto e acima as montanhas, em sucessivas variações de marrom. Nas encostas veem-se desenhos pretos em ziguezague. São carneiros que, juntos e em fila, tentam achar alguma comida nas saliências estreitas da encosta.

Estão se aproximando de Khost. Tajmir odeia esta cidade. Foi ali que o líder talibã mulá Omar encontrou seus seguidores mais fiéis. Khost e as áreas ao redor mal notaram que o país fora ocupado pelo Talibã. Para eles muito pouco mudou. Ali as mulheres nunca trabalharam fora e as meninas nunca foram à escola. Sempre usaram a burca, não obrigadas pelo Estado, mas pela família.

Khost é uma cidade sem mulheres, pelo menos na superfície. Enquanto as mulheres de Cabul, após a queda do Talibã, começaram a tirar a burca e a frequentar restaurantes, em Khost mal se veem mulheres, nem sequer escondidas atrás de uma burca. Elas vivem trancadas em casa, não podem sair, nem fazer compras, raramente visitam alguém.

Ali sobrevive a severa *purdah*, a segregação total entre mulheres e homens.

Tajmir e Bob vão direto ao irmão mais novo de Padsha Khan, Kamal Khan. Ele ocupou a residência do governador, enquanto este encontra-se numa espécie de prisão domiciliar voluntária na casa do chefe de polícia. Os homens do clã de Khan estão por toda parte no jardim florido do governador. Há soldados de todas as idades, de rapazes magros a homens de cabelo branco, sentados, deitados ou circulando. Há tensão e um pouco de ansiedade no ar.

– Kamal Khan? – Tajmir pergunta.

Dois soldados os acompanham até o comandante, que se encontra no andar de cima, sentado no meio de um círculo de homens. Ele consente em ser entrevistado e eles se sentam. Um menino entra com chá.

– Estamos prontos para a luta. Até que esse governador espúrio tenha deixado Khost e meu irmão seja reempossado, não haverá paz – diz o jovem. Os homens concordam com a cabeça. Um homem acena com força, é o segundo em comando. Ele está sentado no chão de pernas cruzadas, toma chá e presta atenção. O tempo todo acaricia um outro soldado. Eles estão juntinhos, as mãos dadas no colo de um deles. Muitos soldados lançam sorrisos sedutores para Tajmir e Bob.

Em partes do Afeganistão, especialmente na região sudeste do país, a homossexualidade é muito difundida e aceita tacitamente. Muitos comandantes têm vários amantes jovens, e é frequente ver homens de idade andando com um bando de garotos. Os meninos muitas vezes se enfeitam com flores na cabeça, atrás da orelha ou na lapela. A homossexualidade explica-se por ser justamente nas regiões do sul e do leste do país que a segregação entre homens e mulheres é mais severa. É frequente ver meninos saltitantes e esvoaçantes em bandos. Eles têm olhos delineados com *kajal* preto e seus movimentos lembram os travestis do Ocidente. Eles olham, flertam, rebolando os quadris e os ombros.

Os comandantes não vivem apenas sua homossexualidade, a maioria tem esposa e um monte de filhos. Mas raramente estão em casa e passam a vida entre homens. Sempre há grandes dramas de ciúmes entre esses jovens amantes, não são poucas as vinganças mortais já encenadas por ciúme de um jovem amante que se dividiu entre dois comandantes. Certa ocasião, dois comandantes começaram uma batalha com tanques dentro de um bazar, na disputa por um amante. A batalha acabou com dezenas de mortos.

Kamal Khan, um belo homem de seus 20 anos, alega com segurança que ainda é o grupo de Khan que tem o direito de governar a província.

– O povo está do nosso lado. Queremos lutar até o último homem. Nós não queremos o poder – diz Kamal Khan defensivamente. – É o povo, é o povo que nos quer. E eles nos merecem. Apenas seguimos seus desejos.

Duas aranhas de pernas longas sobem a parede atrás dele. Kamal Khan tira um saco sujo do colete, onde há alguns comprimidos que ele coloca na boca.

– Estou um pouco doente – diz com os olhos pedindo solidariedade.

Estes são os homens que estão na oposição ferrenha ao primeiro-ministro Hamid Karzai. Estes são os homens que continuam a governar de acordo com a lei dos líderes guerrilheiros – recusando-se a obedecer às ordens de Cabul. O sacrifício da vida de civis pouco significa. O poder é o que interessa, e poder significa duas coisas: honra – que a tribo de Khan mantenha o poder na província – e dinheiro – o controle do próspero tráfico de mercadorias contrabandeadas e as taxas alfandegárias da mercadoria que entra legalmente.

O MOTIVO PELO QUAL a revista americana está tão interessada no conflito local em Khost não é por Karzai estar ameaçando mandar o exército contra os líderes guerrilheiros. É provável que isso nem aconteça, pois, como disse Padsha Khan: "Se ele mandar o exército, vai morrer muita gente e Karzai vai levar a culpa."

Não, o motivo real são as forças americanas na região, as secretas forças especiais americanas das quais é praticamente impossível se aproximar, os agentes secretos que rastejam nas montanhas atrás da al-Qaeda, é sobre eles que a revista quer uma reportagem, uma reportagem exclusiva: *A caçada à al-Qaeda.* Mais do que tudo, Bob quer achar Osama bin Laden. Ou pelo menos mulá Omar. Os americanos são precavidos e colaboram com os dois lados neste conflito local, colaboram tanto com os irmãos Khan quanto com seus inimigos. Os dois lados recebem dinheiro dos americanos, os dois lados saem em expedições com eles, os dois lados recebem armas, equipamento de comunicação e de serviços de informação. Ambos os lados têm bons contatos, em ambos os lados há gente que antes apoiava o Talibã.

O inimigo principal dos irmãos Khan chama-se Mustafá. Ele é o chefe de polícia em Khost. Mustafá coopera tanto com Karzai quanto com os americanos. Depois que os homens de Mustafá mataram quatro homens do clã de Khan numa troca de tiros, ele teve que ficar atrás de barricadas na delegacia de polícia durante vários dias. Os quatro primeiros a deixar a delegacia seriam mortos, os Khan os advertiram. Quando a comida e a água acabaram, concordaram em negociar. Chegaram a um acordo de adiamento.

O que significa pouco; quatro homens de Mustafá foram sentenciados à morte e a sentença pode ser cumprida a qualquer hora. Sangue será vingado com sangue, e só a ameaça, antes da execução da sentença, já é uma tortura.

Depois que Kamal Khan e o irmão mais novo Wasir Khan descrevem Mustafá como um criminoso que mata mulheres e crianças e que tem de ser eliminado, Tajmir e Bob agradecem e são conduzidos ao portão por dois meninos com aparência de belas mulheres exóticas. Eles têm grandes flores amarelas no cabelo ondulado, a cintura apertada com cintos largos, e olham com intensidade para Tajmir e Bob. Não sabem em quem fixar o olhar, se no ágil e louro Bob ou se no robusto Tajmir com rosto de galã.

– Cuidado com os homens de Mustafá – eles dizem. – Não podem confiar neles, eles os trairão assim que virarem as costas. E não saiam depois de escurecer! Serão roubados!

Os dois viajantes seguem direto até o inimigo. A delegacia de polícia fica a alguns quarteirões da residência do governador, que também funciona como prisão. A delegacia é uma fortaleza com paredes de um metro de espessura. Os homens de Mustafá abrem os pesados portões de ferro e eles entram num pátio onde também são recebidos com um delicioso perfume floral. Mas ali não são soldados que se enfeitaram; são arbustos e árvores florescendo. Os soldados de Mustafá são fáceis de distinguir dos soldados de Khan: eles têm uniformes marrom-escuros, pequenos bonés quadrados e botas pesadas. Muitos estão com um lenço sobre o nariz e a boca e usam óculos escuros. Não poder ver seus rostos torna-os ainda mais assustadores.

Tajmir e Bob são levados por estreitas escadas e corredores dentro da fortaleza. Numa sala no fundo do prédio está Mustafá. Como seu inimigo Kamal Khan, está cercado de homens armados. As armas são as mesmas, as barbas e os olhares também. A foto de Meca na parede é a mesma. A única diferença é que o chefe de polícia está sentado numa cadeira atrás de uma mesa, e não no chão. Nem há meninos com flores no cabelo. As únicas flores compõem um buquê de narcisos amarelos de plástico na mesa do chefe de polícia, lírios em cores fluorescentes, amarelos, vermelhos e verdes. Ao lado do vaso está o Alcorão, envolto num tecido verde, e a bandeira afegã em miniatura está num pequeno suporte.

– Temos Karzai do nosso lado e vamos lutar – diz Mustafá. – Os Khan já devastaram esta região por tempo demais, vamos acabar com a barbárie! – Os homens em torno dele acenam com a cabeça.

Tajmir traduz de novo, as mesmas ameaças, as mesmas palavras e explicando por que Mustafá é melhor que Padsha Khan, por que Mustafá vai trazer a paz. Na verdade está traduzindo o motivo pelo qual o Afeganistão nunca será totalmente pacífico.

Mustafá já acompanhou muitas expedições de reconhecimento com os americanos. Ele conta como eles vigiaram casas que, certamente, escondiam Osama bin Laden e mulá Omar. Mas nunca acharam nada. As expedições de reconhecimento dos americanos continuam, mas são cercadas de muito sigilo e Bob e Tajmir não conseguem saber mais. Bob pergunta se podem acompanhá-los uma noite. Mustafá apenas ri.

– Não, é *top secret*, como os americanos querem. Não importa o quanto você insista, meu jovem.

– Não saiam depois de anoitecer – Mustafá ordena com severidade ao se despedirem. – Serão assaltados pelos homens de Khan.

Advertidos por ambos os lados, eles visitam a casa de *kebab* da cidade – um salão com almofadas em bancos baixos. Tajmir pede *pilau* e *kebab*. Bob quer ovos cozidos e pão. Ele tem medo de parasitas e bactérias. Eles comem depressa e voltam correndo para o hotel antes de qualquer sinal do crepúsculo. Tudo pode acontecer nesta cidade, é melhor serem precavidos.

Uma grade pesada em frente ao portão do único hotel da cidade é aberta e fechada atrás deles. Eles podem ver Khost, uma cidade com lojas fechadas, policiais mascarados e uma população simpatizante da al-Qaeda. Um olhar de soslaio para Bob, vindo de um transeunte, é o bastante para que Tajmir sinta um mal-estar. Nesta área, a cabeça de um americano tem preço. Cinqüenta mil dólares serão pagos a quem matar um americano.

Eles sobem ao terraço para montar o telefone via satélite de Bob. Um helicóptero sobrevoa o hotel. Bob tenta adivinhar o seu destino. São cercados por uma dezena de homens do hotel que ficam de olhos arregalados ao ver o telefone sem fio que Bob está usando.

– Ele está falando com os Estados Unidos? – pergunta o que parece ser o líder, um homem comprido e magro de turbante, túnica e sandálias. Tajmir confirma com a cabeça. Os soldados seguem Bob com os olhos. Tajmir fica batendo papo com eles. Eles estão interessados no telefone e em como funciona. Poucos viram um telefone antes. Um deles exclama com tristeza:

– Sabe qual é o nosso problema aqui? Sabemos tudo sobre armas, mas nada sobre telefones.

Depois da conversa com os Estados Unidos, eles descem. Os soldados os acompanham.

– São eles que vão nos atacar assim que virarmos as costas? – Bob sussurra.

Todos os soldados carregam kalashnikovs. Alguns colocaram baionetas compridas nos fuzis. Tajmir e Bob se sentam num sofá no saguão. Acima deles, na parede, há um estranho cartaz. É um grande cartaz emoldurado de Nova York, com as duas torres do World Trade Center ainda de pé. Mas não é o horizonte real de Nova York, porque atrás dos prédios há montanhas enormes. Na parte de baixo foi colado um parque verde com flores vermelhas. Nova York parece uma cidadezinha de cubos, sob um maciço montanhoso.

O cartaz parece estar pendurado lá há muito tempo: está desbotado e um pouco ondulado. Provavelmente já estava ali antes de alguém sequer imaginar que justamente aquela imagem, de maneira grotesca, estaria relacionada com o Afeganistão e a cidade empoeirada de Khost, dando ao país ainda mais daquilo que não estava precisando: mais bombas.

– Sabem que cidade é esta? – Bob pergunta.

Os soldados não sabem. Eles nunca viram nada além de casas de barro de, no máximo, dois andares, dificilmente podem imaginar uma cidade de verdade.

– É Nova York – Bob explica. – América. Foram estes os edifícios que Osama bin Laden mandou que os dois aviões atacassem.

Os soldados arregalam os olhos. Já ouviram falar daqueles dois edifícios. Eles apontam e gesticulam. Eram assim! E pensar que eles passavam todos os dias por aquela imagem sem saber!

Bob trouxe uma de suas revistas e mostra fotos de um homem que qualquer americano sabe quem é.

– Sabem quem é este aqui? – ele pergunta. Eles abanam a cabeça.

– É Osama bin Laden.

Os soldados arregalam os olhos de novo, arrancando-lhe a revista. Juntam-se em volta para ver.

Todos querem ver.

– É assim que ele é?

Estão fascinados tanto pelo homem quanto pela revista.

– Terrorista – eles dizem, apontando e dando gargalhadas. Em Khost não há jornais ou revistas, e eles nunca viram fotos de Osama bin Laden, o homem responsável pela presença dos americanos e de Tajmir e Bob em sua cidade.

Os soldados se sentam de novo, tirando um pedaço de haxixe, oferecendo-o a Bob e Tajmir. Tajmir cheira e declina:

– Forte demais – sorri.

Os dois viajantes vão dormir. As metralhadoras soam a noite inteira. No dia seguinte não sabem bem o que fazer. Ficam andando pela cidade. Ninguém os leva para operações importantes ou para a caçada à al-Qaeda em cavernas. Todos os dias visitam os inimigos Mustafá e Kamal Khan para saber se há novidades.

"Precisam esperar Kamal Khan melhorar", é o que ouvem na residência do governador.

"Não há nada de novo hoje", é o eco na delegacia de polícia.

Padsha Khan desapareceu sem deixar pistas. Mustafá está petrificado, sentado atrás das flores fluorescentes. Não há vestígios das forças especiais americanas. Nada acontece. Nada além do zunir das metralhadoras todas as noites, e o helicóptero circulando acima deles. Estão numa das áreas mais sem lei do mundo, e estão entediados. Por fim, Bob decide voltar para Cabul. Tajmir regozija-se em silêncio: longe de Khost, voltar para o Mikrorayon. Vai comprar um bolo gigantesco para o aniversário de casamento.

Ele volta feliz para sua própria Osama – a pequena gorducha de olhos míopes. A mãe que ele ama mais do que tudo no mundo.

19
Um coração partido

Há vários dias Leila recebe cartas. Cartas que fazem-na tremer de medo, o coração bater mais rápido e a cabeça esquecer qualquer outra coisa. Depois que as lê, ela as rasga em pedacinhos e joga na estufa.

As cartas também fazem-na sonhar com uma outra vida. O que está escrito eleva seus pensamentos, a vida se torna excitante. Ambas as coisas são novas para Leila. Ela de repente tem um mundo na sua cabeça que nem imaginava que existia.

– Quero voar! Quero ir embora! – ela grita um dia ao varrer o chão. – Embora! – ela grita jogando a vassoura na sala.

– O que você disse? – Sonya pergunta tirando os olhos do chão, onde distraidamente passa o dedo sobre os desenhos no tapete.

– Nada – Leila responde. Ela não aguenta mais. A casa é uma prisão. "Por que é tudo tão difícil?", ela se queixa. Ela que normalmente não gosta de sair, agora sente que *tem que* sair. Ela vai ao mercado. Quinze minutos depois está de volta com algumas cebolas e é recebida com desconfiança.

– Saiu só para comprar cebola? Gosta tanto de se mostrar que vai ao mercado mesmo quando não estamos precisando de nada? – Sharifa está de mau humor. – Da próxima vez mande um dos meninos.

Fazer compras é normalmente tarefa dos homens ou das mulheres mais velhas. Não fica bem mulheres jovens negociando preços com donos de lojas ou com homens no mercado. Todos que têm uma barraca ou loja são homens, e durante o Talibã eram as autoridades que proibiam as mulheres de saírem sozinhas para o mercado – agora é Sharifa, que, na sua própria insatisfação profunda, a proíbe de ir.

Leila não responde. Ela, Leila, interessada em conversar com um vendedor de cebolas? Ela usa tudo na comida, só para mostrar a Sharifa que realmente estava precisando das cebolas.

Ela está na cozinha quando os rapazes voltam, e escuta Aimal rir atrás dela e se encolhe. O coração bate mais forte. Ela já pediu para ele não trazer mais cartas. Mas Aimal entrega-lhe uma carta – e um pacote sólido. Ela esconde ambos por baixo do vestido e corre para seu baú, onde deixa tudo trancado. Enquanto os outros estão comendo, ela sai furtivamente e vai para o quarto onde guarda seus tesouros. Com mãos trêmulas destranca o baú e desdobra o pedaço de papel.

> Querida L. Você tem que me responder agora. Meu coração está em chamas por você. Você é tão bonita, você vai tirar de mim a minha tristeza ou vai deixar-me viver na escuridão para sempre? A minha vida está em suas mãos. Por favor, mande-me um sinal. Quero te encontrar, responda-me. Quero compartilhar a minha vida com você. Abraços de K.

NO PACOTE HÁ um relógio. Com vidro azul e pulseira prateada. Ela o coloca, mas volta a guardá-lo depressa. Nunca poderá usá-lo. O que diria se os outros perguntassem de quem ganhou? Ela enrubesce sozinha, imaginando se os irmãos ficassem sabendo, ou a mãe. Que horror e que vergonha. Sultan e Yunus a condenariam. Só por aceitar receber as cartas já estava cometendo um ato imoral. "Você está sentindo o mesmo que eu?", ele havia escrito. Na verdade, não está sentindo nada. Está morrendo de medo. É como se uma nova realidade forçasse o caminho para entrar na sua vida. Pela primeira vez alguém exige uma resposta dela. Ele quer saber o que ela sente, o que ela acha. Mas ela não acha nada, não está acostumada a achar coisa alguma. E ela diz a si mesma que não está sentindo nada porque sabe que não deve sentir nada. Sentimentos são vergonhosos, é o que Leila aprendeu.

Karim sente. Karim a viu uma só vez. Foi quando ela e Sonya entregaram o almoço para Sultan e os rapazes no hotel. Karim só a viu de relance, mas ela tinha alguma coisa que fazia com que ele soubesse que era a mulher certa. O rosto redondo, pálido, a pele linda, seus olhos.

Karim mora sozinho num quarto e trabalha para uma rede de televisão japonesa. É um rapaz solitário. A mãe foi morta por um estilhaço de granada em casa durante a guerra civil. O pai se casou rapidamente com uma outra mulher, de que Karim não gostava e que não gostava de Karim. Ela não ligava para os filhos da primeira esposa do marido e batia neles quando o pai não estava vendo. Karim nunca reclamava. O pai tinha escolhido a ela e não a eles. Quando concluiu os estudos, trabalhou alguns anos junto com o pai na farmácia dele em Jalalabad, mas com o tempo não aguentava mais morar com a nova família. Sua irmã mais nova foi dada em casamento para um homem de Cabul, e Karim foi morar com eles. Ele estudava algumas matérias na universidade, e quando o Talibã caiu e hordas de jornalistas encheram os hotéis e pensões de Cabul, Karim se apresentou oferecendo seus conhecimentos de inglês a quem pagasse mais. Ele teve sorte e arrumou emprego numa TV que estabeleceu um escritório em Cabul e deu a Karim um contrato longo com um bom salário. Eles também pagavam o quarto de hotel. Foi lá que ele conheceu

Mansur e o resto da família Khan. Ele gostou da família, da livraria, de seus conhecimentos e sua objetividade. Uma boa família, pensou.

Quando Karim viu Leila de relance, já estava perdido. Mas Leila nunca voltou ao hotel, na verdade nem tinha gostado de estar lá esta única vez. Não era um lugar adequado para uma mulher jovem, pensou.

Karim não podia falar sobre sua paixão com ninguém, Mansur apenas riria, na pior das hipóteses estragaria tudo. Para Mansur não havia nada sagrado, e ele não ligava muito para a tia. Só Aimal sabia e ele ficava de bico calado. Aimal era o mensageiro de Karim.

Se ele se aproximasse mais de Mansur, pensou Karim, ele podia entrar para a família por intermédio dele. Ele teve sorte, e um dia Mansur o convidou para jantar. É comum que os amigos sejam apresentados para a família, e Karim era um dos amigos mais respeitados de Mansur. Karim fazia o máximo para ser aceito, ele era encantador, bom ouvinte e enchia-os de elogios pela comida. Era especialmente importante que a avó gostasse dele, porque a palavra final em relação a Leila é dela. Mas a pessoa que ele queria ver não apareceu. Leila ficava na cozinha fazendo a comida. Sharifa ou Bulbula traziam os pratos. Um homem jovem que não pertence à família só raramente pode ver as filhas solteiras. Depois de comer e tomar chá, quando ia se recolher, ele teve um outro relance dela. Por causa do toque de recolher, os convidados do jantar muitas vezes passavam a noite na casa do anfitrião, e era Leila quem ia transformar a sala de jantar num quarto. Ela espalhou os tapetes, trouxe cobertas e travesseiros e fez uma cama extra para Karim. Não conseguia pensar em outra coisa além do fato de o autor das cartas estar ali no apartamento.

Ele pensou que ela tinha acabado e entrou para fazer as orações antes que os outros se deitassem. Ainda estava lá, curvada sobre o tapete, com o cabelo comprido numa trança nas costas, coberta por um xale pequeno. Leila nem notou que ele estava lá. Karim guardou a imagem dela curvada sobre o tapete a noite inteira. Na manhã seguinte não viu nem sinal dela, mesmo ela tendo preparado água para ele se lavar, fritado seus ovos e preparado seu chá. Ela tinha até polido seus sapatos enquanto ele dormia.

No dia seguinte, ele mandou sua irmã ver as mulheres da família Khan. Ela encontrou-se com Leila. Quando alguém tem novos amigos, eles não são apenas apresentados à família, mas também aos parentes, e a irmã é o parente mais próximo de Karim. Ela sabia da fascinação de Karim por Leila, agora ia dar uma olhada nela e conhecer melhor a família. Ao voltar para casa, contou a Karim o que ele já sabia:

– Ela é inteligente e trabalhadora. É bonita e saudável. A família é tranquila e correta. Seria uma boa esposa.

– Mas o que ela disse? Como ela estava? Como é ela? – Karim não se cansava de ouvir as respostas, até mesmo a descrição, para ele demasiadamente sem-graça, que a irmã fazia dela.

– Ela é uma moça direita, já falei – disse por fim.

Como Karim não tinha mais sua mãe, era o papel da irmã mais nova pedir a mão da jovem em casamento. Mas era cedo demais, ela primeiro tinha que conhecer melhor a família, já que não havia nenhum laço familiar entre eles. Do contrário, diriam "não" de imediato.

Depois da visita da irmã, todos da família começaram a brincar com Leila sobre Karim. Leila fazia de conta que não ligava quando zombavam dela. Fazia de conta que não se importava, mesmo que por dentro estivesse em chamas. Que não descobrissem as cartas. Ela estava zangada porque

Karim a tinha colocado em perigo. Ela quebrou o relógio com uma pedra e jogou-o fora.

Acima de tudo estava morrendo de medo de que Yunus descobrisse tudo. Yunus era quem defendia com mais rigor a obediência à tradição muçulmana, mesmo que não a seguisse. Era também a pessoa da família que ela mais amava. Ela tinha medo que ele pensasse mal dela se ficasse sabendo que ela recebia cartas. Uma vez, quando ofereceram a ela um emprego de meio expediente por conta de seus conhecimentos de inglês, Yunus a proibiu de aceitar. Ele não podia aceitar que ela trabalhasse num escritório onde também havia homens.

Leila lembrou da conversa que tiveram sobre Jamila Sharifa tinha contado a ela sobre a asfixia da moça.

– O que tem ela? – Yunus exclamou. – Está pensando naquela moça que morreu quando um ventilador entrou em curto-circuito?

Yunus sabia que a história do ventilador era uma mentira, que Jamila fora morta porque havia recebido a visita de um amante durante a noite. Leila o relembrou da história

– Horrível – disse ele. Leila concordou com a cabeça.

– Como ela pôde? – acrescentou.

– Ela? – Leila exclamou, chocada. Pensava que o irmão expressara raiva e tristeza por Jamila ter sido sufocada pelos próprios irmãos. Mas era raiva por ela ter tido um amante.

– O marido dela era rico e bonito – ele disse, ainda trêmulo de excitação depois da revelação. – Que vergonha. E com um paquistanês. Isto me deixa ainda mais convencido de que preciso me casar com uma mulher bem jovem. Jovem e intocada. E que tenho que mantê-la em rédeas curtas.

– Mas e o assassinato? – Leila perguntou.

– *Ela* cometeu um crime primeiro.

Leila também quer ficar jovem e intocada. Ela morre de medo de ser descoberta. Ela não enxerga a diferença entre ser infiel e receber cartas de um rapaz. Ambas as coisas são ilegais, ambas são igualmente ruins, ambas são vergonhosas se descobertas. Agora que estava começando a ver Karim como uma tábua de salvação para livrar-se da família, ela tem medo de que Yunus não a apoie, caso Karim a peça em casamento.

Para ela não era uma questão de amor. Mal tinha visto o rapaz, apenas de relance atrás de uma cortina, e da janela quando chegou com Mansur. E o pouco que tinha visto era apenas tolerável.

– Ele parece uma criança – ela disse a Sonya pouco depois. – É baixinho e magro e tem um rosto infantil.

Mas ele era educado, parecia gentil e não tinha família. Por isso ele era a salvação, porque podia talvez tirá-la daquela vida que perigava durar para sempre. O melhor de tudo era que ele não tinha uma família grande, ela não arriscaria tornar-se uma empregada. Ele a deixaria estudar, ou trabalhar. Seriam só os dois, talvez pudessem viajar para algum lugar, talvez para o exterior.

Não que Leila não tivesse pretendentes, ela já tinha três. Todos eram parentes, parentes que ela não queria. Um era filho de uma tia, analfabeto e desempregado, preguiçoso e inútil.

O outro era o filho de Wakil, um rapaz comprido e desempregado, que apenas ajudava Wakil vez ou outra nas suas viagens de carro.

"Você tem sorte, pode ter um homem com três dedos", Mansur costumava zombar dela. O filho de Wakil, que perdera dois dedos numa explosão quando mexia num motor, também não era quem Leila queria. A irmã mais velha, Shakila, fazia pressão para este casamento se realizar. Ela gostaria muito de ter Leila por perto no quintal. Mas Leila sabia que se casasse com ele continuaria sendo uma empregada. Ela sempre estaria sob o comando da irmã mais velha, e o filho de Wakil sempre teria que obedecer às ordens do pai.

Aí não seria só a roupa de 13 pessoas para lavar como agora, mas de vinte, pensou. Shakila seria a respeitável dona-de-casa e ela voltaria a ser uma empregada. Além disto, ela não conseguiria ir embora, estaria novamente presa à família, andando como Shakila, com pintinhos, galinhas e crianças puxando sua saia a toda hora.

O terceiro pretendente era Khaled. Khaled era seu primo – um rapaz tranquilo e bonito. Eles cresceram juntos e ela até gostava dele. Ele era gentil e tinha olhos bonitos, calorosos. Mas havia a família dele, que era terrível. Uma família grande de umas trinta pessoas. O seu pai, um homem velho e severo, acabara de sair da prisão depois de ter sido acusado de colaboração com o Talibã. Sua casa fora saqueada durante a guerra civil, como a maioria das casas em Cabul, e quando o Talibã chegou e introduziu a lei e a ordem, o pai queixou-se de alguns mujahedin do seu povoado. Eles foram presos e ficaram muito tempo na prisão. Quando o Talibã caiu, estes homens retomaram o poder na região e, por vingança, mandaram o pai de Khaled para a prisão. "Bem feito para ele", algumas pessoas disseram. "Quem mandou ser burro?"

O pai de Khaled era conhecido por ter um temperamento incontrolável. Além disso, tinha duas esposas que brigavam o tempo todo, não podiam ficar no mesmo ambiente. Agora ele pensava em arrumar uma terceira esposa. "Elas já ficaram velhas demais para mim, eu preciso de uma que possa me manter jovem", o septuagenário tinha dito. Leila não suportava mais a ideia de entrar para outra família caótica, além do mais Khaled não tinha dinheiro, e eles nunca poderiam morar sozinhos.

Mas agora o destino tinha generosamente dado a ela Karim. A vida nova, e um pouco perigosa, está lhe dando aquilo de que precisa, e motivos para ter esperanças. Ela se recusa a desistir e continua procurando uma possibilidade de ir ao Ministério da Educação para ser registrada como professora. Quando ficou claro que ninguém na família Khan a ajudaria, Sharifa se apiedou dela, prometendo acompanhá-la ao ministério. Mas o tempo passa e nunca conseguem ir. Leila perde as esperanças de novo, mas então algo extraordinário acontece

A irmã de Karim havia contado a ele sobre os problemas que Leila tinha para ser registrada como professora. Após vários dias de esforço, e porque Karim conhecia o braço-direito do ministro da Educação, ele conseguiu marcar um encontro entre Leila e o ministro, Rasul Amin. Leila tem a permissão da mãe para ir, porque agora pode finalmente conseguir o emprego de professora que tanto quer. Felizmente, Sultan está no exterior e nem Yunus coloca quaisquer obstáculos. Tudo parece estar a seu favor. Ela fica a noite toda agradecendo a Deus e pede que tudo corra bem, tanto o encontro com Karim quanto com o ministro.

Karim vai buscá-la às nove. Leila experimenta e rejeita todas as suas roupas. Ela experimenta as roupas de Sonya, de Sharifa, e as suas próprias. Depois que os homens saem para o trabalho, as mulheres se sentam no chão quando Leila entra com uma roupa nova.

– Apertada demais!

– Muito estampada!

– Brilho demais!

– É transparente!

– Mas está suja!

Está tudo errado. Leila não tem roupas boas, apenas blusas velhas, gastas, puídas e outras brilhantes demais. Ela não tem nada que seja comum. Quando raramente compra uma roupa, é para uma festa de casamento ou noivado, e então ela escolhe sempre a mais brilhante que encontra. Por fim acaba escolhendo uma das blusas brancas de Sonya e uma saia preta grande demais. Não tem tanta importância, de qualquer maneira ela vai se cobrir com um xale comprido, da cabeça aos quadris. Mas ela deixa o rosto descoberto. Porque Leila não está mais usando a burca. Ela havia prometido a si mesma que, quando o rei voltasse, ela tiraria o véu, pois o Afeganistão seria um país moderno. Na manhã de abril em que o antigo rei pisou em solo afegão, após trinta anos no exílio, ela pendurou a burca de vez e disse a si mesma que nunca mais usaria aquela roupa fedorenta. Sonya e Sharifa fizeram o mesmo. Para Sharifa foi fácil, ela tinha vivido a maior parte da sua vida adulta com o rosto descoberto. Para Sonya foi pior, ela fora criada com a burca e mostrou-se relutante. Por fim foi Sultan que a proibiu de usá-la. "Não quero uma mulher pré-histórica, você é a mulher de um homem liberal, não de um fundamentalista."

Em muitos aspectos, Sultan *era* liberal. Quando esteve no Irã, comprou roupas ocidentais para si e para Sonya. Ele falava da burca como uma gaiola opressora e ficou contente porque o novo governo nomeou ministras para algumas pastas. O seu coração queria um Afeganistão moderno e ele falava com entusiasmo sobre a liberação da mulher. Mas dentro da família continuava sendo um patriarca autoritário.

Quando Karim finalmente chega, Leila está envolta em seu xale em frente ao espelho, com um brilho no olhar que não havia antes. Sharifa sai na sua frente. Leila está nervosa e anda de cabeça baixa. Sharifa se senta na frente, Leila no banco de trás. Ela o cumprimenta ligeiramente. Estava dando tudo certo, ela ainda está ansiosa, mas o nervosismo já sumiu. Ele parece totalmente inofensivo, gentil e um pouco engraçado.

Karim conversa com Sharifa sobre tudo e nada, os filhos, o trabalho, o tempo. Ela pergunta a ele sobre sua família, seu trabalho. Sharifa também quer retomar seu emprego de professora. Ao contrário de Leila, ela tem os documentos em ordem e só precisa se registrar de novo. Leila tem uma coleção confusa de papéis, alguns da escola no Paquistão, outros do curso de inglês. Ela não tem formação de professora, nem mesmo o ensino médio completo, mas a escola onde quer trabalhar nunca terá uma professora de inglês se ela não for lá para lecionar.

No ministério, eles têm que esperar várias horas antes de serem atendidos pelo ministro. Há muitas mulheres esperando também. Estão sentadas nos cantos, ao longo das paredes, de burca, sem burca. Estão em filas em frente a vários balcões. Formulários são jogados para elas e elas os jogam de volta, devidamente preenchidos. Alguns dos funcionários batem naquelas que não saem do caminho depressa. As que estão nas filas xingam quem está atrás dos balcões e aqueles atrás dos balcões xingam os que estão nas filas. De fato reina uma espécie de igualdade, homens xingando mulheres e mulheres xingando homens. Alguns deles, visivelmente funcionários do ministério, correm de um lado para outro com pilhas de papéis, parecendo estar correndo em círculos. Todos gritam. Uma velhinha anda confusa a esmo, deve ter se perdido, mas ninguém a ajuda e ela se senta exausta num canto e adormece. Uma outra está chorando.

Karim aproveita bem o tempo de espera. Por um momento consegue falar com Leila a sós quando Sharifa desaparece para perguntar sobre algo num balcão com uma fila comprida.

– Qual é a sua resposta? – ele pergunta.

– Você sabe que eu não posso te responder – ela diz.

– Mas o que você quer?

– Você sabe que eu não posso querer nada.

– Mas você gosta de mim?

– Você sabe que eu não posso ter opinião sobre isto.

– Você vai aceitar se eu pedir a sua mão?

– Você sabe que não sou eu quem decide.

– Você quer me encontrar de novo?

– Não posso.

– Por que não pode ser um pouco gentil? Você não gosta de mim?

– A minha família é quem decide se eu gosto de você ou não.

Leila se irrita por ele ousar perguntar sobre esses assuntos. De qualquer modo, é a mãe e Sultan que decidem. Mas é claro que ela gosta dele. Gosta dele por ele ser sua salvação. Mas não sente nada por ele. Como pode responder às perguntas de Karim?

Eles esperam durante horas. Finalmente são admitidos. Atrás de uma cortina está o ministro. Ele os cumprimenta brevemente. Depois pega os documentos que Leila estende a ele e assina sem olhá-los. Ele assina sete documentos antes de serem acompanhados até a saída.

Assim funciona a sociedade afegã, é preciso conhecer alguém para progredir, é um sistema paralisante. Nada acontece sem as assinaturas e as autorizações certas. Leila teve acesso ao ministro, uma outra tem que se contentar com a assinatura de uma pessoa menos poderosa. Mas como os ministros passam grande parte do dia assinando documentos para pessoas que pagaram suborno para ter acesso a eles, as assinaturas estão perdendo valor a cada dia.

Leila pensa que, depois de ter a assinatura do ministro, o caminho para o mundo do ensino será fácil. Mas ela tem que passar por uma profusão de outros escritórios, balcões e cubículos. É Sharifa que em geral explica, enquanto Leila fica sentada olhando para baixo. Como pode ser tão difícil ser registrada como professora, agora que o Afeganistão clama por professores? Em muitos lugares há escolas e livros, mas nenhum professor, o ministro havia dito. Quando Leila chega ao escritório onde se presta exame para novos professores, os seus documentos estão amassados pelas muitas mãos que os tocaram.

Precisa de um exame oral para provar se é apta para a profissão. Numa sala estão dois homens e uma mulher atrás de uma mesa. Depois que nome, idade e formação são registrados, vêm as perguntas.

– Você conhece o credo islâmico?

– Não há senão um Deus, e Maomé é Seu profeta – Leila repete de memória.

– Quantas vezes por dia um muçulmano deve fazer as orações?

– Cinco vezes.

– Não são seis vezes? – a mulher atrás da mesa pergunta. Mas Leila não se deixa atrapalhar.

– Talvez seja assim para vocês, mas para mim são cinco vezes.

– E quantas vezes você faz as orações?

– Cinco vezes ao dia – Leila mente.

Depois vem uma pergunta de matemática. Que ela acerta. Depois uma fórmula de física de que ela nunca ouviu falar.

– Vocês não vão testar meu inglês?

Eles negam com a cabeça.

– Aí você podia dizer o que quisesse – eles riem com ironia. É que nenhum deles sabe inglês. Leila tem a sensação de que todos os três gostariam que nem ela nem nenhum dos outros candidatos a professor conseguissem um emprego. Depois de terminarem o exame e as longas discussões entre eles, descobrem que falta um documento. – Volte quando estiver com o documento – dizem.

Depois de oito horas no ministério, voltam para casa abatidos. Diante destes burocratas, nem a assinatura de um ministro ajudou.

– Desisto, talvez eu não queira ser professora – Leila diz.

– Eu vou te ajudar – promete Karim sorrindo. – Já que comecei vou até o fim.

O coração de Leila se aquece, mas só um pouquinho.

NO DIA SEGUINTE, Karim vai a Jalalabad falar com sua família. Ele lhes conta sobre Leila, de que família ela vem e que quer pedi-la em casamento. Eles consentem, e agora só falta mandar a irmã fazer o pedido. Demora um pouco. Karim receia levar um "não"; precisa de muito dinheiro para a festa de casamento, para o enxoval, para uma casa. Além disso, o relacionamento com Mansur está começando a esfriar. Mansur o tem ignorado nos últimos dias e só o cumprimenta com os ombros quando se encontram. Um dia, Karim pergunta se ele fez algo de errado.

– Há uma coisa que preciso te contar sobre Leila – Mansur responde.

– O que é? – Karim pergunta.

– Aliás, não posso te contar – diz Mansur. – Sinto muito.

– O que é? – Karim fica de boca aberta. – Ela está doente? Ela tem outro namorado, tem algo de errado com ela?

– Não posso dizer o que é, mas se você soubesse, nunca casaria com ela – diz Mansur. – Agora preciso ir.

Todos os dias, Karim insiste para que Mansur conte o que há de errado com Leila. Mansur sempre se afasta. Karim implora e insiste, fica com raiva, de mau humor, mas Mansur nunca responde.

Mansur ficou sabendo das cartas por Aimal. A princípio não tinha nada contra Karim se casar com Leila, ao contrário, mas Wakil também ficou sabendo que Karim andava cortejando Leila, e pediu para que ele mantivesse Karim longe de Leila. Mansur precisou fazer como o marido da tia mandava. Wakil era da família, Karim não.

Wakil também ameaçava Karim diretamente.

– Eu a escolhi para o meu filho – disse. – Leila pertence a nossa família, e minha mulher quer muito que ela se case com meu filho, e é o que eu também quero, e Sultan e a mãe dela também vão gostar, é melhor você ficar longe.

Karim não tinha muito o que dizer ao velho Wakil. Sua única chance seria Leila lutar para ficar com ele. Mas havia algo de errado com Leila? Era verdade o que Mansur dizia?

Karim começou a duvidar de tudo.

Nesse meio-tempo, Wakil e Shakila visitam o Mikrorayon. Leila desaparece na cozinha para fazer comida. Depois de terem ido embora, Bibi Gul diz:

– Eles pediram a sua mão para Said.

Leila fica paralisada.

– Eu disse que por mim tudo bem, mas que iria te perguntar – diz Bibi Gul.

Leila sempre fez o que a mãe mandava. Agora não diz nada. O filho de Wakil. Com ele teria uma vida exatamente igual à que tem agora – só que com mais tarefas e patrões.

Ainda teria um homem com três dedos, um homem que nunca abriu um livro.

Bibi Gul mergulha um pedaço de pão no azeite em seu prato e o coloca na boca. Ela encontra um osso no prato de Shakila e chupa o tutano enquanto olha para a filha.

Leila sente como a vida, a juventude e a esperança estão lhe escapando – sem poder salvá-las. Ela sente seu coração como uma pedra pesada e solitária, como se condenado a partir de uma vez por todas.

Leila se vira, anda três passos até a porta, fecha-a com cuidado e sai. O coração partido fica para trás. Logo irá se misturar à poeira que entra pela janela, à poeira que mora nos tapetes. À noite, é ela quem vai varrer e devolvê-la ao quintal.

Epílogo

Todas as famílias felizes se parecem,
Cada família infeliz é infeliz à sua maneira.

Tolstói, em *Anna Kariênina*

Algumas semanas após eu ter deixado Cabul, a família se separou. Uma discussão que acabou em briga e troca de insultos entre Sultan e as duas esposas de um lado, e Leila e Bibi Gul de outro, foi tão irreconciliável que ficou difícil continuar morando juntos. Quando Yunus voltou depois da briga, Sultan o pegou de lado e disse que ele, as irmãs e a mãe tinham que respeitá-lo como ele merecia, porque Sultan era o mais velho e porque eles comiam do pão dele.

No dia seguinte, antes de amanhecer, Bibi Gul, Yunus, Leila e Bulbula deixaram o apartamento só com a roupa do corpo. Nunca mais voltaram. Eles se mudaram para a casa de Farid, o irmão deserdado de Sultan, sua mulher prestes a dar à luz e três filhos. Agora estão procurando outro lugar para morar.

– Irmãos afegãos não são gentis uns com os outros – Sultan conclui no telefone de Cabul. – Está na hora de viver de maneira independente.

Leila não soube mais nada de Karim. Quando o relacionamento com Mansur esfriou, foi difícil para Karim entrar em contato com a família. Além do mais, ficou inseguro a respeito do que ele mesmo queria quando ganhou uma bolsa do Egito para estudar religião na Universidade de al-Azhar, no Cairo.

– Ele vai ser mulá – falou Mansur às gargalhadas por meio de uma linha telefônica de Cabul.

O carpinteiro pegou três anos de prisão. Sultan foi impiedoso.

– Malandros não podem andar soltos na sociedade. Tenho certeza de que ele roubou pelo menos vinte mil cartões-postais. O que contou sobre sua família pobre é pura mentira. Calculo que ele deve ter ganhado um dinheirão e escondido tudo.

Mariam, que estava morrendo de medo de ter uma filha, foi protegida por Alá e teve um filho homem.

O grande contrato de livros escolares de Sultan foi por água abaixo, o ganhador foi a Universidade de Oxford. Sultan achou melhor assim.

– Teria tomado todas as minhas forças, a encomenda era grande demais.

Fora isso, a livraria vai muitíssimo bem. Sultan conseguiu contratos com o Irã e está vendendo livros para as bibliotecas das embaixadas ocidentais. Ele está tentando comprar um dos cinemas fechados de Cabul para construir um centro cultural, com livraria, auditório e biblioteca, um lugar no qual os pesquisadores possam ter acesso à sua grande coleção de livros. Para o próximo ano, está prometendo mandar Mansur numa viagem de negócios à Índia. "Ele precisa aprender o que é responsabilidade, é bom para seu caráter", repetiu. "Talvez mande os outros meninos para a escola."

Sultan está dando folga aos três filhos nas sextas-feiras, quando podem fazer o que querem. Mansur continua frequentando suas festas e volta sempre com novas histórias sobre onde esteve. Sua mais recente paixão é a filha do vizinho no terceiro andar.

Mas Sultan está preocupado com a situação política. "Está muito perigoso, a Loya Jirga deu poder demais à Aliança do Norte, não há equilíbrio. Karzai é fraco demais, ele não consegue governar o país. O melhor seria ter um governo com tecnocratas nomeados pelos europeus. Quando nós afegãos escolhemos nossos próprios líderes, dá tudo errado. Ninguém coopera e o povo sofre. Além disso, ainda não temos de volta nossas mentes pensantes; onde deveriam estar os intelectuais, só há o vazio."

Mansur proibiu a mãe de trabalhar como professora. "Não é bom", é tudo que ele tem a dizer. Tudo bem para Sultan que ela quisesse recomeçar a trabalhar, mas enquanto Mansur, o seu filho mais velho, a proibisse, estava fora de questão. A tentativa de Leila de se registrar como professora tampouco teve continuidade.

Bulbula ficou com seu Rasul no final. Sultan resolveu ficar em casa no dia do casamento, e proibiu suas mulheres e filhos de irem.

Sonya e Sharifa são as únicas mulheres na casa de Sultan agora. Quando Sultan e os filhos estão no trabalho, elas ficam sozinhas no apartamento. Às vezes como mãe e filha, outras vezes como esposas rivais. Daqui a alguns meses, Sonya vai dar à luz. Ela pede a Alá que seja um menino. Ela me perguntou se eu também poderia rezar por ela.

– Imagine se eu tiver mais uma filha!

Outra pequena catástrofe na família Khan.

fim

ATENDIMENTO AO LEITOR E VENDAS DIRETAS

Você pode adquirir os títulos da BestBolso através do Marketing Direto do Grupo Editorial Record.

- Telefone: (21) 2585-2002
  (de segunda a sexta-feira, das 8h30 às 18h)
- E-mail: mdireto@record.com.br
- Fax: (21) 2585-2010

Entre em contato conosco caso tenha alguma dúvida, precise de informações ou queira se cadastrar para receber nossos informativos de lançamentos e promoções.

Nossos sites:
www.edicoesbestbolso.com.br
www.record.com.br

EDIÇÕES BESTBOLSO

Alguns títulos publicados

1. *Lendo Lolita em Teerã*, Azar Nafisi
2. *Caravanas*, James A. Michener
3. *O diário de Anne Frank*, Otto H. Frank e Mirjam Pressler
4. *O pastor*, Frederick Forsyth
5. *O negociador*, Frederick Forsyth
6. *O poderoso chefão*, Mario Puzo
7. *A casa das sete mulheres*, Leticia Wierchowski
8. *O primo Basílio*, Eça de Queirós
9. *Mensagem*, Fernando Pessoa
10. *O grande Gatsby*, F. Scott Fitzgerald
11. *Suave é a noite*, F. Scott Fitzgerald
12. *O silêncio dos inocentes*, Thomas Harris
13. *Pedro Páramo*, Juan Rulfo
14. *Toda mulher é meio Leila Diniz*, Mirian Goldenberg
15. *Pavilhão de mulheres*, Pearl S. Buck
16. *Uma mente brilhante*, Sylvia Nasar
17. *O príncipe das marés*, Pat Conroy
18. *O homem de São Petersburgo*, Ken Follett
19. *Robinson Crusoé*, Daniel Defoe
20. *Acima de qualquer suspeita*, Scott Turow
21. *Fim de caso*, Graham Greene
22. *O poder e a glória*, Graham Greene
23. *As vinhas da ira*, John Steinbeck
24. *A pérola*, John Steinbeck
25. *O cão de terracota*, Andrea Camilleri
26. *Ayla, a filha das cavernas*, Jean M. Auel
27. *A valsa inacabada*, Catherine Clément
28. *O príncipe e o mendigo*, Mark Twain
29. *O pianista*, Władysław Szpilman
30. *Doutor Jivago*, Boris Pasternak

EDIÇÕES
BestBolso

Este livro foi composto na tipologia Minion, em corpo 10,5/13, e impresso em papel off-set 56g/m² no Sistema Cameron da Divisão Gráfica da Distribuidora Record.